Sora
創世紀

楊艷 著

ChatGPT智慧時代的
教育風暴

元宇宙在未來教育場景中產生顛覆性的影響

AI沉浸式教學將會是未來教育的一大趨勢

在一定程度上來說，教育就是一場投資

作　　者：楊艷
責任編輯：林楷倫

董 事 長：曾梓翔
總 編 輯：陳錦輝

出　　版：博碩文化股份有限公司
地　　址：221 新北市汐止區新台五路一段 112 號 10 樓 A 棟
　　　　　電話 (02) 2696-2869　傳真 (02) 2696-2867

發　　行：博碩文化股份有限公司
郵撥帳號：17484299　戶名：博碩文化股份有限公司
博碩網站：http://www.drmaster.com.tw
讀者服務信箱：dr26962869@gmail.com
訂購服務專線：(02) 2696-2869 分機 238、519
（週一至週五 09:30 ～ 12:00；13:30 ～ 17:00）

版　　次：2024 年 4 月初版一刷

建議零售價：新台幣 600 元
I S B N：978-626-333-821-0
律師顧問：鳴權法律事務所 陳曉鳴律師

本書如有破損或裝訂錯誤，請寄回本公司更換

國家圖書館出版品預行編目資料

Sora 創世紀：ChatGPT 智慧時代的教育風暴
/ 楊艷著 . -- 初版 . -- 新北市：博碩文化股份
有限公司 , 2024.04
　　面；　公分

ISBN 978-626-333-821-0(平裝)

1.CST: 未來教育 2.CST: 人工智慧 3.CST: 教
學科技 4.CST: 數位學習

521.539　　　　　　　　　　113004413

Printed in Taiwan

博 碩 粉 絲 團　歡迎團體訂購，另有優惠，請洽服務專線
　　　　　　　(02) 2696-2869 分機 238、519

引言
PREFACE

「叮鈴鈴……叮鈴鈴……」，一陣熟悉的鬧鈴聲在耳邊響起。

林嘉睜開朦朧的睡眼，迷迷糊糊看了一眼床頭的智慧檯燈，上面顯示著「2050 年 8 月 1 日 8：00」。在鬧鈴停止的那一刻，智慧檯燈又開始播報「親愛的小主人，今天九點是您去市中心學習的日子，一定不要遲到哦！」

林嘉一躍而起，今天是和好朋友李悅一起約好要去航太學習中心的日子，可是提前了一周預約的，可不能遲到了。錯過了今天，不知道又要等到什麼時候才能預約上。這門課可是相當熱門，因為是著名太空人在太空中給大家上課，但是他只在太空呆一個月。課堂上大家都能看到太空中的實況，林嘉可是盼了很久的。

匆匆洗漱完畢，林嘉手機預約了一台車。只在路邊等了兩分鐘，預約的無人駕駛汽車就如約而至了。上了車，林嘉在「您好乘客，我們即將出發，請您繫好安全帶」的自動提示聲中坐好。按照設定的路線，她終於在8：40 趕到了學習中心。

這是一座古老的建築，雖然坐落在市中心，但卻像是 18 世紀的歐洲建築。在智慧導航機器人的帶領下，林嘉來到了學習中心。她發現，教室裡已經來了不少人了，估計也有 20 個。她隨後一眼就看到了坐在第二排的李悅，發現她的身邊還坐著一個帶著眼鏡的男生。李悅也看見了林嘉，笑著站起身朝林嘉揮手。隨後，她就開心地向林嘉介紹起身邊的男生。原來，這是李悅的表哥，比他們大十歲，也是個十足的天文愛好者。之前因為在另一個學習中心學習哈佛的一門哲學課，昨天才結束課程拿到了 10

個學分。接下來的一個月，他們就要成為同學了。林嘉也開心地和「表哥」揮了揮手。

隨著上課鈴聲想起，教室裡瞬間安靜下來。林嘉環視四周，發現來的大多是和她差不多年齡的學生，但是也有幾個年齡看起來和她爸爸媽媽差不多大的，甚至還有一個頭髮花白的老爺爺，看來也和他們一樣是個天文愛好者啊！

就在林嘉轉過頭來，發現一位老師帶著一個人形機器人走進教室。接下來就是再熟悉不過的環節——自我介紹。林嘉一心只在接下來的課上，兩位老師說了什麼她都似乎沒聽到，只記得人類老師姓張，機器人老師叫愛琳。這機器人老師不會和上一個學習中心的老師是姐妹吧，一個愛琳，一個艾莉。這樣一想，林嘉撲哧一聲笑了，心中瞬間就對這個機器人老師有了好感。因為它的「妹妹」艾莉和林嘉在上一個學習中心可是很好的朋友，經常會在課堂中給林嘉很多學習上的指導。

正式上課了，張老師給每一位同學發了一個 VR 眼鏡和一個小型耳機，等一下上課的時候他們要用到。教室前的大螢幕上出現了宇航員的身影，他先跟大家打了個招呼，告訴大家他在遙遠的水星。在宇航員老師的介紹下，林嘉才知道全球還有其他 55 個學習中心將會在同一時間和他們一起上課。因為宇航員是俄羅斯人，所以他是用俄語給學生上課的。但是耳機可以給同學們同步翻譯，林嘉聽到的還是熟悉的漢語。旁邊的老爺爺在另一個學習中心學了好幾年的俄語，所以即使不用耳機也聽得懂，這讓全班的學生都羨慕不已。林嘉也暗暗下決心，下一個寒假，一定要去學一學俄語。

跟隨著宇航員老師，林嘉也邀遊了一遍水星，還看到了熟悉的地球，但是它已經沒有自己幾年前在地理課上看到的那麼藍了。林嘉透過 VR 眼

鏡，看到了水星表現遍佈的環形山。為了看得更仔細一些，林嘉只能用手在桌前的小螢幕上放大再放大。這樣，就可以更加細緻地觀察水星了。同小組的另一個同學舉手示意，愛琳立馬跑過去，用及其溫柔的語氣為他解答。再看看張老師，也正在協助另一小組的同學進行水星觀測呢！

宇航員一邊上課，愛琳就會在間隙時為大家進行專業知識的解說。當談到水星表面環形山的形成時，大家都比較疑惑。張老師花了幾分鐘描述了一遍，愛琳就直接為大家生成了一段影片，詳細介紹了這一神奇現象的形成過程，這樣就一目了然了。

這，就是 30 年後的教育場景。或許看到上面這一段文字，你會覺得這是一部科幻電影。的確，我也是剛剛從教室出來，上完了 35 分鐘的語文課，將所有孩子送回校門。看到孩子們那純真的面龐，再看一看他們肩膀上沉重的大書包，我有種說不出的感覺。一天的課程結束了，此刻，我多麼希望我也有個無人駕駛汽車，還有個機器人「共事」。但是，我不覺得這一切是我的幻想。很多年後的某一天，上面的情景一定會在我們的身邊出現。

那時，我們的孩子或許不用每一天準時背著沉重的書包來到學校，再同一時間背著沉重的書包走出校門。那時，他們可以自己選擇學習中心，選擇他自己喜歡的課程。或許，班上不再全是同齡人。或許，放學後他們不用在題海中迷失自我。到了那一天，他們將擁有更多選擇的權利，但需要自己對自己的選擇負責，因為學習是自己的事情，而且將會和學分銀行的學分直接掛鉤。那時，他們每個人的特性都會被發掘，每個人都被教會做自己擅長的事情……

只是，我無法預測這一天還有多遠，或許 30 年，或者 50 年。但是這一天，終將會到來。

目錄
CONTENTS

第二篇

正在到來的前沿技術

CHAPTER 2　人工智慧

CHAPTER **3** 從 **ChatGPT** 到 **Sora**

CHAPTER **4**　腦機介面

CHAPTER 5 人形機器人

CHAPTER **6**　量子技術

CHAPTER **7** 元宇宙

第三篇

教育走向未來

CHAPTER **8** 未來教育

CHAPTER **9**　未來教育需要思考的問題

參考文獻

第一篇

會變革與教育發展

社會變革與教育發展

1.1 / 農業革命

1.1.1 農業革命及其影響

從有人類以來，教育就一直伴隨著人類社會的變化而發展。在最初的部落時期，或者說智人時期，人類為了在自然的環境中能更好的存活與延續下去，我們會透過教育的方式教授狩獵、食物製作、躲避威脅、生殖哺育等各種生存的必須知識。可以說，這就是最早起的教育，只是這個階段的教育以經驗的身傳教授方式為主，並沒有形成一種專門的教育體系與方法。

農業革命是人類歷史上的一次重大變革，也是人類社會的一次重要轉型，它促使人類的生產方式發生的根本性的改變。農業革命之前，人類社會的主要經濟形態還是以食物收集和捕獵為主。農業革命發生之後，人類開始逐漸學會種植和培育農作物，或者飼養一些動物。所以，農業革命的主要特點就是人類開始了對動物和植物的馴化。

在農業革命之前，人類社會處於長期的饑餓之中，因為沒有穩定的糧食來源，人類不得不長期過著遷徙的生活。食物在哪裡，人就往哪裡去。缺乏的糧食使得人類將尋找和獲取食物作為生活的唯一動力。但是，能否獲得食物的唯一要素還是要靠自然，這是人為因素無法改變的現實。因為沒有穩定和固定的糧食來源，當時社會人口的出生率非常低，這是當時社會的普遍現狀。

在經歷了這一場重大的變革之後，人類逐步具備了自己種植農作物和飼養（馴服）動物的本領。至此，人類憑藉自己的能力逐漸解決了糧食問題。透過農業種植活動，人類不再單純依靠大自然來解決生存問題，他

們不再需要因為尋找糧食而不斷遷徙，這就導致了人類社會的聚居。可以說，這是一場偉大的革命，人類社會真正實現從傳統的採集和捕獵轉向了以農業生產為主的定居生活，這場革命也是從食物收集者和狩獵者的經濟形態向以農業為中心的經濟形態的過渡。

農業革命之後，人類的糧食問題相比之前得到了很大的改善，人口的出生率也經歷了人類歷史上的第一次爆炸式增長。但是，快速增長的人類又進一步增加了對糧食的巨大需求。同時，農業社會也為社會經濟結構帶來了根本性的改變。農業生產活動的引入使得人們可以生產剩餘農產品，這又為分工和專業化的發展奠定了最初的基礎。農業革命還進一步導致了社會分工的出現，從而不斷推動社會的分層和階級的形成。

1.1.2 農業社會的教育

農業革命之後人類逐步邁入農業社會，這是人類歷史上的重要階段。在這一階段，人類社會以農業生產為主要方式，糧食生產也是社會生活的重要內容。將人類社會在這個時期所摸索與掌握的農業種植經驗更好的普及與教授，就成為了農業社會時期的教育重點。可以說，人類社會的每一次重大變革，都會對教育帶來根本性的影響與改變。

在農業社會時期，家庭教育是主要的教育模式，面向大多數人。因為在這一階段，農民的生活與勞動生產具有密不可分的關係，並且很多的農業勞作知識來源於個體的經驗積累，而家庭又是他們的基本單位。所以，這一時期必須藉助家庭教育來傳遞農業知識和技能。在大部分農業家庭中，有農業生產經驗的父母會將自己在農業生產中的寶貴知識和經驗傳遞給自己的下一代，以此培養子女的勞動素養。這種以家庭教育為主要特徵的教育方式也為農業社會的不斷發展提供了人才。

另一方面，因為不斷增長的人口對糧食產量提出了更高的要求。所以，農業社會的教育目標也轉向了糧食的增產。這就形成了這一時期教育的實用性特點。教育必須注重勞動技術和知識的傳遞，以解決物質生活和農業生產需要為目的。農業社會中，合格的學習者必須要具備豐富的農業知識和農業技能，這樣才能應對農業生產所對應的氣候、土壤和季節變化。教育內容主要包括農業生產技術、農業經營管理、農業加工等方面的知識和技能。這一時期的教育又強調實踐教學，透過耕作和養殖活動，不斷培養和增強學習者的農業實踐能力。這種以實用性為基本導向的教育能夠使得學習者更好地適應農業生產的需要。

農業社會時期雖然已經出現了學校，像古埃及的神廟學校，古希臘學院等。但是，這些學校並不是現代意義上的學校，與我們所理解的學校在功能和形式上具有很大的不同。農業社會的學校設置大多和宗教機構或者貴族階級相關，學校教育並不具有廣泛性和普遍性，只有貴族才能接受學校教育，教育的階級屬性非常明顯。家庭教育更多的是一種言傳身教，強調實用性和實踐性，但是此時的學校教育卻存在教育與生產勞動相脫離的特點。因為當時的學校教育主要教授的是文學、宗教以及哲學類的知識，並不是家庭教育中強調的生產知識和技能。並且，由於當時社會經濟的發展並不充分，所以教育資源相對匱乏，學校數量很少，主要存在與貴族居住的地區。

1.2 / 工業革命

1.2.1 第一次工業革命

直到 18 世紀 60 年代至 19 世紀中期，英國資產階級因為長期的海外貿易積累了大量的資本，不斷擴展的海外市場和不斷累積的廉價勞動力，

孕育了一場關於生產手段的革命。這就是被後來我們稱為工業革命的一場重大現代科學的革命，也深刻的影響著後來的教育。

這一次工業革命是人類技術發展史上的一次重大變革，以工作機的誕生為開始，以蒸汽機的使用為標誌，開創了以機器代替手工勞動的新時代。可以說，第一次工業革命不僅僅是一場深刻的技術革命，也是一場重大的社會變革。之後，人類社會發生了翻天覆地的變化。

第一次工業革命之後，工廠制真正代替了傳統的手工與依賴於個體的農業種植，大量的農業與手工勞動也逐漸被具有更高效率的機器所代替。社會關係也隨之發生變化，依附於落後的生產方式的自耕農階級逐漸消失，工業資產階級逐步壯大，民主思想逐步傳播。

隨著工業生產中機器的使用，傳統的手工業已經無法適應工廠的需要。為了更好地操控機器，進行高效率的生產和管理，教育的內容和教育方式不得不隨之發生變化。社會結構的變化，自耕農階級消失，工業資產階級和工業無產階級的形成和壯大，這些變化也深刻影響了教育領域，教育開始更多地服務於工業社會的需要。為了更好地服務新的社會形態，不同類型的學校開始應運而生，為大眾提供一些基本的教育。

隨著農業社會向工業社會的逐步轉變，工業化進程不斷加快。工廠的建立和機器的運作增加了對新的勞動的需求。對有基本文化知識和技能的工人的需求不斷增加，促使了初等教育的普及。例如，在英格蘭，星期日學校的出現就是為了滿足工廠工人的宗教教育和識字教育需求。工業革命期間，教育內容開始發生變化，更多地包含了與工業生產相關的知識和技能，以適應新的社會和經濟需求。同時，社會的發展和變革也對勞動力的素質提出了進一步的要求：機器生產代替手工生產，對工人的素質和技能提出了更高的要求，這使得教育的重要性被進一步強調，需要培養高素質和高技能的工業勞動力隊伍。

第一次工業革命不僅改變了生產方式和社會結構，也極大地推動了教育的發展和變革，使得教育成為社會發展不可或缺的一部分。當時的教育的模式和社會的發展、需求呈現出一致化的特點。第一次工業革命旨在把學生培養成為熟練的產業工人。教室變成了一個「微縮工廠」，學生像機器一樣接受教育。他們習慣於聽從命令，反覆學習，並強調有效率的執行力。而老師則類似於車間主任，他們發放標準化任務，並要求學生在給定的時間內得出固定答案。學習被劃分成隔離的「孤島」。人們往往認為教育應該是有用且務實的，更多地討論事情「怎麼樣」而不是「為什麼」，教育的目標就是培育高效率的員工。這就是最早的標準化「裝配線教育模式」。這種教育模式能很好地滿足其設計初衷：培養出數以萬計的年輕人，讓他們快速掌握執行重複任務的技能，記住一定量的內容知識，將失誤率控制在最低。

這樣的教育模式在 19 世紀上半葉取得了豐碩的成果。儘管普及教育遭受敵意，新學校還是建立起來，入學人數也迅速攀升。以英美國家為代表的第一次工業革命，導致了人口增長，加快了城市化進程，越來越多的工人從鄉村移居到城市求職。雇主傾向於招收具有讀寫算術能力、勝任工廠工作的平民，進而推動了人們對教育的需求。而學校教育的顯著增長降低了教育成本，因此受過教育的工人數量也明顯增加。

1.2.2 第二次工業革命

19 世紀下半葉，以資本為主導的西方世界進行了第二次工業革命，以內燃機的使用為標誌，人類邁入了電氣時代。第二次工業革命中，大量生產的勞動力和技術成為了經濟發展的核心。工業部門不斷擴展，對熟練勞動的需求不斷增加，新興的工人階級需要出售勞動力來運作那些巨大的機械。

對勞動者的數量和素質要求逐漸提高，也逐步使得各國政府開始重視教育的普及化。義務教育制度在許多國家得到確立和推廣，使得更多的兒童和青少年有機會接受教育。同時，在工人階級和當權者之間還出現了一個在新經濟體繁榮起來的人群，即「中產階級」，一些中產階級是依靠自己的教育從貧困人群中脫穎而出的。從這個時候開始，大眾教育就開始出現了更多的大學學位。

第二次工業革命期間，科學技術迅速發展，新的學科和技術不斷湧現。為了適應這種變化，教育內容開始進行相應的調整，更多地包含了科學、技術、工程和數學等方面的知識。隨著工業化的深入發展，對技術工人和專業技術人員的需求增加，這促使了職業教育的發展。許多國家開始建立職業學校和職業培訓機構，以培養更多的技術人才。

19 世紀後期，德國教育家凱興斯泰納（G. Kerschensteiner）提出了「公民教育」和「勞作學校」的教育理論，他的教育改革和教育理論對整個德國乃至世界產生了極為重要的影響。他指出，教育有用的國家公民是國家公立學校的主要目的，也是一切教育的目的，「公民教育」的核心內容是通過個人的完善來實現為國家服務的目的。關於「公民教育」的對象，他在 20 世紀初期的《德國青年的公民教育》一書中明確表示，對象應該是製造業中 14-20 歲的人，並強調所有階級都需要這樣的教育，不僅僅是勞動群眾，也包括富有階級。

工業化的興起不僅影響了大眾教育的結構，還影響了它的組織文化。與工廠一樣，學校是與外部世界分隔開來的特殊設施，它有明確的界線：它有固定的開門時間和學生規範；它以標準化和一致性原則為基礎。大眾教育系統內的學生一般會被按相同的教材教育，根據同一套成績標準進行考核。他們沒有選擇，所以出現偏差的機會相對較少。即便到了大學，

學生的每一天仍是按標準時間單位來管理。教學建立在勞動分工之上。就像流水線一樣，學生們會從一個教室走進另一個教室，由不同的教師教授不同的科目。教育系統同時也按照線性製造原理來操作：整個過程有著不同的階段，每個階段都按照邏輯建立在前一階段上；整體效果可以被理性地、可靠地預測。現代學校教育制度開始形成，至今還是教育的主要形式。

第二次工業革命結束後，終身教育理念開始興起。具有現代意義的終身教育思想開始於 20 世紀初期的歐美國家。英國成人教育家耶克斯利（A.B. Yeaxlee）在《1991 年成人教育報告》中提出「終身教育」的概念，強調教育應該要貫穿人的一生。隨著社會經濟的發展和技術的更新換代，人們開始認識到終身學習的重要性。終身教育理念逐漸興起，推動了成人教育、繼續教育的發展。

1.2.3　第三次工業革命

20 世紀四五十年代，新科學技術革命如火如荼地展開，電腦、空間技術和生物工程等技術得到了不斷發展和應用。特別是電子電腦的出現和發展，對於社會和教育行業的發展產生了顛覆性的影響，人類進入資訊化時代。

第三次工業革命是以原子能、電子電腦、空間技術和生物工程的發明和應用為主要標誌，涉及資訊技術、新能源技術、新材料技術、生物技術、空間技術和海洋技術等諸多領域的一場資訊控制技術革命。當然，第三次工業革命最直接的標誌就是人類進入了網際網路時代。

在網際網路資訊化的變革之下，第三次工業革命改變了以往憑藉勞動強度和數量來提高生產力的局面，各國之間的競爭也逐漸轉變為科技發展的競爭。在這樣的背景之下，各國也開始不斷通過改革教育內容和方式，

不斷培養科技人才,達到創新生產技術提高勞動者素質、改進勞動手段的目的。因此,這一時期教育的戰略地位進一步提高,開始出現世界性的教育改革浪潮。

第三次工業革命對教育產生了重大影響,推動了教育的數位化、創新化和個性化發展。隨著數位技術的發展,教育也步入資訊化時代。教育領域開始廣泛使用電腦、網際網路、多媒體等技術。這些技術為教學提供了更多的工具和資源,使得教學更加生動、有趣。網際網路的普及使得線上教育和遠端教育成為可能,學生可以透過網路獲取大量的學習資源,進行線上學習,打破了傳統教育的時間和空間限制。在數位時代,團隊協作和合作創新變得更加重要。因此,教育開始重視培養學生的協作學習能力,鼓勵學生之間的交流和合作。

對於教育改革,美國始終走在世界前列。尤其是在第三次工業革命浪潮下,美國為應對網際網路資訊革命浪潮所帶來的科技變革,對教育採取了前所未有的深度變革。1958 年,美國總統批准頒佈了《國防教育法》,加強學校的自然科學、數學和外語的教學水準。此時,美國的科學教育新模態開始形成。20 世紀 80 年代,美國開始意識到科學技術對國家發展的重要性,教育的重點開始轉向培養高素質科技人才。

1986 年,美國國家科技委員會正式提出 STEM 教育,美國也由此進入了以 STEM 為核心的教育體系。在之後一系列的教育改革中,美國始終關心 STEM 教育的發展情況。如今,美國的教育、科技發展依舊處於全球領先地位,這與美國社會敏銳的教育改革眼光是密不可分的,也是得益於 STEM 教育體系的改革。

為應對社會對資訊人才的培養,各國教育還鼓勵教師利用資訊技術開展教學創新,推動教學內容、教學方法和教學手段的改革,以此提高教學

品質和效果。同時，各國加緊將資訊技術納入中小學教育教學內容，開展資訊技術課程教學，提高師生的資訊素養和資訊技術應用能力。

1.2.4　第四次工業革命

　　21 世紀開始的第四次工業革命是一場以人工智慧為主導的機器換人革命，一場以智慧製造為主導的新一輪產業革命，這場重大的革命建立在前三次工業革命的知識和技術之上，同時也融合了人工智慧技術、網路空間虛擬技術、資訊物理技術、生物工程技術、資訊通訊技術等前沿科技。至此，人類進入了智慧化時代。

　　第四次工業革命到來之時，就業和勞動市場發生了翻天覆地的變化。自動化和智慧化技術的發展可能導致某些工作崗位的消失，人機協同將成為未來的主流。各國的發展不再單純依靠人口和勞動力紅利，而是更加強調勞動力的品質，即人力能否超越智慧或者更好地領導智慧。這一階段，STEM 教育變得更加重要，也越來越受到了各國的推崇。因為這一教育模式，有利於培養具有創新能力、批判能力、合作能力的時代新人。這些品質，也正是智慧化實現真正需要的。

　　21 世紀初期，各國的資訊化、智慧化水準持續發展，各國都採取了一系列教育政策來促進教育資訊化發展。美國制定了《教育技術國家計畫》，旨在透過智慧化手段提高教學品質，培養創新型人才；歐盟推出「數位化教育行動計畫」，透過提升歐洲教育系統的數位能力，提高教育品質和效果。韓國政府實施「教育資訊化先進國家計畫」，透過加強資訊基礎設施建設，推廣數位教材、推動線上學習，推動教育資訊化發展。

　　21 世紀以來，美國基於自身實際需求，再一次積極進行教育革新。2001 年布希總統上任之後積極致力於提高美國基礎教育品質，2002 年頒

佈《不讓一個孩子落伍法》，2006 年布希提出《美國競爭力計畫——在創新中領導世界》。為強化《不讓一個孩子落伍法》，2007 年美國聯邦教育部發佈《2007-2012 年教育戰略規劃》，再一次明確了美國教育的目標和內容。為適應 21 世紀發展的新需求，中國也逐步調整了自己的教育指導方針和政策，不斷強調在教育的過程中進行實驗性創新和變革。可以看出，21 世紀的教育改革，各國都在強調數位化、智慧化。希望通過教育改革，進一步培養學生的個性，激發他們的無限潛力。

智慧化時代，國家對於創新型人才的需求不斷增加。智慧化時代需要培養的人才，不僅僅具備智慧化知識和技能，也需要彰顯出人本身具有的唯一性和獨特性。只有這樣，才能和不斷發展的科技相抗衡。這是一個呼喚科技人才的時代，但是卻不是一個以流水線方式培養科技人才的時代。時代不缺統一化生產的「勞動工具」，真正缺乏的，是具有敏銳洞察力、想像力和創造力的「人腦」。

1.2.5　即將到來的第五次工業革命

從歷史的角度來看，每一次工業革命都是對前一次工業革命技術的延伸和超越，同時也是對現有生產力和生產關係的一次重大調整。從蒸汽機的發明引發的第一次工業革命，到電力和大規模生產的第二次工業革命，再到資訊技術的第三次工業革命，以及網路化、智慧化的第四次工業革命，每一次革命都伴隨著技術的飛躍和社會的深刻變革。因此，隨著科技的不斷進步，第五次工業革命的到來是技術發展的必然結果。

而即將到來的第五次工業革命，則是在多重前沿技術疊加下所必然到來的時代，其中最具有代表性的就是人形機器人、量子計算、量子通訊、腦機介面、WEB3.0、基因編輯、DNA 儲存、飛行汽車等人類社會過往從

來沒有出現過的顛覆性、革命性技術。藉助星鏈等新一代資訊技術，人類社會將全面進入一個人、機、物互聯互通互動的新模式。尤其是當人類社會千百年來所存在的商品生產價值被機器人取代之後，人類的角色也將徹底發生改變，我們不在承擔商品價值的生產工作，人類的價值將轉變為資料生產者。這些前沿性技術的疊加出現與應用，將會給社會、經濟等帶來顛覆性的改變。人類社會，包括我們的生活方式和生產方式，都會呈現不一樣的面貌。

量子計算的發展可能會徹底改變資訊處理的方式，生命科學的突破可能會帶來健康和醫療的革命，而新能源技術的革新，尤其是可控核聚變、微型核能、室溫超導等技術的實現與應用則會重塑全球的能源結構。藉助於腦機介面，我們將可能擁有「心想事成」的能力，也可以藉助於外骨骼和機械身體獲得永生。而元宇宙，則讓現實和虛擬的世界之間的界限，逐漸變得模糊。人形機器人的出現，更將顛覆勞動力市場以及教育、醫療各個領域。

第五次工業革命到來之後，人類將大步進入一個前所未有的科幻時代，各種智慧型機器將會成為我們生活中最常見的存在，更多的人類工作將會被智慧系統或者機器人取代。在這個時代，或許只有兩種工作：一是操控機器，二是被機器操控。由此，第五次工業革命到來之時，人類對前沿技術的使用與領導能力將會成為區別人與人能力的重要標準。

那時，很多我們目前熟悉的行業將會成為歷史，而一批新的行業也將會應運而生。人類的價值將會更多體現在那些更需要創造性、人文關懷和問題解決能力的工作上。那將會是一個充滿全新挑戰的時代，而我們過往的陳舊知識和技術或將難以解決全新的問題。因此，這樣的社會，就要求所有人以不同的方式思考問題和行動。

任何一次社會變革，都將引發教育的深刻變化。第五次工業革命所呈現的多種前言技術的混融發展，將會對人才的培養提出全新的要求和標準，這也勢必引發新一輪的教育變革。

1.3 / 教育發展規律

大多數人都害怕或者抗拒「變化」，因為「變化」中包含著太多「不確定性」。如何緩解這種不確定性帶給人類的焦慮和恐懼？最好的解藥就是尋找「規律」。對規律的找尋貫穿了人類的全部歷史進程。千百年來，人類憑藉著自己的學習和實踐活動，找尋著萬事萬物的規律：從化學反應到物理定律，從社會變遷到經濟迴圈，從數理定律到邏輯思維，從資料演算法到人體機能……每一次找尋規律的過程，都是人類重新認識事物的過程。對規律的認識是人類智慧的一大體現，它不僅幫助我們更好地認識這個世界，更是幫助人類改變世界和推動整個社會的發展。

對教育發展規律的認識，將會更好地指導我們當下的教育實踐。同時，也能幫助我們更好地預測未來的教育，讓我們能夠有充足的時間做好準備和規劃。談到千百年來的教育發展規律，我們就必須要梳理一下教育與文明的關係，教育與社會的關係、教育與科技的關係以及教育變革。

1.3.1 教育與文明

從人類誕生開始，一代又一代的人，就通過某種方式將這一代人所創造和擁有的文明傳遞給下一代。正是由於一代又一代人的努力，人類的文明才得以傳承。在文字還沒有出現之前，口頭傳承成為了文明傳承的主要形式，這種傳承形式也在沒有書面語言的社會中佔據著重要的地位。

前工業化時代，教育和法律、商業貿易以及宗教有著緊密的聯繫，但是正式的學校教育只在宗教場所或者有一定社會地位和經濟基礎的人家中才會存在。這種教育只面向極少部分人，大多數手工藝人以及律師、醫生，都是藉助於「師徒關係」來進行知識的傳承。

史前時代，因為沒有文字，所以歷史和文明也就沒有辦法透過書面的形式被記錄和傳承下來。那時，教育是透過口頭形式或者觀察得以完成和沿襲。某些傳統文化則是藉助於歌舞、故事、儀式等來表達。

從西元 3500 年開始，很多文明就藉助文字形式傳播。但在很多早期的文明中，教育和宗教的發展有著密切的關係，13 世紀的文藝復興就是一個最好的例子。一定程度上來說，正是有了宗教，教育和文化的傳播以及傳承才有了動力來源。

學校在西元前 20 世紀就已經出現，但是一直到了 17 世紀，「教育」才真正成為了一門相對獨立的學問。

總的來說，總結教育和文明的關係，就可以從文明傳承形式、宗教文化以及學校教育這三組詞來看。也正是這三組關鍵詞，連結了人類文明的全部進程。

1.3.2　教育與社會

經濟基礎和上層建築共同構成了人類社會的兩大根基。經濟基礎決定了上層建築，教育當然也不例外。一個時期的經濟發展水準會決定教育的規模、形式和發展速度。同時，社會也會因為經濟發展的需要，直接或者間接影響教育的目的和內容。

　　工業革命開始後，教育進入一個快速發展的階段。為了適應機器工廠對大規模勞動力的需求，各國大力興辦學校，創立了班級授課制，改革學校管理體制，規模化培養一批適應機器時代的勞動者。這之後，隨著工業革命一次次的深入，教育的形式和效能也隨之出現了質的飛躍。

　　在西方，以天主教為代表的宗教組織在很長一段時間內掌握著國家的教育大權，但隨著近代國家的建立，宗教組織逐漸被國家取代，教育中的森嚴的等級制度也逐漸被廢除，國家成為了推動教育發展的關鍵力量。此後，各個民主國家擁有了教育立法權，以完善的法律來監督和推動教育體系的運轉。教育也從宗教控制逐漸轉變為國家治理。

　　20 世紀之後，全球化趨勢越來越明顯，教育也因此呈現出全球聯動的新趨勢。這一時期，各國教育體系之間開始藉助各種形式和管道進行交流與合作。在此階段，學生流動。學術交流、課程與學位認證、線上教育平台、教育援助與合作……大幅促進了全球教育資源的流通和共用。在全球化背景下出現的教育聯動，一批批科研學術規範體系相繼建立，以聯合國為代表的國際組織在促進全球教育交流與發展方面發揮了重要的作用。

1.3.3　教育與科技

　　20 世紀末期，一場聲勢浩大的資訊革命帶領人類進入了網際網路時代。各行各業開始紛紛投入到數位化轉型的浪潮中來，教育行業當然也不會例外。之後，隨著科技的進一步發展，網際網路、大數據、人工智慧、5G 給教育領域帶來的影響越來越大。就在這樣的背景下，出現了耐人深思的「賈伯斯之問」——為什麼電腦幾乎改變了所有的領域，但唯獨對學校教育的影響小得令人驚訝？

　　究其根本，就在於我們的教育體系是一個相對穩定的系統，學校這一教育組織也是古老的存在。因此，可以發展很難在一夜之間或者極短的時間內對我們的教育系統產生顛覆性的影響，這也是與我們教育發展的規律是不太符合的。另一重要原因就在於，大部分學校的管理和運行模式基本上還是沿襲著工業革命時代的風格，與 100 年前相比其實變化並不是很大。

　　科技的發展確實給人類社會帶來了很大的變化，但是大多數存在於技術居於主要地位的領域。但是，在我們的教育領域，有著太多超過科技要素的其他一些重要方面。從教育的歷史來看，很多技術確實給教育系統帶來了巨大改變，例如印刷術的發明，大幅提高了教育的規模和品質；一系列的教學輔助技術改變了教學的呈現形式。但這並不意謂著所有的技術都能對教育產生深刻影響，就像科技的發展可能永遠不會使得機器人完全代替人類教師完成教書育人的工作一樣。

　　由此我們可以看到，或許教育本身需要一個適度慢於科技發展的速度，逐漸對新技術和新產品建立一個相對穩定、安全的教育准入機制，這樣才能降低引入新技術可能帶來的教育風險。

1.3.4　教育與變革

　　從古至今，教育始終是推動歷史前進的重要力量。教育的歷史，其實就是人類的歷史。至今為止，人類漫長的歷史進程中一共發生過三次教育革命。現在，以人工智慧為主要技術手段的新工業革命正在引發第四次教育革命，而由多重前沿技術疊加所引發的第五次教育革命也已經看到了萌芽，或許在技術的突破下，就會加速向我們走來。

1.3.4.1　第一次教育革命

人類歷史的第一次教育革命，是由原始社會的非正式的、個別的教育走向正式的、個性化的農耕教育。

作為人類歷史上最早的社會形態，原始社會的生產力水準十分低下。那時的人只能使用最簡單的工具，依靠採集、捕魚和狩獵以及簡單的農耕活動來維持生活。人們共同勞動，平均分配勞動產品。並且，原始社會沒有成文的法律和政府權力機構，社會秩序依靠傳統習慣和家長來維繫。在這樣一個文化科學水準低下的社會，教育還處於萌芽的狀態，既沒有專門的教育機構，也沒有出現專門的教師，更沒有統一的教學內容、教學地點和教學方式，教育的重要性在原始社會沒有得到普遍的認可。在環境穩定並且與其他文化接觸較少的情況下，原始社會的文化積累和變化速度非常緩慢。

正是由於缺乏專門的教育機構，所以主要教育活動主要以年長者的言傳身教為主。原始社會的教育活動主要與傳統的生產勞動相關，年長一代將勞動生產的主要知識，如工具的製造與使用、漁獵與採集的方法、農業生產的知識與技能等等教授給下一代，讓他們擁有從事生產勞動和維持生活的知識和技能。因為當時的教育與生產、生活與勞動緊密相連，所以教育活動呈現出分散化、個別化的特點，教育活動可以在任何時候、任何地點進行。由於沒有文字，所以當時的教育是不成系統的，主要是一些碎片化的經驗。

隨著社會的發展，原始社會財產共有的局面被打破，私有財產開始出現。此時，社會出現了階級分化，家庭出現，原始社會也逐漸解體，人類走入奴隸制社會。大約在西元前 3000 年，文字的出現使得人類文明得以延續。隨後，專門從事教育的學校出現了。最早的一類學校，大多出現在

如中國、古埃及、古印度這類文明古國。隨著學校的誕生和不斷發展，學校教育也隨之不斷發展，專門從事教育的一類人開始出現。奴隸制社會的教育是一種個性化的教育，不論是中國的孔子，還是西方的蘇格拉底和亞里斯多德，都強調個性化教育的重要性。

與原始社會的教育相比，奴隸制社會的教育的重要性得到了關注，正式的學校以及專門從事教育的教師開始出現，正式教育的主要目的是為了培養統治階級需要的人才。文字的出現，使得傳統的生產知識和技能不再成為教育的。除此之外，宗教、禮儀、政治、軍事等內容也逐漸出現在教育中。由此，教育由分散、自發、無序、零散轉向集中、有組織、有秩序、系統。

1.3.4.2 第二次教育革命

人類歷史的第二次教育革命，是個性化的農耕教育逐漸轉向班級授課制的制度化、規模化教育。

資本主義萌芽的出現，逐漸打破了農耕教育的穩定局面，在資本利益最大化的理念趨勢下，一種與工業文明相適應的教育模式成為社會發展的殷切期盼。封建的教育制度被逐漸摒棄，新式教育破土而出。資本主義生產關係的不斷發展，對於社會勞動的需求不斷增加，一批具備工廠知識和技能的產業工人成為了社會發展的主要推動力量。在這樣的需求之下，規模化、制度化、集中化的班級授課制應運而生。

班級授課制是一種全新的教育制度，強調集體教學、固定班組、統一教學。這是因為這一特點，保證了教育的高效率和和規範化。班級授課制下，學生統一年齡入學，按照統一的標準進行培養。為了培養盡可能多合格的資本主義社會勞動者，班級授課制下，學生的規模也不斷擴大。隨

著學校規模的不斷擴大，學習階段的劃分也越來越精細化，出現了學前教育、中小學教育、高中教育、大學教育和職業教育等。由此，流水線式的現代學校教育才可能在最短時間內「產出」標準化、統一化的工廠勞動者，保證了社會發展對於大批勞動力的需求。

與第一次教育革命相比，第二次教育革命主要是為了培養工業社會的應用型人才，來適應資本主義的經濟、社會發展。到了第二次教育革命，以班級授課制為主要特徵的規模化現代學校教育成為了教育的主要模式，教師為中心的教學模式也是在這一階段形成的。教育的內容與前一階段相比，也逐漸增加了適應工業社會發展的一系列新技術和新知識，更加系統、多元的教學內容開始出現。

第二次教育革命所形成的集中化、標準化的班級授課制度，雖然在特定的歷史時期內促進了社會化的大發展，也使得更多的適齡兒童有機會接受正規的學校教育。但是在社會發展後期，乃至現在的教育中，留下了一些難以根治的「頑疾」，如扼殺學生天性、教育制度僵化、師生關係不平等……

1.3.4.3　第三次教育革命

第三次教育革命，是從規模化、集中化、統一化的標準教育逐步轉向分散化、網路化、多元化的個性化教育。

第三次工業革命後，人類進入了「數位化時代」，也就是網際網路時代。電腦、網際網路的出現，極大地改變了人類的工作和生活方式。隨著資訊化大發展，人們獲取資訊的方式也被徹底顛覆。不再依賴於課本和教師，飛速發展的網際網路技術使得。人們獲取知識的管道更加廣闊，獲取知識的速度也更加快捷。傳統教育的時空界限鎖著網際網路的出現被逐漸

打破，教育模式也發生了根本性的變化。學生不僅可以在學校學習，也可以藉助網際網路在家學習；可以跟著老師學習，也可以在網際網路上自主學習，可以選擇大班學習，也可以選擇小組合作。網際網路的出現，使得教育變得更加自由和多元。

第三次教育革命與資訊技術的發展密不可分，網際網路和電腦的出現，使得第二次教育革命帶來的集中化、標準化的班級授課制教育受到了極大的衝擊。同時，科技的驅動也讓第二次教育革命所成的教學方式、內容、體系，已經不再適應新的技術趨勢，學校、教師和教材的權威性在一定程度上被撼動。學校不再是唯一的教育場所，教材和教師也不再是獲取知識的權威。遠端教育、慕課（MOOC）等全新的教育形式使得學生的學習逐漸呈現網路化、數位化、遠端化的特點。

與第二次教育革命相比，第三次教育革命的發生和發展受科技的影響更大。資訊科技的大發展推動的知識經濟的發展，也使得資訊和通訊技術成為了推動經濟增長的主要動力。因此，在培養目標上，第三次教育革命不再專注於大批培養適合工業模式的勞動力，而是轉向於對大批具有基礎的數位化知識和技能的勞動者、創新型的研究者。教育的內容已經不是簡單的知識傳授，新能源、新材料、奈米技術、生物科技、系統倫理、3D列印等前言知識以及系統的職業發展知識及技能都被囊括在內。在教學規模上，第三次教育革命使得教學規模進行了適度縮小，因為一部分學習者開始由學校轉向家中、網際網路、遠端教育，這就使得第三次教育革命逐漸打破了之前的集中化教育，走向分散化、個性化。

第三次教育革命，使得學習者的學習不再僅僅局限於學校、班級，而是拓展到了家庭、社區等。面向學生的，也不再是一塊黑板，而是各種虛擬化、扁平化的互動式學習平台。遊戲化學習、合作學習、翻轉課堂、遠端教學等成為了新的學習方式。到了第三次教育革命，學校培養人才的一

元化教育被打破，網際網路平台的互動式學習成為了可能，家庭、學校、社會三位一體的合作教育模式開始出現。教育不僅僅追求學生的知識和技能的掌握，也更加關注學生的品德培養，教育「育人」的功能更加突顯。另一方面，終身學習的理念也更加深入人心。

1.3.4.4 第四次教育革命

第四次教育革命，將會使得教育從分散化、網路化走向泛在化、生命化、終身化的個性化教育。並且教育方式已經不再限制於慕課這種網際網路影片的形式，而是基於虛擬實境，藉助於人工智慧個性化的驅動與生成相應的內容，並且挖掘個體的興趣愛好，並針對性、個性化的實現沉浸式、場景式的教與學。

21 世紀開始的第四次工業革命，與前三次工業革命相比，涉及到的領域更多。它不僅僅是單一技術的創新，而是多項技術的融合與交叉創新。這種全方位的技術創新包括了人工智慧、物聯網、大數據、雲端運算、虛擬實境等眾多領域。第四次工業革命以數位化、智慧化和自動化為特徵，正推動著各個領域的變革。其中，當然少不了教育。

說到第四次教育革命，就不得不提及目前的 STEM 教育模式。儘管它是第三次教育革命的產物，但它的教育方式直接推動了第四次工業革命的到來，也推動了第五次革命的出現，可以說它對教育改革的影響深遠。隨著第四次教育革命的深入，這一模式將會擁有更多的推崇者。

20 世紀 80 年代，美國在發展中逐漸意識到教育上的不足造成了科技人才的嚴重缺失，教育的重點開始轉向培養高素質的科技人才。1986 年，美國國家科學委員會正式提出 STEM 教育。由此，美國步入了以 STEM 為核心的科學教育體系。

美國 STEM 教育改革主要經歷了四個關鍵階段：1986 年至 1991 年，是美國 STEM 的啟動期。這一時期的 STEM 教育只要是為了通過人才培養和科技研發贏得國際競爭。1992 年至 2007 年，是這一教育體系的建設期。1996 年，《塑造未來：對科學、數學、工程和技術本科教育的新期望》報告發佈，不僅總結了前一階段的經驗，還提出了要進一步完善 STEM 教育政策框架和法律法規。除此之外，還要建立學前教育至中等教育階段的 STEM 教師培養體系。2007 年，美國國會通過了《美國競爭法》，為 STEM 教育競爭發展提供了法律支持。2008 至 2013 年，是美國 STEM 教育的政策推進與品質提升期。該階段美國旨在提升高層次的 STEM 人才培養的數量和品質，進而促進 STEM 教育整體品質。2015 年至今，美國 STEM 教育進入戰略轉型期，重點包括明確 STEM 教育法規定位，擴展非正式 STEM 教育發展空間和深化數位化轉型等。

可以看到，到了 21 世紀，美國進一步加快 STEM 教育的戰略步伐，逐漸將 STEM 教育提升到國家戰略層面。2018 年發佈的《繪製成功之路：美國 STEM 教育戰略》更是直接指出：國家創新能力和國家的繁榮、國家安全和個人成功取決於高效率的 STEM 教育。2020 年的《未來 STEM 教育：一個前瞻性的報告》更是指出，要構建更好的、能夠適應未來社會發展的 STEM 教育體系。

在數位化、智慧化時代，STEM 教育不僅可以提升全民的創新素養和能力，還能夠促進研發驅動經濟發展的新知識和新技術。這也是美國如此看重 STEM 教育的原因。那麼，STEM 教育為何如此重要，它和第四次教育革命又有什麼關聯？

STEM 是科學（Science）、技術（Technology）、工程（Engineering）、數學（Mathematics）四大科目的結合，打破了常規的學科界限，鼓勵學生在這四個領域的發展和提高，培養學生的綜合能力和素養。

　　STEM 教育的核心特點就是跨學科。STEM 教育將科學、技術、工程和數學幾大學科整合到一起，打破了傳統教育注重單科學習的傳統。利用這幾大學科之間的關聯性，從全域出發，培養學生解決實際問題的能力。STEM 教育的進步之處在於將理解知識、掌握技能的過程，轉化為學生自己實踐的過程。在實踐中，啟發學生的思考，教會學生質疑和尋找答案。在實踐過程中，因為親身參與，學生更能加深對知識和技能的理解和記憶。更重要的是，學生在參與過程中懂得每一個問題不僅僅只有一個固定答案，這就在無形中培養了學生的邏輯思維能力以及創新能力。

　　不僅如此，STEM 教育更是讓學生在真實的情境中學習，將問題放在與實際生活緊密相關的問題上。這就使得知識由抽象變成了具象，知識也不再是外部的灌輸，而是學習者主動的建構。此外，STEM 學習是一種合作的學習模式，以小組為單位，團隊相互協作，一起發現問題，尋找答案。因此，每一個孩子的思維都能在學習和活動中進行碰撞，個性化也能得到不斷發展。在這個過程中，孩子不僅能夠學會如何與人溝通、如何表達自己，更能獲得寶貴的團隊合作能力。

　　第四次工業革命為我們帶來了人工智慧、量子電腦、物聯網、機器人，我們的社會變得更加智慧化、自動化和數位化。第四次工業革命，也就是當前正在發生的人工智慧革命，正在推動人類社會向數位化，向資料商業價值再造方向演變。在這樣一個時代，我們遇到的問題將會是更加複雜、更加多元的，以往的單一學科的知識根本無法解決。並且，各種智慧型機器充斥了我們生活的各個方面，我們不僅需要與人溝通，更需要與機器溝通協作。機器變得靈巧、智慧，在許多方面取代人類。

　　所以，到了第四次教育革命，我們的教育目標將會轉向培養智慧化時代具有創造力、個性化、批判能力、合作能力、自主學習能力以及具有

全球視野的終身學習者。而這些能力的培養，與 STEM 教育的理念不謀而合。

第四次教育革命，教育將會呈現更加泛在化的特徵，學習將會擁有更多自由的選擇。各種智慧教育產品、智慧型機器人的出現，將會使得「因材施教」成為可能。教育的內容，也將是挖掘人類身上那些獨有的特徵，比如創造力、想像力、同理心等。所以，第四次教育革命，是一場真正的生命化教育變革。人機協同的時代，教育的重點就在於喚醒那些曾經在傳統流水線式的教育中埋沒的個人特性和品質。因此，第四次教育變革將會更加突顯學生的「個性」。為了更好地應對第四次教育革命，或許 STEM 教育是一個很好的教育探索模式。

通過對四次教育革命的梳理，我們基本可以看清教育的規律和走向。傳統的教育將會越來越不適應未來社會的發展，科技的發展和進步，都會使得教育的標準化和統一化特徵被淡化，學習變得更加自由。但同時，對學生自主學習和終身學習的能力也提出了更高的要求。更重要的是，每一次的教育革命，都在更加突顯人的個性和價值。

可以預測，第五次教育革命，將會是一場更具多元性和交叉性的前沿技術突破下的教育變革。尤其是在腦機介面、數位永生、具身智慧等技術的驅動下，當人類的大腦可以藉助於資訊技術與網際網路實現即時的線上互通時，讓我們的記憶可以藉助於腦機介面技術隨意被讀寫時，當前的教育將會變得無法適應未來的社會模式，而這也正是我們接下來要討論的未來教育。

1.4 ╱ 教育範式的轉變

　　所謂教育範式，就是對教學行為做出的最基本的界定或最基礎的闡釋。範式的轉變代表著原有的範式被另一個新的範式取代，兩個範式之間關聯的是同一事物而不是不同事物。教育範式的轉變是從舊範式逐步過渡到新的範式，基於不同範式的教育呈現出不同的形態特點。但是，基於不同形態的教育範式的轉變不是一蹴而就的，而是逐步變化的。

　　2005 年柏林舉辦世界民主教育會議，會議參加者認為的民主教育是在任何教育情況下，年輕人有權去決定如何學、何時學、學什麼、在何處學、跟誰學習。以及在他們的組織特別是他們的學校，在必要做任何規則和限制的情況下，享有同等的決定權。我們現在所說的學校教育，本質上是為了適應 18 世紀 60 年代的工業革命而產生的，也是工業革命那個特定大背景下的社會化產物，具有服務於特定時代的典型特點。

　　工業革命時期，因為識字和技術的需求，學校通識教育可以快速提供大量工業生產所需的工廠勞動力，也因此傳遞知識和技術。因而，考試測試純熟度就成為主要訓練方向，精準的數學運算和正確答案是提升產品良率的指標，員工被期待不要有太多想法，教育成為一種意識型態的灌輸。兩百多年過去了，工業革命漸漸從蒸汽時代、電氣時代，逐漸進入資訊化時代，再到人工智慧時代，我們的時代改變了，世界也大不一樣了。過去由於沒有網際網路，沒有數位化，人類社會的知識產出相對緩慢。而今天，人類一天所產出的資料量，就是人類有文字記錄以來到 21 世紀初的所有資料總量。所以，現在的孩子面臨的問題已經比過去增加了幾千萬倍了。

傳統教育下的學生，只要考出好成績、進入好大學，就能找到穩定工作做一輩子。然而，現在的孩子即使努力達到這些門檻，也無法有好的工作，經濟來源也變得不穩定。世界改變了，但是我們的教育卻沒有太大的變化，除了黑板換成電子白板、書本變成電子書、教室加裝空調外，一樣是老師在講臺授課、學生在台下聽講，用考試篩選學生，只是多了更多的學習資料和學科。這樣的教育現狀下，我們的孩子要如何運用過去既有的知識來應付未來無法預測的世界呢？不管時代如何轉變，教師的思維若沒有改變，教育形態是很難獲得真正的改變的。

1.4.1　教育 1.0：老師是輸出者，學生是接收器

教育 1.0 是我們最為熟悉的形態，這是一種最傳統的填鴨式輸入教育，也是典型的舊範式下的知識教育形態。這種教育形態下，教師將知識做通盤的理解，成為這方面或領域知識的「專家」，在教室裡扮演全知全能的知識輸出者角色。這種最傳統的教育模式在 19 和 20 世紀的東方社會更為普遍，因為工業化革命源於西方，當東方理解到這巨變時，科技水準已經落後西方一大截。因此，東方各個國家需要在最短的時間裡，先由少數人吸收大量知識，然後再將這些指導規模化、批量化、無差別地傳授給下一代。由此循環往復，以最快的速度完成知識和技能的傳遞。

教育 1.0 最大的問題在於，學生是被動的接收器，主要的動作只有接受和回應。他們接收的全部知識資訊都是教師整理過的精華，學生不知道為何要接收這些訊息，只知道考試會考，所以一股腦全盤接收，之後再不加選擇地進行消化和反芻。這從工業化時代到現在，即使教學科技日新月異，面對的社會已經有巨大的差異，但很多教學現場還是隨處可見這樣的教學模式。雖然時代發展了，這一陳舊的教育範式中加入了一些新鮮的高科技元素，如 LINE 群、多媒體等，學生也可以脫離教室這個實體進行

線上學習，但是這種傳統地二元對立的教學方式在本質上還是沒有任何改變，只是披上了一件花哨的外衣。

新冠疫情期間，因為長期的居家隔離，一段時間內很多教學現場都轉移到線上，但是教育方式還是有很大的比例是老師講課、學生聽課。然而，線上課老師更難控制學生是否有在學習和思考。很多時候，學生仍舊是被動地被投餵各種被教師已經嚼爛的、但覺得很有營養的「食物」。

1.4.2　教育 2.0：老師是指揮家，學生小組合作與探索

教育 2.0 是現在 108 課綱宣導的創新教學型態，也是目前很多學校和教學機構正在進行的教學方面的創新和改革。這種教育形態主要讓學生自己觀察和探索主題，最常使用的是問題導向或專題導向學習（也稱專案化學習，PBL）、探究式學習、STEAM 教育。

有別於前一階段的教育，此階段的教育改革強調將學習的主導權還給學生，讓學生成為課堂的中心。所以，教師的課堂中心者角色大大弱化，他們不再是教室中的全盤輸出者。這種新的教育形態下，各種教學法可以交叉使用，例如 PBL 可以搭配 STEAM，從跨學科探索主題開始，讓學生分組進行討論。強調主題需從生活周遭的議題開始發根，找出議題後，思索如何結合科學（Science）、科技（Technology）、工程（Engineering）、藝術（Art）及數學（Math），製作出可解決生活議題的成品，甚至還可以多結合 R 與 W，一個是閱讀（Reading），另一個可以是寫作（Writing），變成 STREAM。

這個教育形態下的學生是一個學習社群，共同處於一個學習中心。他們共同探索、合作、交流與分享，教學過程相比於前一階段也更加開放，學生被鼓勵要「走出校園、走進社區」，學習的成果要幫助社會與世界。

在這一教育形態中，老師充當的是指揮家地角色，每位學生小組的角色則是樂隊，每位樂隊隊員被安排演奏曲目的節奏和聲部，大家團結合作，旨在讓樂團的演奏達到最盡善盡美的呈現。

1.4.3　教育 3.0：老師是協作者，學生是創造者

教育 3.0 中，學生參與課程的決策，決定該學習什麼和如何學習。同時，學生也參與民主決策，決定民主管理與尊重人權。課程架構和地圖不再是政府和教育專家訂定，而是學生自主決定應該學習什麼樣的課程。這樣的轉變從過去工業時代教育是為了培養大量的工業技術勞工、到教育成為讓學生認同政府領導的工具，轉變到開發自我的所有可能性。在這一教育形態中，教師的角色更像是導師或者陪伴者、協同者，而學生則是學習內容的自主決定者、學習體系的建構者。學生可以基於自己的興趣、愛好和特長決定自己的節奏，而不必跟隨著大家一起。他們可以自己創造只屬於自己的那套獨一無二的學習內容和框架，也可以通過自己的學習活動以及與其他成員的合作來豐富和拓展學習社群。

Aha 社會創新學院提倡「創新催生公民，教育通向自由」，強調教育就是為了獲得各種自由，主要包括學習的自由、思想的自由、選擇的自由、人生的自由。Aha 學院創辦人顧遠在 2019 說道：「自由是一種權利，一種『我自己可以去選擇什麼值得做、什麼可以做、什麼不該做，以及如何去做』的權利；自由也是一種能力，一種分辨、思考和行動的能力。」

在成長的過程中，學生從探索歷程中發現問題，並思考要做出一項產品來解決問題，而在這過程中，學生會遇到很多跨領域的問題，例如要做出一個偵測出人體需要補充水分的水壺，來解決人們少喝水的問題，因此需要資料分析領域的統計學科、人工智慧學科、3D 建模、藝術設計學

科、環保概念的環境科學或人體相關的健康學科；當完成產品之後，需要
銷售、推銷等企劃，需要客服、廣告等文案，需要社群媒體、活動策劃等
能力。

這些過程中，學生已是創業家，需要處理所有跨領域的問題，而老師
有可能是創業的夥伴或顧問、資源及人脈的連接者、學習內容的創造者。
學生自己透過多媒體網路、媒體或圖書的自學，備齊所需的知識技能；而
老師不再是知識的載體，而是學習的促進者。每個學生都有自己的社群，
每個社群都有其興趣、需求、甚至是文化，學生完全成為學習的主宰，而
教師只是協助和促進的輔助角色而已，這是一種全新的「社會化學習」
形態。

雖然教育 3.0 是一種比較理想化的教育形態，能夠促進學生的真正發
展，讓學生真正發展成為一個自由的人。但是目前這種教育形態對教育者
和學習者都提出了很高的要求，在真正的實踐中還存在一些困難，所以目
前這種教育形態的嘗試不是特別多。儘管教育 3.0 的實踐還存在諸多困難
和挑戰，但是這一教育形態也將成為接下來這個階段教育的必然。

教育 1.0 到教育 3.0 的轉變，體現的是教育思想的根本性的改變，其
中也包含了教育手段和內容的改變。如果以捕魚這一行為來做一個類似
的比喻，那麼教育 1.0 就是老師自己捕魚，細心地將魚刺全部剔除，再嚼
碎了一口一口餵給學生；教育 2.0 則是教師將捕魚網給到每個學生手上，
教會他們捕魚的方法和技巧，讓學生自己嘗試著去捕魚；到了教育 3.0 階
段，教師和學生需要一起出海捕魚，捕到魚後還要一起製作，剩下的一些
魚還需要他們共同想出創意策劃再推銷出去。這三個教育範式的轉變就可
以簡單概括為知識傳遞——自主學習——共創學習社群。

1.5 / 未來社會與教育暢想

1.5.1　顛覆認知的未來社會

任何一個時代的教育制度都被打上了深深的時代烙印。看清時代的特徵，掌握時代前進與發展的方向，才能找到適應這個時代發展以及更好地迎接未來發展的教育手段。回望歷史，以世紀為分界，我們能夠清楚地看到歷史給予我們的關於教育與時代發展的寶貴經驗。19 世紀工業革命快速發展，以歐洲為中心席捲全球，機器和工廠快速取代傳統人力勞動和手工作坊，工人的需求量快速增加。為順應工業革命的發展，應運而生的工業化教育得以通過標準化和統一化的流水線式教育模式快速培養出一批擁有技術、服從管理的工人。而這一批工人，也成為了當時經濟和工業化國家快速發展的基礎。正因為如此，工業化發展得以傳遍全球，而這一套工業化教育方式也被各國接受並實踐，這其中當然也包括中國。

20 世紀之後，隨著科技的不斷發展進步，人類的知識疆界不限拓展，社會的整體面貌也發生了翻天覆地的變化，前所未有的社會問題和國際問題紛至沓來。面對這前所未有的新挑戰，各國在分析問題、解決問題的實踐中，不斷總結、深化各領域知識與系統，將一股全新的血液重新注入進19 世紀已經成形的教育軀體中。各國開始進行新一輪的教育改革與創新，賦予教育新的時代內涵，讓學生擁有迎接新時代全新挑戰和機遇的知識和技能，以滿足時代發展的新要求。

如今，我們已經邁入全新的 21 世紀，這是一個百年未有的充滿變化的時代，更是一個新科技革命方興未艾、全球化趨勢曲折向前、世界格局加速演變的複雜時代。時代變革的加速器已經開啟，由此引發的社會系統性變革不可避免。正如華東師範大學吳剛教授所言：這是令人振奮的時

代，這是讓人沮喪的時代；這是創意飛揚的時代，這是反覆模仿的時代；這是新詞迭出的時代，這是茫然無語的時代。21 世紀確實是令人振奮的，一批又一批從前只能存在於想像和電影中的高科技走進現實，從人工智慧技術的不斷發展，到量子科技，再到虛擬實境、元宇宙、人形機器人、腦機介面……無數足以顛覆人類認知、改變人類生活的新名詞紛至沓來：無人駕駛、5G 通訊、DNA 儲存、ChatGPT、Sora、機器學習、量子通訊、全息影像……

但是另一方面，21 世紀也是令人沮喪的。由於科技的快速發展和迭代，人類已經面臨和機器競爭的挑戰了。英國牛津大學的麥克‧奧斯本尼（Michael A. Osborne）等人早在 2013 年就已經明確表示，現今 49% 的人類工作，將在西元 2030 年被人工智慧取代。事實上，目前已經有很多作業單純的工作已被遷往發展中國家或者交由人工智慧處理了。但是，消失的不僅僅是作業單純的工作，就連看起來有些複雜的工作也已經被逐漸列入為被取代的行列，比如電話客服、會計和審計等行政人員、房屋仲介、銀行貸款負責人、核保人，甚至還有法律助理。未來，再也沒有我們認為的「鐵飯碗」，任何人、任何職業，可能都會面臨被機器取代的風險。

正如知名科技作家陳根所談論的，隨著人工智慧與人形機器人時代的到來，人類社會一切有規律與有規則的工作都將被人工智慧與機器人所取代。

1.5.2　未來教育何去何從？

在這樣一個未知的、充滿挑戰的全新時代，我們的教育又該何去何從呢？

　　在討論未來教育之前，我們先要明確未來社會需要培養什麼樣的人，我們的下一代需要哪些品質，才能適應時代的變化與發展。毫無疑問，未來的孩子一定是與 AI 共存的，所以他們身上需要具備的能力和品質，一定是 AI 無法模仿和擁有的，那一定就是創造力、想像力、同理心以及一切只有人類才具備的特質。未來社會，我們不缺乏高效率的工作者，因為大部分繁瑣的工作都可以交給 AI，並且它們可以比人類做得更快更好。所以，未來教育不是培養一批機器，而是讓人成為人，成為自由的人、成為幸福的人、成為無法被 AI 模仿和取代的獨一無二的人。

　　未來，我們的孩子不再是進入某一公司或者單位「就職」，它們應該自己「創造」要素，這在未來會變得越來越重要。未來的世界，會加速進入互相提供價值的時代，每個人發揮各自的特長和優勢，讓彼此幸福、讓世界更美好。在這種情況下，如果只是繼續靠著死記硬背和各種填鴨式教育，無法培養出來具有獨立思考能力、具有創造力和想像力的人，他們也無法跟上世界的發展大潮。

　　未來社會，我們應該反思「何為人」，而未來的教育的意義和目標在於讓人成為人，並且充分挖掘人類的獨特性。所以，未來教育不能也不應該批量化、流水線式生產「人才」，而應該關注每一個獨特的個體。未來社會的科技發展，無疑是幫助人類去發揮自身的優勢和特長，而教育則應該是幫助人類不斷探索人類才能做的事情。什麼是人類才能做的事情，那就是需要創造力、想像力、愛心和同理心的事情，這也是未來教育應該賦予學習者的重要品質。由此看來，未來教育是一種個性化、自由化和定制化的教育，「創造力」應當成為未來教育的核心，因為它可以幫助下一代實現屬於他們自己的更好的未來。未來教育也應該保護每一位學習者身上特有的能力和品質，讓每一位學習者成為自己、成為獨一無二的人，它應該賦予每一位學習者自由選擇和決策的能力。

　　機器是冰冷的，但人是有溫度的。這個溫度，就是來源於人類所獨有的情緒、情感、道德和價值觀。最終區分人和機器的，也正是這些方面的特質。所以，未來的教育應該在這些方面發揮更突出的作用。未來社會，將是一個人機協同的時代，機器將取代人力的生產和勞動價值。人類如何實現價值重造，將依託於教育的再一次變革。身處急劇變革的時代思考教育，教育者既要看到社會變革對教育改革的深切呼喚，更要增強教育改革的時代自覺和主體自覺，以教育的未來想像推動教育更好地重建，讓教育改革突顯時代特點，順應時代潮流，助推時代發展，促進人類更加自由幸福。

第二篇

正在到來的前沿技術

人工智慧

2.1 / 走近人工智慧

2.1.1 什麼是人工智慧

人工智慧（Artificial Intelligent），也就是我們通常所說的 AI，也有人稱它為「機器智慧」。關於人工智慧的準確定義，目前也沒有唯一的說法。在不同的搜尋引擎中輸入這一名詞，你就會得到幾十種甚至上百種不同的解釋。原因就在於，解釋的角度不同，得到的內容可能就會有差別。但是從其名稱組成上來拆解，「人工智慧」是由「人工」和「智慧」兩個名詞組成。簡單理解就是人類製造出來的機器所呈現出來的某種智慧。教科書中對人工智慧的解釋比較簡單，認為其是一種對智慧主體的研究與設計，這裡的智慧主體其實就是一個智慧的系統，這個系統可以透過觀察周圍環境，並在此基礎上做出準確的行動反應。

人工智慧具有三個要素：資料、演算法和運算能力。要實現人工智慧的發展，這三個要素缺一不可。其中，資料可以看作是一種知識性的原料，而運算能力和演算法則是提供「計算智慧」以學習知識並實現特定的目標。人工智慧必須要藉助電腦程式才能實現其「智慧」的特點，這種智慧行為其實也是對人類行為的模仿和延伸。當電腦技術發展到一定階段時，這種智慧行為將完全可以在多個方面拓展或者超越人類的智慧。不論對這一概念進行怎樣的深挖、延伸，可以確定的是，人工智慧是一種藉助於電腦程式呈現人類智慧的技術，這項技術涉及多個學科的理論和知識，包括數學、哲學、心理學、語言學、生物學等等。

人工智慧可以劃分為兩個主要的類別，分別稱為「強人工智慧（Strong AI）」和「弱人工智慧（Week AI）」。這種分類的依據就是人工智慧水準的不同表現形式。其中，弱人工智慧，按照其字面意思，就是人工

智慧發展並呈現的一個較低的水準，也被稱為「窄人工智慧」或者「應用型人工智慧」。弱人工智慧目前智慧解決一些特定的任務，並且運用在特定的領域，例如：圖像識別，社交媒體平台藉助弱人工智慧來識別圖片中的人或者物，一些安全檢測系統也可以用其來檢測異常行為。還有一類運用就是語音辨識，像智慧手機的語音助理 Siri、Google Assistant 等就能通過識別使用者的語音特點來執行某些操作。除此之外，弱 AI 還可以被用於遊戲中，比如它可以創建更加智慧的對手或者同伴，豐富遊戲者的遊戲體驗。我們熟知的 AlphaGo 就是一個典型的弱人工智慧案例，它在圍棋領域擁有了超越人類冠軍的能力，這就是基於它對大量圍棋學習資料的學習以及強大的計算能力。弱人工智慧雖然代表著機器較低一級的智慧水準，但是就是這種「較低的水準」，已經足以超越我們的認知了。目前，弱人工智慧還被運用於自然語言處理、金融服務、搜尋引擎優化的方面。

區別於弱人工智慧，強人工智慧代表高水準的智慧發展和表現形式，因此也被稱為「全能人工智慧」或者「通用型人工智慧」。這種高水準的人工智慧能夠執行通用型的任務。強人工智慧的「強」表現最明顯的一點，也是它和弱人工智慧區分開來的一大主要特點就是它具有獨立的意志，能夠在設定的程式範圍之外進行獨立的思考和行動。同時，它能夠整合多方面的資訊，從而協助人類進行判斷和決策，並在此基礎上快速採取行動。從前我們一直認為，機器是沒有獨立思想和獨立意識的，它們只能依託於人類智慧進行所謂的「思考」和「行動」。但是，強人工智慧的出現，將打破人類的這一固有認知。

目前，科學家們還在朝著強人工智慧方面進行不斷的努力。未來，這些所謂的「機器」不僅具有自我意識，而且還可以自我學習和自我創新。這樣的特點，就會使得它們能夠擁有在複雜環境中靈活應對和處理問題的能力。那時，人工智慧將會是一個擁有更廣泛智慧的強大系統，也能夠在

各種環境和情境中執行任何人類的智慧活動。這樣一來,未來強人工智慧有沒有可能超越甚至取代「人類大腦」呢?在這樣的高級機器面前,我們人類獨有的優勢又該如何體現出來呢?這也是人工智慧時代我們將會面臨和必須要思考的問題。

2.1.2　人工智慧 70 年

人工智慧的發展歷史,大概可以追溯到 20 世紀 40 年代。之後經歷了多個階段曲折發展,至今迎來了再次的人工智慧革命。

早在 1943 年,美國科學家麥卡洛克和皮茨提出了神經元的數學模型,成為了人工智慧發展道路上的奠基石。1950 年,艾倫圖靈提出了「圖靈測試」,測試主要用來區分機器表現出的智慧和人類的智慧能否區分。這項測試讓「機器能否產生人類智慧」這個問題進入研究的視野。

到了 1956 年,達特茅斯學院的人工智慧研討會舉辦,會議上第一次使用人工智慧這一術語。這是人類歷史上第一次正式討論人工智慧的相關議題,至此人工智慧學科也正式誕生了。人們也因此將 1956 年稱之為「AI」元年。

自 1956 年人工智慧學科誕生之後,各國興起了對這個新興學科研究的熱潮。在這一學科誕生之後的 10 年中,人工智慧領域取得了很多突破性的進展,掀起了人工智慧發展史上的第一個高潮。1957 年,GPS 設想問世。1959 年,麥卡錫提出了世界上第一個完整的 AI 系統,雖然這是一個能夠像人類學習的假像系統,但在 60 多年前,這已經是一個堪稱偉大的設想了。也就在同年,塞謬爾首先提出了「機器學習」這個概念。這一時期也出現了一些矚目性的成果,例如跳棋程式和機器定理證明等。正是因為如此,研究人員開始對人工智慧的發展持有無比樂觀的態度。在 20 世

紀 60 年代，就有研究者預言：未來十年，機器就能成為世界象棋冠軍；不出十年，機器就能譜寫接近一般作曲家水準的樂曲。甚至還有人斷言 80 年代就能全面實現是人工智慧，21 世紀初機器的智慧就能全面超過人類。

就在研究人員雄心壯志地開始嘗試進行更具挑戰性的研究和測試時，因為電腦理論上的匱乏和運算能力的嚴重不足，很多不切實際的目標落空。1965 年的機器定理證明受挫，撒母耳的跳棋程式也沒能打敗世界冠軍，美國花在機器翻譯上的幾千萬美元也成了一個笑話……20 世紀 70 年代，AI 迎來了第一次寒冬時刻，關於 AI 的諸多研究也開始進入低谷。這一時期，各國探索人工智慧的熱情大大削減，各國政府開始取消或者削減在人工智慧領域的研究費用。不僅如此，AI 的發展遭到了不同聲音的批評，公眾也開始對這一技術產生誤解。AI 的發展更是在 70 年代初遭遇了前所未有的瓶頸，即使是設計出的最新的程式，也只能解決問題中最簡單的那部分。一時間，人們又開始懷疑，那些被標榜的智慧的 AI 程式，或許只是所謂的玩具而已。

經歷了至寒時刻之後，到了 80 年代，AI 又重新迎來了繁榮的應用發展期。80 年代，名為「專家系統」的 AI 程式開始被世界各地的公司所接受。專家系統能夠透過模擬人類專家的知識和技能，解決特定領域的難題，實現了 AI 從理論研究到實際應用的重大突破。這一時期，人工智慧進入研究與發展的新高潮。機器學習也開始在大量的研究於事件中甦醒。

20 世紀 90 年代至 21 世紀前十年，AI 的發展處於平穩的狀態。這一階段，AI 實現了最初的一些目標，被廣泛運用於技術產業中。隨著網際網路技術的不斷探索和發展，電腦性能的不斷提升，人工智慧得以一步步走向實用化道路，在各個領域開花結果。

進入 21 世紀，電腦技術和大數據呈現蓬勃發展之態，很多機器學習技術也成功應用於解決現實社會中的很多難題。雲端運算、網際網路、網際網路的飛速發展，多項技術加持下的人工智慧突破了技術和應用之間的鴻溝，使得語音辨識、圖像識別、人機對弈以及無人駕駛等重大技術實現了技術上的突破，人工智慧也迎來了爆發式的發展高潮。人工智慧在 21 世紀取得的成就可以說是史無前例的。一些重大的突破性成就足以載入 AI 發展的史冊。例如 2015 年馬斯克創建的 OpenAI，為了實現通用人工智慧為全人類帶來新的改變。2016 年 AlphaGo 與世界圍棋冠軍李世石進行人機對戰，最終以 4：1 取得勝利。這讓我們驚歎人工智慧系統下深度學習的魅力。2022 年，ChatGPT 突然的出現。人們不禁感嘆，未來已來！

2.2 ╱ 人工智慧在醫療領域的運用

隨著資料的進一步累計以及演算法的成熟和運算能力的提升，人工智慧如今呈現快速發展之勢，人工智慧發展下的深度學習也成為了其重要代表和特點。作為 AI 領域最重要的應用領地之一，人工智慧與醫療行業的結合也在近年來取得了矚目的進展。相關報告顯示，中國智慧醫療行業的市場正在進行一場高速的增長，預計在 2030 年突破一萬億人民幣。從人工智慧在醫療領域的使用來看，藥品研發、醫學影像輔助診斷和醫療機器人成為主要內容。

2.2.1　AI 藥物研發

新藥研發通常被看作是一個風險大、週期長、耗費大的極具挑戰的過程。所以，當電腦剛開始普及之時，藥物研發人員就希望能夠藉助電腦強

大的計算能力進行藥品的開發。上世紀末，電腦輔助藥物研發這個新學科誕生。近年來，隨著人工智慧的發展，其在藥品研發方面的運用正在逐漸深化，以大數據為基礎的人工智慧藥品研發模式也正式落地。藉助於人工智慧提供的高效率資料分析與處理能力，藥物的發現和開發進程將被大幅縮短。人工智慧因為能夠分析大量的基因組資料、蛋白質組資料和病理資料，就能在短時間內幫助藥物研發者發現並識別潛在的疾病靶點。AI 演算法還可以設計出新的分子結構並預測其生物活性，這也將大幅加速候選藥物分子的發現過程。在藥品的合成上，AI 可以優化化學反應路徑，提高合成的速度和效率。還可以藉助 AI 來進行藥物的篩選，AI 系統能夠快速篩選大量化合物，經過對比之後就能確定哪一種化合物更具有進一步的研發潛力。新藥的研發還包括一個重要環節，那就是臨床試驗，這是檢測新藥成敗的關鍵步驟，而 AI 在這一步也將起到重要作用。在進行臨床試驗患者時，AI 可以利用自然語言處理系統來掃描文檔和臨床記錄，就能在較短時間內更有效率篩選出合適的被試者。相比於常規的篩選方法，AI 篩選將會提高很大的效率。

此外，利用人工智慧技術來預測蛋白質結構也是目前非常受關注的研究。藉助於人工智慧，研究者能夠大幅加速對蛋白質結構的解析，從而窺見有機體內的更多的秘密。在此基礎上，或者能夠在更短的時間內製造出更加健康、有效的新藥物。AI 將為新藥研發提供一個全新的、可複製的新思路，通過搜索訊號並發現訊號，使得新藥的成功研發不是偶然的發生。2013 年諾貝爾化學獎獲得者就曾感嘆，這是一項革命性的技術，可以帶來盡可能多的資訊，並藉助一種更加巧妙、平衡的方式來處理大量複雜資訊，而事實證明這是一種確定的方式。

2.2.2 AI 影像輔助診斷

人工智慧廣泛運用於醫療各個領域。其中,基於深度學習的醫學影像輔助診斷可以稱得上是目前最成熟、運用最廣的技術。AI 影像輔助診斷技術得益於人工智慧技術和醫學影像學兩大技術的發展,也是這兩大技術的深度結合。這項技術需要利用採集到的醫學影像資料和樣本標籤,在高性能的電腦系統的幫助下,整合先進的演算法分析、統計分析、人工智慧理論,完成精準、高效率的醫學診斷任務。這項技術的運用其實包含了兩大方面:首先就是醫學影像的識別,主要應用於感知環節。主要目的是對影像進行分析,獲取其中一些有意義的資訊;其次是深度學習,應用於學習和分析環節。藉助於大量的影像和診斷資料,不斷對神經元網路進行深度學習以訓練,促使其掌握診斷能力。

目前的醫學影像的生成主要藉助於 CT、內視鏡等傳統醫療設備,CT 從掃描再到生成圖像,需要較長的計算時間,而內視鏡從執行任務到即時推斷,也要花費不少時間。人工智慧影像輔助手段將會簡化工作流程,並增強患者的體驗。它能夠藉助自身的運算能力和演算法,以及大量的資料資訊,自動分析如 X 光、CT 掃描、超音波和 MRI,快速識別身體中的異常區域。同時,AI 系統還能幫助檢測各種疾病,包括乳腺癌、肺癌、糖尿病等,可以及時發現早期的一些癌細胞資訊。同時,通過定期分析影像資料,AI 還可以幫助監測疾病的進展以及治療效果,為更多患者的治療進程保駕護航。因為其在資料處理方面的強大功能,AI 技術的引進將會大大減輕放射科醫生的工作負擔,提高醫院的工作效率。

目前,誤診是經常會發生在醫院的悲劇。減少這一類悲劇的關鍵就在於醫學影像資料的識別和解讀。AI 醫學影像輔助分析系統可以 24 小時不停歇地工作,對成千上萬個醫學影像進行讀取和分析。不同於人類醫生,

這一系統永遠也不會疲憊，所以就在一定程度上杜絕了因疲勞或其他因素而產生的誤診為或者漏診問題。除此之外，這項技術還可以用於遠端醫療。AI 影像分析技術支援遠端醫療服務，在 5G 技術地幫助下，它可以為偏遠地區的患者提供遠端但是專業的醫學影像診斷。

2.2.3　醫療機器人

目前，運用於醫療場景中的智慧型機器人主分為兩大類，一類是能夠承擔手術或者醫療保健功能的機器人，以 IBM 公司開發的達芬奇手術系統為代表，代表了目前手術機器人的最高水準。這一系統由三個主要部分組成：控制台、患者一側的機器臂以及高清的 3D 視覺系統。進行手術時，醫生只需要坐在控制台上進行操作，而機器人手臂就可以在患者的體內進行一系列手術。3D 視覺系統則可以為醫生提供高清晰度的手術區域圖像，醫生就可以在放大的高清畫面下進行手術控制和監測。21 世紀以來，達文西手術系統已經協助醫生們完成了很多手術，包括心血管外科、胸外科、泌尿科等等。與醫生自己親自進行手術相比，它的智慧操作使得手術的創傷面更小，有利於患者的恢復，同時也減少了術後併發症的風險。另一重要方面就是，與人類醫生相比，或許這個「智慧手臂」的手術操作更加的精準和安全。

另一類，就是能夠讀取人體神經訊號的可穿戴型機器人，也被稱為「智慧外骨骼」。這是一套可以穿戴在人體外部的機電系統，主要通過感應和增強人體的活動能力來拓展自然能力。這些智慧外骨骼能夠感知用戶的運動意圖，之後透過執行器為他們提供額外的支援。例如現在的康復機器人，可以用於輔助病人進行康復訓練，如行走訓練、肢體運動等等。「智慧外骨骼」的出現，為那些行動不便或者患有肌肉疾病的病人帶來了

繼續活下去的勇氣，讓他們能夠自由地進行日常活動。如果沒有這些智慧醫療機器，或者很多人的一生只能在床上或者輪椅上度過。未來，隨著高齡化的問題的加劇，或者智慧外骨骼也可以作為一種解決方案，讓那些行動不便的年邁老人可以獨立生活，減輕子女或者社會的護理風險。

未來，智慧醫療藉助於人工智慧技術的不斷進步，依託於 5G 甚至 6G 技術，會逐漸發展成為一個高效率、精準和個性化的醫療服務體系。它將會藉助全新的技術，改變傳統的醫療模式，為患者帶來更多的福音，也為廣大的醫護人員減輕了大量重複、繁瑣的醫療工作所帶來的壓力。

2.3 ╱ 人工智慧在藝術領域的運用

藝術是人類智慧與審美的獨特體現，我們很難將藝術這個有溫度的詞語與人工智慧結合到一起去。然而不斷發展的科技證明，藝術不是人類所獨有的，人工智慧也能創造「藝術」。目前，人工智慧在藝術領域有了很多讓人難以置信的創作，設計音樂、繪畫、文學等多個領域。

2.3.1　AI 繪畫

AI 繪畫就是藉助 AI 技術來生成或者輔助繪畫。這一技術是以深度學習演算法為基礎，來學習和模仿各種繪畫風格和技巧。AI 繪畫的強大之處在於它可以進行繪畫風格的遷移，透過大數據的學習掌握某一位畫家的繪畫風格，之後在將其轉移到另一個畫作上。例如，如果 AI 已經學習了著名畫家梵谷的藝術風格，那麼之後它就可以將這一畫風運用到另一張普通的圖片上。以梵谷的繪畫風格為基礎，創造出另一幅具有相同風格的作品。除了模仿現有的一些藝術風格，AI 還可以創造出全新的圖畫。這些作

品可以是沒有人類干預、完全由 AI 獨立完成的。例如 AI 根據指令即使創造出一副具有印象派畫風的作品，也可以為你呈現具有唐朝風格的作品。

回顧 AI 繪畫在這兩年內的變化，它的進步和變化可以說是按照天數來計算的。從 2022 年 2 月開始，AI 繪畫神器 Disco Diffusion 開始獲得關注；一個月後，LAION 就開放了它的跨模態資料庫，這個資料庫可以用來訓練多種從文字到圖畫的模型；4 月份，OpenAI 發佈了文字生成圖像的模型。到了 8 月份，被稱為 AI 繪畫界神筆馬良的 Stable Diffusion 出現在大眾視野或獲得了很大的關注，因為它可以在幾秒鐘的時間內完成讓人瞠目結舌的作品。值得關注的是，由百度推出的 AI 藝術創作產品文心一格可以基於文心大模型智慧生成多樣化的 AI 創意圖畫。2022 年 12 月，文心一格續畫了民國才女陸小曼未完稿並成功拍賣，這是全球首次 AI 山水畫作的成功拍賣。

之前由 AI 創作的繪畫作品《太空歌劇院》一舉獲得了 2022 年美國科羅拉多州博覽會的藝術比賽中獲得了一等獎。這個作品是由遊戲設計師 Jason Allen 利用 AI 繪圖工具 Midjourney 創作的。這次事件引發了廣泛的關注和討論。未來，隨著科技的不斷迭代和發展，AI 在藝術創作中的應用也會越來越廣泛，也將給藝術創作和鑒賞帶來全新的挑戰。

2023 年，AI 在中國水墨畫中的運用引發了不少討論。眾所周知，中國水墨畫不僅僅是一種視覺上的藝術呈現，更是一種精神和文化的呈現。AI 藉助於強大的計算能力，可以在短時間內生成繪畫技巧，之後根據龐大的資料理解和生成，呈現出一種新穎的藝術風格。AI 還可以根據人們的審美偏好，在短時間內對繪畫作品進行修改，以達到人們的滿意程度。這些都是人類藝術家無法超越的部分。但是，在經過專業的比對和分析之後，一些專業人士還是發現了 AI 作品中的「瑕疵」，也就是那隱藏在作品背

後的「科技感」。藝術是藝術家的生活經歷和個人情感在作品中的充分體現，AI 雖然可以不斷學習，但是在情感表達方面，目前還沒有達到人類藝術家的水準。但是絕大部分由 AI 技術創作的作品，不是具有專業繪畫知識的人可能還是無法分辨的。

未來，當 AI 發展到一定水準之後，人類藝術家會被取而代之嗎？那些真真假假的「藝術」，會不會充斥在我們的生活中，讓我們的藝術審美發生混亂？

2.3.2　AI 音樂創作

AI 在繪畫領域的強大創造力已經顯現，現在，AI 在音樂創作領域的潛力也逐漸被挖掘。2016 年誕生的 AIVA（Artificial Intelligent Virtual Artist）是第一個獲得世界地位的虛擬作曲家。它主要透過讀取世界著名音樂家諸如貝多芬、莫札特、巴哈等大家譜寫的一萬多首曲子，藉助於深度學習技術，在樂譜中尋找模式和規則，瞭解音樂風格並在此基礎上搭建音樂模型，然後創作出一些原創的曲目。這些曲目在忠於原始主題的基礎上，能夠根據使用者的喜好在每次指令變化中逐漸偏離原來的主題，從而產生符合使用者喜好的、具有個性的音樂。

2018 年，中央音樂學院上演了一場獨特的音樂會，因為這場音樂會是由中央音樂學院 12 位優秀的演奏家和 AI 人工智慧連袂演奏的。這獨特的一人一機的演繹方式，為觀眾呈現了一場近乎完美的中外名曲音樂盛宴。這是人工智慧伴奏系統在中國的首場「演出」，無疑，這場演出取得了空前的成功。2019 年，世界著名鋼琴家朗朗與 Google AI Duet 合奏。AI Duet 允許演奏者與電腦進行二重奏互動，當演奏者彈奏一段旋律時，AI 就能根據音符、音調和節奏回應一段與之相匹配的旋律。

Google 在 2023 年開發的全新的人工智慧系統 Music LM，是一個具有革命性的音樂生成模型。只要有文字的描述，該系統就可以為你生成任何你要的不同類型的音樂，像「運動時聽的音樂」、「起床時聽的音樂」等等。只要你可以描述地出來，Music LM 都可以即時為你生成。即使你輸入的文字有些冗長和難以理解，Music LM 也可能捕捉到其中的細微特徵。Music LM 的創作能力可不僅僅局限於這些。它不僅可以生成一小段音樂，還可以建立在原有的系統之上，創作包含多個主題指令的音樂，時間可以長達幾分鐘。此外，Music LM 還具有故事模式，能夠在不同的時間段生成不同的音樂風格。這項功能就讓電影或者電視劇的配樂人員看到了希望。不僅如此，Music LM 還可以透過標題和圖片的組合，生成由特定樂器演奏出來的樂曲，甚至你還可以設定這個「AI」藝術家的藝術水準。

Music LM 之所以具有如此強大的創作能力，主要是因為它在一個包含了 28 萬小時音樂的資料集上進行訓練，學習生成連貫的歌曲作為訓練命題。雖然它生成出來的東西可能沒有人類音樂家那樣有創造性，但是生成的結果足以讓我們驚歎。雖然目前 Music LM 在技術上還存在一些問題，但是在未來技術人員解決了相關的問題之後，這位「音樂家」一定可以為我們帶來不一樣的音樂體驗。

雖然現在 AI 作曲水準已經發展到讓我們驚歎的程度，但是目前的 AI 音樂創作還不足以完全取代人類音樂家。由 AI 創作出來的音樂在音質、音樂表達的連貫性等方面還是有一些問題。另一方面，即使 AI 可以深度學習和模仿，但是人類音樂家的創造力、想像力和表達力是機器和系統無法短時間複製和模仿的。機器和系統可以短時間創作音樂，但是這些即時的「藝術作品」是否能同時具備藝術家的情感、靈性和個性呢？未來，藝術領域的創作者應該如何和這些機器「藝術家」合作，才能演奏更完美的樂章？這是我們應該思考的問題。

2.3.3　AI 文學創作

　　文學創作通常被認為是人類文明和智慧的重要表達形式之一，它是作家或者詩人透過文字來表達思想、情感和想像力的過程。隨著科技的不斷發展，AI 技術也逐漸被運用於文學創作中。AI 透過自然語言處理技術，就可以模仿人類的語言和文學風格，進而生成文字內容。

　　中國高考期間，由 AI 創作的命題作文一舉打敗了人類考生。當把由 AI 創作的作文和人類考生的作文放在一起時，無一例外，閱卷老師給所有的 AI 創作的文章打出了高分。並且，在未告知的情況下，沒有一個人發現這些文章出自 AI 之手。此消息一出，所有人都震驚了。驚歎 AI 的文學創作能力竟然達到了如此的高度，並且可以逃過閱卷老師的「法眼」。當人類在創作中沒有靈感的時候，文學創作可能就陷入了困境。但是，AI 似乎永遠不會有「思想」卡頓的時候。以下就是由 ChatGPT 創作的一篇關於「愛情」的詩歌。

（一）

情愛，如一縷輕煙飄逸，

似一陣溫暖的春風細語。

它如晨曦初升的太陽，

照亮心靈的每個角落。

它不問悲歡哀樂的時光，

只願與你攜手共度每一刻。

它如初綻花朵的嫩綠，

萌發在心間，滋潤著每個人。

它是迸發的火焰燃燒，

鋪滿天空的無盡浪漫。

它是海洋中那片蔚藍，

深邃無垠，難以限定。

它是清晨那一滴甘露，

喚醒沉睡的心靈驕傲。

它是夜空中那顆明星，

璀璨奪目，遙不可及。

它像歌者的吟唱，

穿越時光，令人陶醉迷藏。

它像畫家的羽毛，

揮灑情感，繪出美麗的畫廊。

愛情，是世間最美的藝術，

激盪人心的動人音符。

它是世界每一顆脈搏，

流淌著和平和快樂的音樂。

讓我們為愛情歡呼，

讓我們為愛情歌頌。

無論寒冬還是酷暑，

愛情永遠都是最美的事情。

這是一篇未加任何修飾的 AI 原創詩歌，整個創作過程僅僅幾秒鐘。作為一名文字工作者，在如此強大的 AI 創作能力，確實是自愧不如。不要以為 AI 在同一主題之下智慧生成一篇作品。即使分多次輸入同樣的關鍵字，你依然可以得到幾篇截然不同主題一致的作品。這就是它的強大之處，以下是另外兩篇關於愛情主題的詩歌：

（二）

愛情，如天空中的明星，

散發著溫暖的光輝。

它像一股清泉，

潤濕了我的心田。

愛情，如花朵般盛開，

散發著迷人的芬芳。

它像一陣微風，

輕拂我內心的懊惱。

愛情，如陽光照耀大地，

點亮了我的生命之火。

它像一片藍天，

無比晴朗，無比美好。

愛情，它是一首美妙的旋律，

在我心中奏響動人音符。

它像一曲和諧的樂章，

引領我追尋幸福的道路。

愛情，是生活的靈魂之源，

讓彼此的心靈相互融洽。

它像一塊神奇的魔鏡，

映照出我內心的真實。

讓我們一起頌揚愛情的力量，

相互連接，相互依戀。

讓我們攜手前行，

在愛的光芒中永不分離。

（三）

> 愛情，如花綻放，美麗動人，
>
> 宛如流水，柔情似水，纏綿深情。
>
> 它是一束溫暖的陽光，照亮黑暗的夜晚，
>
> 是一陣清風，拂去心中的塵埃，讓心靈自由翔翔。
>
> 愛情，如一曲美妙的音樂，輕盈動聽，
>
> 宛如詩人筆下的詩句，婉轉抒情，永恆青春。
>
> 它是一座琴弦，在心靈深處演奏，奏出甜蜜旋律，
>
> 是一座畫橋，將兩顆心連接，畫出幸福畫面。
>
> 愛情，如月亮的光芒，溫柔照耀，
>
> 宛如星辰的閃耀，璀璨絢麗，永不消散。
>
> 它是寂靜的夜晚，灑下溫暖的光輝，
>
> 是明媚的早晨，給予希望和喜悅，美好的意境。
>
> 愛情，如誠摯的眼神，洋溢真摯，
>
> 宛如傾訴的心聲，訴說真誠，感動人心。
>
> 無論牽手共度歲月，還是相依相守一生，
>
> 愛情的力量，足夠創造奇跡，讓人歡欣鼓舞。
>
> 讓我們歌頌愛情，讓它永不凋零，
>
> 用真摯與關懷去點燃愛的火焰，讓世界共同綻放。

三首詩共同藉助詩歌這一形式，運用不同的語言，歌頌了美好的愛情。這三首小詩都是在短短幾秒內完成的。我相信經過更多的訓練和修改，這些小詩一定會更加精彩。

目前，AI 創作的文學作品已經屢屢在人類的比賽中獲獎。2023 年 12 月，清華大學教授藉助 AI 創作的小說《機憶之地》獲得了江蘇青年科幻

作品大賽二等獎。他在與 AI 進行了 66 輪對話之後，花費了三個小時完成了這篇小說。難以相信的是，這篇小說的內容百分之百都是由 AI 撰寫的，包括筆名、標題和正文。在評選時。六位評審中只有一位看出這是 AI 的作品。

2024 年 1 月，日本女作家 Rie Kudan 藉 AI 之力拿下了日本頂級文學獎「芥川獎」。這篇由 ChatGPT 打輔助的名為《Tokyo-to Dojo-to/Tokyo Sympathy Tower》(《東京共鳴塔》) 的書籍，圍繞 AI 講述了一個監獄塔的故事。1 月 17 日，這本書已經正式出版了。這本書中，AI 參與了大約 5% 的內容創作。而當所有評委看到這本書是，一致的評價是「近乎完美」。

由此我們可以看到，AI 的創作能力已經超出了我們絕大部分人類。這些「最強大腦」，似乎有無限的創作靈感，它們的文思也好像永遠也不會枯竭。它們可以 24 小時進行創作，不論你想看到什麼，它們都可以在最短的時間裡為你呈現，詩歌、小說、散文，應有盡有。這讓我們驚歎，也讓我們恐懼，未來，文學創作這個領域，還有人類的容身之地嗎？

2.3.4　未來，藝術家會被取代嗎？

AI 目前已經在繪畫、音樂和文學創作諸領域展現出了驚人的「藝術天分」。AI 在藝術領域頻頻獲得佳績，藉助於強大的資料和演算法，輕鬆打敗了人類畫家和作家，取得藝術比賽的優秀名次。藉助人類的指令，AI 能夠在短時間內生成許多具有創意的作品，這些作品讓很多藝術愛好者，甚至藝術專家都難以分辨其中與人類藝術家創作的細微差別。未來，隨著技術的不斷發展和迭代，AI 的創作能力勢必會進一步提高。一方面，AI 技術的大發展，以及它們給藝術領域帶來的全新的變化是讓我們為之驚喜的，當另一方面，AI 如此強大的能力不禁讓我們憂慮：一直以來我們堅信

的最不易被 AI 打敗和取代的藝術領域，如今也被「侵入」了。所以，我們很多人關心的問題是：AI 未來會取代藝術家嗎？我的回答是：「一部分會被取代，而另一部分永遠不會被取代」。

AI 時代，絕大部分簡單、重複、有規律可循的腦力勞動將會被替代。基於深度語言學習和深度視覺學習的人工智慧，從藝術的角度來看，將會提供更多的創作方法和模式。更多藝術家正在嘗試藉助 AI 進行創作，人工智慧正在改變著藝術的定義以及模式。人工智慧藝術時代已經到來，並且是一個不可逆的未來趨勢。隨著技術的發展，未來會有更多令人驚歎的 AI 藝術模型出現。

所以，基於 AI 強大的學習能力和模仿能力，未來藝術創作中那些「工具化」的部分將會逐步被人工智慧取代，變得沒有多大價值。可以猜測，那些擅長「拿來主義」的藝術家們未來可能在藝術領域失去立足之地。因為在「複製」這方面，他們完全不是 AI 的對手。

相反，AI 技術越發達，創造力和想像力就會變得愈發珍貴和難得。永遠不會被 AI 取代的那一部分就是能夠表達人類真情實感、以人性為價值基礎的作家以及作品。隨著時代的發展，這些作品會得到新的價值確認。AI 為何會具有如此強大的創作能力，就是因為它們在永不停歇地學習藝術「資料」，在此基礎上它們才能生成藝術作品。一定程度上來說，想要 AI 創作的作品越優秀，投喂給它們的學習資料就要更優秀。這些優秀資料從何而來，應該來源於那些具有獨特創造力和想像力的人類藝術家。在文字和圖像生成領域，藝術家相比普通人更具優勢。因為他們永遠更多的創造和想像力，所以才更有可能藉助獨特的藝術形式來表達人類共有的情感。基於深度學習的 AI 大模型，更需要這些具有原創能力、無限創造力和想像力、高情商的人類藝術家。

　　未來，無論是畫家、音樂家或者作家，都不會被日益強大的 AI 取代，但是這一論斷僅限於那些具有 AI 不具有的核心藝術能力的藝術家。這寶貴的、無法被複製的核心藝術能力就是人類獨有的創造力、想像力和情感。AI 的創作靠的是純運算，其創造來源是龐大的資料。所以，我更願意將 AI 的創作稱之為「生成」。

　　但是，人類藝術家的創作靠的是個體的認知，藝術作品是藝術家表達自己對世界的體認以及對文化感知的一種形式，是藝術家對身體的一種感知和運用，也是意識借由身體的一種表達。人類和機器在本質上對藝術的理解是完全不同的。對於人類來說，藝術是人類的思想、情感、想像力等內在事物的感性呈現。但是對於人工智慧來說，一切藝術可能都是冰冷的演算法。從長遠來看，未來藝術家能做的，或許人工智慧都能做，還會做得更好。但是，人工智慧只能提供選項而無法真正做出選擇，即使做出了選擇，也是無意或者被動的。然而，藝術最令人稱道和著迷之處，就在於藝術家在許許多多的可能選項中，選擇出能夠構建自己理想人生、人性、表達自己獨特情感的材料，並將它們融合為一種「藝術」。雖然這種融合在演算法上並不是最優的組合，但是卻是不可替代的、獨特的存在。

　　思考和回答「未來社會藝術家會不會被 AI 取代」這個問題，我們看到了未來社會藝術家所要具備的一些核心藝術能力。深入思考之下，我們就會發出更深刻的疑問：未來社會，人應該具備怎樣的核心能力，才能不被 AI 取代。其實問題的回答是一樣的，還是人類獨有的、無法被複製的那部分。那麼這部分該如何挖掘和培養，就需要我們思考下一個問題：未來的教育應該怎樣挖掘和培養人類獨有的能力？下一章，我們就會詳細來討論這個問題。

2.4 / AI 教育

　　人工智慧目前正在引發新一輪的科技革命，正深刻地改變著我們生活地各個方面。其中，教育領域也在發生著一場深刻的變革。AI 教育就是人工智慧技術與教育行業的深度融合，它涉及多個學科的交叉和融合，包括教育學、心理學、認知科學、電腦科學等。AI 教育的終極目的是為了彌補現實教育存在的種種不足，透過充分發揮人工智慧的優勢，促進教育的變革、創新與發展，從而真正實現教育的價值。人工智慧運用於教育領域，基本可以做到覆蓋「教、學、考、評、管」五個主要過程。目前。人工智慧教育已經在幼稚教育、中小學教育、高等教育以及線上教育、職業教育等領域遍地開花。

2.4.1 AI 沉浸式教學

　　沉浸式教學是目前教育界非常提倡的一種教學方法，主要透過在課堂上創造一種真實的情景，讓學生全身心地參與到學習中來。可以說。沉浸式教學提供給學生的是一個不同於傳統課堂的更加主動、真實、開放的學習環境，能夠幫助學生更好地融入教學環境，將被動的知識接受轉化為高效率的自主交流、探討、解決問題式的學習。AI 沉浸式教學將會是未來教育的一大特點和趨勢，這是一種藉助於人工智慧技術來模擬並打造真實的情境，為學生提供身臨其境的學習環境的教學方式。

　　這種教學方式主要藉助於 VR(虛擬實境) 和 AR（增強現實），將學生帶到一個虛擬的教學環境中。在這個三維的虛擬環境中，學生可以充分調動身體的各個感官，與虛擬的物品進行互動，並在這一環境中進行充分的學習體驗和實踐。

　　未來，AI沉浸式教學或許可以廣泛運用於我們的課堂。語文課上，我們可以藉助於AI技術，進入清明上河圖的虛擬圖畫中進行細緻的觀察，聆聽市集上小商販的叫賣聲，觀察橋頭行人的不同神態和動作，從而感受作者筆下北宋都城汴京的繁華。

　　生物課上，待解剖的小白鼠出現在鏡頭內的桌面上，增強現真實模式讓學生可以自由地調整觀察小白鼠的視角。之後，藉助於虛擬解剖，學生可以一步一步割開它的皮膚和肌肉，仔細觀察小白鼠內部的器官系統以及結構。更重要的是，只要學生願意，他們可以多次進行解剖和觀察的操作，直到真正弄懂。

　　化學課上，學生也可以在虛擬的教學實驗室中進行化學反應的相關實驗，他們可以自己操作各種實驗器皿，不用擔心燒杯、滴管摔碎了被老師批評。教師也不用擔心學生沒辦法看清自己的實驗步驟和實驗反應，因為每一位學生都可以自己在虛擬環境中進行自己的實驗操作，他們會細緻觀察到實驗的整個過程，是否產生氣泡，火焰有什麼變化、產生了什麼物質等等。實驗成功時，螢幕上還會自動為他們生成化學反應方程式，各種元素是怎樣反應和變化的，整個的結合以及變化過程都會以動態生成的方式為他們呈現。

　　地理課上，學習中國的不同地貌以及他們的特徵。來到虛擬的專用教室，學生就可以透過放大中國地圖，細緻觀察北方的平原以及到南方的山嶽，觀察西北的高原以及東南的丘陵。只要動一動手，遼闊的中華大地就立即呈現在眼前。如果想再進行進一步的沉浸體驗，學生可以藉助特定的可穿戴產品，自由地切換到不同的介面，進行身臨其境式的觀察和體驗。

　　天文學課上，如果要觀察整個宇宙的構成和不同天體之間的不同。學生也可以來到特定的教室，等老師設定好相應的設備，學生就可以沉浸

式地觀察整個宇宙。如果想更進一步觀察地球的構造，只需將整個地球的虛擬模型拖到眼前，再用手指無限放大再放大，就可以觀察它的內部，從山川到河流、從泥土到大氣層。如果你不理解，還可以打開內部的配套系統，聽一聽人工智慧為你全方位講解地球的構成。

　　為了進一步提高將知識運用於實踐以及發現問題和解決問題的能力，學生還可以藉助 AI 虛擬操作來完成自己的設計並進行不斷的修改和優化。比如工程專業的學生，就可以把實驗的精神真正實踐到工程領域。學生可以再虛擬空間中搭建模型，如大樓、橋樑、道路等。在搭建時，學生需要考慮到空間的幾何形狀、建築材料的成本等要素。修建好道路和橋樑之後，學生還可以選擇虛擬的汽車，如汽車、貨車等不同類型，來檢測道路和橋樑的可靠性。之後還可以藉助 VR 技術進行自己搭建的虛擬空間，感受一下自己建設的「數位世界」。這份驚喜感、自豪感和成就感將會給學生提供學習的更大的動力。當然，這也是目前的教育無法提供和實現的部分。

　　……

　　可以預料，未來的 AI 沉浸式教學將會顛覆我們的傳統教育模式，教師的教和學生的學都會發生很大的改變。知識的理解和掌握將會變得唾手可得，從前無法實現的教育內容開始成為教育現實。不同區域之間的教育資源不平等現象，將在 AI 教育技術支持下，獲得根本性的消除。未來的 AI 沉浸式教育，將會使得每個孩子成為知識的主動獲取者和檢驗者，他們將可以全身心地投入虛擬學習環境，感受探索知識帶來的無限魅力。

2.4.2　智慧教學助理

　　智慧教學助理是藉助人工智慧技術助力人類教師的教學和一系列教育管理工作。這類智慧產品可以將教育場景從課堂上一直延伸到下課後，一方面能夠解決教師數量不足的問題，另一方面可以有效的提高教師的教學品質以及教學的針對性

　　智慧教學助理整合了先進的人工智慧技術，是一類專門為教育目的設計的人工智慧系統，用來輔助或者增強教師的教學過程。它可以幫助教師完成一些重複、繁瑣的教學工作，從而讓教師能有更多的時間和精力專注於教學本身。

　　教學計畫是教師教學工作中的重要一項。教學計畫需要根據課程內容以及學生的學習情況進行調整。而 AI 教學助理則可以根據教學大綱、教學內容和學生情況，協助教師制定合理的、適合學生的教學計畫和課程安排。課堂教學環節中，智慧教學助理還可以根據學生的興趣和學習狀況，即時推薦一些教學資源，例如習題、影片、圖片等，豐富教師的教學，增強學生的課堂參與度和興趣。

　　課堂上，教師時常會因為教學時間或者教學計畫的原因，忽略了一些學生的舉手發言。在一堂課上照顧到每一個孩子，解答每一個孩子的問題現階段是難以實現的教育難題。未來，有了智慧教學助理，在課堂或者是下課後，AI 教學助理或許可以和學生進行互動式的問答，解答學生的疑惑，提供即時的幫助。同時，藉助於人臉識別和分析，AI 教學助理還可以即時追蹤學生課堂的學習情況，捕捉到學生走神、疑惑或者不認真聽講的時刻，即時將學生情況彙報給人類教師。從而，教師就可以對這些學生進行關注和提醒，或者即時調整自己的課程內容以及節奏進度。

教學反思是每一位教師對自己的教學行為、教學方法和教學效果的回顧、分析和評價。或許不是每一位教師都可以精準地對自己的教學做出回憶和評價。有了 AI 教學助理，未來我的教學反思一定會更加具體、精準和有針對性。AI 教學助理一方面通過對學生的課堂狀態進行捕捉，另一方面對學生的課堂或者下課後的學習資料進行收集和分析，就可以準確地指出課堂中的亮點環節以及教學中的不足和改進之處。同時，它也能在課前為教師預測教學中的重難點，在課後還能為教師提供更加深入的洞察和分析，讓教師更好地掌握學生的學習進度以及難點。可以說，未來的 AI 教學助理將在教學的各個方面為人類教師透過專業性的幫助，協助人類教師更好地進行教育教學活動。

在班級管理方面。智慧教學助理可以協助教師管理學生的基本資訊、成績以及出勤情況等，方便教師進行班級管理以及個性化教育活動。

2.4.3　智慧教育產品

目前，這些智慧教育產品主要包括課內外教學以及課後測評兩大類。

其中，課內外教學產品目前主要有智慧教育機器人和智慧英語教學兩大類。這類智慧教育機器人能夠藉助自然語言處理、語音辨識以及圖像識別技術，用於兒童的早期教育以及陪伴。有了這一類的智慧教育機器人，忙碌的父母也可以放心地將孩子的早期教育以及陪伴交給「AI 教師」。這些老師可以用孩子喜歡的方式基於他們合適的一對一的教育。它們不僅可以以極大的耐心和專業性來陪伴孩子學習，還可以回答孩子在學習過程中遇到的各類問題。當然，這些問題的回答都是基於龐大的資料庫給出的答案，不會出現錯誤答案的問題。這無疑解決了很多家長的教育難題，沒有時間來進行教育和陪伴，或者孩子的教育問題自己的水準還沒辦法進行解

答。未來，這些教育問題都將不是問題。另一類則主要是面向 STEM（科學、技術、工程、數學）教育或者 STEAM 教育（科學、技術、工程、藝術、數學）的智慧助理。這一類的 AI 教育助理能夠通過互動式的學習更好地幫助學理解和掌握知識。這一類的教育助理能夠更好地做到啟發式教學和趣味性教學，能夠讓學生在更強烈的學習興趣和目標的驅動下進行學習。

智慧英語教學就是指利用人工智慧技術來輔助英語教育和學習，它主要藉助於語音辨識和自然語言處理技術。該項技術可以根據每一位學生的能力、水準和愛好來制定相對應的學習進度和學習內容，確保每個學生都能找到自己的節奏。其次，透過語音辨識和自然語言處理系統，它可以即時評估學生的發音、語法使用、詞彙拼寫等方面的學習情況，並提出具體的改進建議。除此之外，該系統還可以提供互動式的學習，學生可以進行模擬對話、角色扮演等，增強學習的趣味性。特別是在口語練習時，對於非英語母語的學習者來說，無法沉浸式地練習是練習和學習英語的一大障礙。而有了 AI 英語學習助理，學習者或許就能克服自己的焦慮、緊張、害怕的學習心靈，重複地與 AI 進行純正的英語口語練習。這將大幅提高學習者的語言學習效率。

課後評測主要包含智慧批改以及智慧閱讀推薦。智慧批改的實現是基於圖像識別、資料採擷等技術。藉助於這項技術，教師就可以實現線上佈置作業、學生完成作業後智慧批改，最後將批改好的作業即時回饋給學生以及家長。學習講究溫故而知新，藉助這項重要的 AI 技術，學生就可以實現答錯題目的線上自動收集和整合。此外，智慧批改並不限於批改作業這一項功能，它還可以根據學生的學習情況以及作業錯誤率，為學生量身推薦適合的習題和全程的智慧化輔導。智慧批改大大解放了教師的雙手，

將教師從重複性的作業批改任務中解放出來,從而獲得更多時間用於教學設計和相關的課程準備工作。更重要的是,智慧批改更有效率、更細緻、更客觀以及更具個性化,現在被廣泛應用於數學以及英語學習中。

　　智慧閱讀通過對學生的閱讀水準進行測評以及對書庫中的書籍進行智慧化標記、分級,最終將學生的閱讀水準與相應等級的數目相匹配,實現為學生智慧推薦書目的目的。該系統還可以輔助教師完成書目收集、書籍推薦以及閱讀監督等工作。教育場景中,有了這項技術的加持,教師的工作壓力將會減少很多,工作效率也會不斷提高。而學生,則能實現自主閱讀的目的,他們的閱讀興趣以及良好的閱讀習慣也會逐漸被培養。

2.4.4　智慧校園

　　智慧校園的建設,是人工智慧時代教育的一大突破。

　　物聯網和大數據、虛擬實境、增強現實、混合現實、量子計算等科技的快速發展,使教育機構能夠處理從學生那裡收集到的海量資訊,從而制定適合學習者的更有效的學習內容和學習方式。

　　智慧校園的建設,可以為學生打造一個智慧的學習環境。透過將語音辨識、電腦視覺等技術與物聯網和大數據進行結合,從而將教室、圖書館、實驗室、校園等全部資源整合起來,構建出一個智慧開放又安全舒適的校園學習和交往環境。藉助於智慧校園的建設,校園安全、校園管理、校園生活,甚至教師教學和學生的學習都可以因為人工智慧技術而更加美好。未來,我們的校園會在更加精細的數位化、網路化和智慧化的管理下,成為教育教學品質提高、校園管理優化、學生綜合素質提高的新型校園。

在智慧校園中，我們將擁有豐富的數位化教育資源，這些教育資源不僅僅來自於國內，更是藉助不斷發展的網路技術，實現全球優質教育資源的共用。電子圖書館、線上課程、多媒體教材等，海量的教育教學資源將會讓我們自由地在知識的宇宙中翱翔。電子圖書館中，我們或許可以搜尋到古今中外任何我們需要的知識；線上課程中，我們或許可以與任何國家、任何學習階段的學生共處，共同學習一門課程。

教師的教學也將實現智慧化，作業線上佈置、線上智慧批改、即時評估學生的學習情況並進行回饋。校園智慧化和網路化管理將會進一步加強，教師、學生的資訊管理更加嚴格、課程安排、考試成績等資料管理也更有效率。

未來，智慧校園通過進一步整合現代資訊科技與教育教學的實際需求，為師生打造一個更加舒適、安全、效率、智慧的學習環境。

2.4.5　人工智慧時代教育的機遇和挑戰

人工智慧時代，是一個超越我們想像和認知的時代。教育工作者將可以藉助人工智慧技術和其他科學技術的發展，來簡化或者優化自己的教育教學工作。那時候，或者他們不會在抱怨每天花在非教學工作上的時間太多，因為 AI 可以發展到協助他們完成大部分日常有規律可循的教學任務，例如撰寫教案、評語和反思、批改作業、統計成績、收集學生資訊等。對於學生來說，知識已經變得唾手可得，全世界的教育壁壘或許已經打破，學校不再是一個個獨立的孤島。只要願意，全球的優質教育資源可以給到每一位學習者。他們可以利用 AI 搜尋資料甚至是寫論文，也可以藉助虛擬實境技術遨遊學術的海洋。對於父母來說，未來的教育將會解決他們目前的很多焦慮：自己不會輔導、自己沒時間陪伴、孩子生病了沒辦法去學校、課後沒人輔導功課等等。

　　無疑，人工智慧時代的教育將改變現有教育的模態，變得更加開放和多元化。學習者不再是被動學習，而是主動去探索。人工智慧以及人工智慧技術疊加下的各項技術發展，讓主動學習、自由學習、快樂學習變成一種常態。AI 虛擬實境學習將會大幅提高學生學習的積極性和參與性，智慧教學助理不僅可以減輕教師壓力，還可以大幅提高課堂教學水準。一系列智慧教育產品完美地將課堂延伸到課後，「智慧教師」可以即時提供一對一的個性化輔導和陪伴……AI 教育時代，學習者和教育者都將變得具有更多選擇，教育的品質也將隨著技術的發展飛速提高。但是，這些並不是全貌。更多的挑戰和問題擺在我們面前。

　　我們想像的未來近乎完美的 AI 教育首先要基於一定的技術基礎。然而，技術與教育的融合仍面臨不少問題。一方面，真正實現人機互動還需要很長一段艱難的道路要走。如果技術和科技發展跟不上，那麼這座理想的教育大樓將會即刻坍塌。目前的一些人工智慧技術仍然只是教學的輔助工具，如果想要真正達到完全的智慧教學，不僅僅要依託於人工智慧技術的高速發展，還需要與心理學、語言學、神經科學等眾多學科進行深度融合。另一方面，人工智慧的發展也必將會對教育系統提出更高的要求和挑戰。現有的教育體系很大程度上還是服務於應試教育系統。未來要達到真正的 AI 教育，必須要對我們的教育系統進行深入的研究，進而進行一系列新的創新和發展，使得人工智慧技術更好地融入教育系統。

　　即使需要的科技根基已經穩固了，我們的教育者和學習者又是否具備相應的能力，能夠幫助他們打開這座教育大樓的堅固大門呢？AI 已經具備了如此強大的能力，能夠代替人類教師做那麼多事，那麼我們這些「人類靈魂的工程師」是否還能在這個人機協同時代中發揮更多的價值呢？

　　對於學生來說，他們擁有強大的知識資料庫，全世界的知識都是唾手可得。但問題是，面對著浩瀚無邊的全球知識海洋，我們該從哪裡出發？面對這片海洋上的無數艘快艇，我們又應該選擇哪一艘才能到達知識的彼岸。未來，或許大部分的知識性內容的授課與學習都可以藉助強大的 AI 來完成，甚至自己的畢業論文都可以全部交給 AI 來搞定。平時的各項作業也可以全部交給 AI 來解答。長此以往，我們就該考慮，到底是 AI 在學習還是我們在學習？遇到任何問題都交給 AI，到底是 AI 在服務我們，還是我們淪為 AI 的奴隸了呢？還有一個問題值得思考，我們學習的終極目的到底是什麼？在強大的 AI 面前，我們具有哪些戰勝它們的能力？

　　為人父母，在 AI 教育時代，我們面對的很多教育或許不再是問題。但是，新的教育問題將會隨著時代發展接踵而來。家庭是教育的第一場所，未來，家庭該如何成為教育的場所，家庭的教育作用又該如何突顯。在 AI 時代，父母需要考慮的最重要的問題就是，我們的孩子需要具備哪些知識和技能，才可以在人機協同的時代不被淘汰。父母又該具備怎樣的才能，才能帶領或者陪伴孩子走好這一生。

　　AI 時代，是一個充滿機遇與挑戰的時代。這是一個新問題不斷湧現的時代，然而過往的知識和經驗可能不足以解決這些棘手的問題。教育的變革是應對時代變革的一劑良藥。上述的很多問題，或許我們可以從教育的改革和創新中找到答案。不論你是老師，還是學生，抑或是家長，其實都是未來 AI 時代的學習者。只有明確時代的主題，把握未來教育的大方向，我們才能更好地應對 AI 時代的眾多挑戰和難題。在 AI 不斷壯大之時，我們才能具備更強大的知識和技能，讓 AI 為我們所用，而不是成為 AI 的奴隸。

　　新的時代，或許不該盲目樂觀，但也不必過度悲觀。我們能做的，就是做好準備，以積極開放的心態，勇敢迎接挑戰！

從 ChatGPT 到 Sora

3.1 / 人工智慧與 ChatGPT

3.1.1　ChatGPT 的本質是什麼

2022 年 11 月，突 然 出 現 的 ChatGPT（Chat Generative Pre-trained Transformer）火爆了全世界。這是由美國 OpenAI 研發的一款聊天機器人程式，可以用自然的語言和人類進行對話、討論問題，甚至還能根據聊天的上下文情境進行互動。除此之外，它還能寫郵件、創作腳本、翻譯，甚至還能寫程式和論文。一時間，ChatGPT 成為了無所不能的存在。

其實，ChatGPT 主要是基於自然語言處理和機器學習技術來理解和學習人類的語言來進行即時對話。其核心，就是大語言演算法模型。從 2018 年發佈第一代開始，進行不斷升級和優化。從 GPT-1 開始的一個多億的訓練參數，但 GPT-2 的百億級，一直到 GPT-3 的 1700 多億。直到 ChatGPT，其訓練涉及的參數量擴容了一千多倍。再加上對演算法模型的不斷調整，以及專家、人力和運算能力的不斷投入，才有了如今強大的 ChatGPT。

說到底，ChatGPT 就是一款基於 OpenAI 的 GPT-3 系列的大型語言模型，也是一款經過了不斷指導和訓練的人工智慧技術驅動下的自然語言處理工具。ChatGPT 的出現，標誌著 AIGC（人工智慧生成內容）的突破性落地。ChatGPT 的核心，是深度神經網路，其實就是一系列隨機生成的函數，其中儲存了各種可能的、不可能的知識。所以在使用 ChatGPT 的過程中，每次輸入同樣的問題，ChatGPT 都會生成不一樣的答案。

對於 ChatGPT 而言，其生成模型主要是基於文字。其強大之處，其實就在於可以根據使用者的指令生成類似人類的反應。這類似於人類的真實

反應，也是得益於其背後訓練的大量資料。OpenAI 引入了 RLHF(人類回饋強化學習機制)，通過 40 位專家的訓練，對 ChatGPT 針對不同問題給出的回答進行評判，並在此基礎上建立獎懲機制，使機器的活動更符合人類的風格和期待。經過大量的資料投餵和訓練，ChatGPT 最終具備了機器的「人格」，所以才學會如何對人類的問題給出更具「人性」的回答。

但是實際上，ChatGPT 和人的多種互動只是自然人單方面的提問，而不是真正意義上的自然人雙方聊天和互動。ChatGPT 只是一個電腦程式，一種語言生成模型，只能對單詞、語句等進行搭配和模仿，但是並不能像人一樣理解文字的內在邏輯。不論是生成文字還是與人聊天，都是基於其「訓練語料庫」。所以，當前 ChatGPT 還沒有能力獲取新資訊或者是追蹤當前事件。甚至有時，ChatGPT 還會通過謊稱引用，來講述令人信服的謊話。

儘管如此，ChatGPT 的出現還是近年來人工智慧技術積累的結晶和一次技術爆發。到目前為止，還沒有機器能夠通過圖靈測試，而最接近的，就是 ChatGPT。這也就是為什麼 ChatGPT 一推出，就能在幾天內吸引幾百萬用戶的原因。

目前，ChatGPT 已經進入了應用階段，到了這個階段，我們都能真切地感受到它給我們的社會生活帶來地顛覆性的變化。尤其是對教育行業來說，ChatGPT 的應用，可以說是一次深刻的教育技術革命。

3.1.2　ChatGPT 對教育意謂著什麼

作為一款強大的生成式人工智慧軟體，ChatGPT 從其推出的那一刻起，就成為了最火熱的話題。但是，隨之而來的，也有疑惑和質疑：ChatGPT 對教育來說意謂著什麼，它到底是「朋友」還是「敵人」。

當 ChatGPT 具備了類人語言邏輯這種能力之後，或許它就真的能夠成為教育領域的「百科全書」。加上 ChatGPT 遠超出我們人類的學習能力與記憶能力，未來 ChatGPT 一定會在很多地方超越教育領域的專家。因為從理論上說，只要我們人類的知識資料庫對它足夠開放，它就能擁有並瞭解我們人類社會一切的知識，並且可以根據我們的需要，以最快最精準的方式給我們回饋。

無可辯駁，ChatGPT 會成為學生最智慧的「老師」。依託於強大的資訊搜索和整合能力，ChatGPT 能夠為學生提供更豐富、更準確的答案。有了 ChatGPT，學生使用自然語言進行搜索，幾乎可以找到任何他們想要的學習資源。作為數位化「智慧導師」，ChatGPT 能夠基於學生的學習歷史、偏好和需求，快速生成個性化的學習資料和練習題目，使學生獲得個性化的輔導和回饋，幫助學生在自己獨特的學習道路上進行更有效率的學習。

同時，ChatGPT 還可以成為老師的得力助手。教師可以藉助 ChatGPT 來進行教案撰寫，輔助設計課程的內容，獲取更多關於教學的靈感和資源。在教學過程中，它還可以作為一個認知智慧模型，協助教師準備教學材料，甚至是回答學生的問題。課後，ChatGPT 還可以用於學生的作業評估，幫助教師和學生即時掌握學習進度和知識掌握程度。在科研領域，ChatGPT 甚至還可以協助研究人員快速獲取資訊，撰寫文獻綜述，協助科研人員進行更好的研究。

ChatGPT 在寫作教學方面同樣具有非常強大的功能，它不僅能根據指令完成一首優美的詩歌、一篇寫實的文章、一部精彩的小說，還能對寫作類的作業進行輔導。在進行寫作輔導時，它通過寫作提示鼓勵學生更加深入地寫作，能夠拓展學生的寫作思路，培養學生地批判性思維。相對於人類教師，ChatGPT 憑藉其強大的知識網路系統，能夠為學生提供更多可供選擇的寫作素材和思路，並以一種輕鬆有趣的形式，引導學生的創作。

作為一種變革性的力量，ChatGPT 將為教育領域帶來一次全新的創新與改變。在很多教育場景中，它雖然看似是「無所不能」，但是也帶來了不少新的問題。例如其對資料過度依賴而缺乏創新、資料的品質有待提高、缺乏人類的互動、對問題的理解片面、有限等問題，會在教育場景中頻繁出現。同時，在使用 ChatGPT 進行搜索的過程當中，可能還會出現種族歧視、性別歧視等一系列問題。隨之而來的，則是關於教師、學生對於這一技術過分信任和依賴問題的擔心，還有利用 ChatGPT 進行學術造假的問題。

可以說，ChatGPT 給教育帶來的影響，有好也有壞。但是，技術本身沒有好與壞的區分，關鍵是人類如何使用。這個問題，也是智慧化時代亟需我們思考和解決的問題。

3.1.3　ChatGPT 如何變革教育

ChatGPT 具有巨大的潛力在多個層面對教育產生變革性的影響，從改善個性化學習體驗到重塑教學。可以說，ChatGPT 在教育領域顯示出了極大的應用潛力。但是另一方面，它也極大地衝擊了根深蒂固的傳統教育模式。

傳統的教育形態是一種流水線式的標準化、統一化和集中化的教育。在這樣的教育體系內，知識的積累和計算的能力成了區分「好學生」和「差學生」的主要依據。所以對於大部分學生來說，反覆練習、記憶和背誦成為了主要的方式。所以，考試中一定是記住更多知識點以及背誦能力更好的孩子能夠取得相對高的分數。這就是傳統教育評價的主要依據和方式。

我們的教育之所以被稱為「應試教育」，很大一部分原因就在於教育是為了應付考試，為了獲得盡可能高的分數。如何才能更好地應付考試，那就是按照老師教的範本和思路來答題，這樣或許就能萬無一失了。如今，我們絕大多數的學生都圍繞著考試這根指揮棒，從小學、國中開始就是清一色「題海戰術」，尤其是數理化，分門別類、總結題型，甚至有些學生會去背標準答案。當然，應試教育是公平的，或者說相對公平，因為它用一套標準來決定社會教育資源的再分配問題，誰分數高誰就進入更好的大學，任何人都無話可說。

　　但是，這套標準化的模式也帶來了一個難以根治的毛病，就是我們培養不出具有批判性能力和創新能力的學生。學生越來越不敢質疑，不願質疑，這是教育的悲哀。應試教育更多的是在灌輸知識，學生吸收記住的越多，積累的知識量就越大，考試的分數就可能越高。大多數學生知其然而不知其所以然，更不具備舉一反三的能力。學生只想知道答案，不需要問為什麼，因為考試不會考。「聰明」的學生總是知道什麼時候該將知識點抄寫下來並牢固記憶，他們從不在思考「為什麼」上下功夫，總是默默地刷題、抄寫、背誦。而這樣的學生，或許就是老師、家長眼中的「好學生」。

　　然而，ChatGPT 的出現，可能使得現今老師和學生的很多「努力」，變得毫無意義。在這個世界上，如果比刷題，沒有人能比得過 GPT。我們問 GPT 一個普通考試裡面的問題，它會找到正確的邏輯，然後寫出來列出來，基本上能做到每一步都對。GPT 不僅在做題方面顯示了強大的能力，經過了大量的資料訓練，GPT 能吸收、比人記住更多的文字。甚至，我們只要稍稍提示一下，ChatGPT 就能寫出文采斐然的詩歌、小說。就算現在，學生憑藉著不錯的分數上了一所大家眼中的好大學。但是，在他們找工作時依然會沮喪地發現，他們經年累月學習的、積累的、練習的，不過

是人工智慧幾秒鐘就能解決的事情。對於很多老師來說,情況可能同樣是令人驚訝又沮喪的。他們花費了很長時間搜集、整理的背誦知識點,為學生概括的範本、答題思路,到了 ChatGPT 這裡,可能只需要很短的時間就能生成,並且思路、條理更加清晰。

ChatGPT 的出現,極大衝擊了傳統的教育模式。面對這一挑戰,傳統教育必須要作出調整:

第一,教育的首要目標是培養能獨立思考和有正確價值判斷能力的人,而不再是獲取特定的知識;第二,教育的方式方法也要有所改變,主要的方向是要用 ChatGPT 等學習工具來協同改進教育教學方式,教師應該思考教什麼以及怎樣教;第三,教育要超越知識學習,更加關注學習的品質。

ChatGPT 時代,單純的知識灌輸已經不必要,而背誦、刷題、記範本也變得完全沒有意義。在強大的 GPT 面前,人類有限的記憶容量已經完全不足以與其強大的智慧大腦相抗衡。

或許,我們不該誇大 ChatGPT 的顛覆性,但也不能低估它的衝擊力。如今,我們該思考的,應該是如何克服傳統教育的固有弊端,藉助強大的人工智慧來培養新時代更具創造力、批判能力、問題解決能力的學生。

3.1.4 韓國在人工智慧時代的教育改革

3.1.4.1 引進 AI 數位教科書

在人工智慧時代,個性化的教育將會逐漸取代應試教育。在這一方面,韓國的教育改革,可以說是走在全球前列。

2023 年 6 月，韓國教育部就宣佈，從 2025 年開始，獲得 AI 賦能的數位教科書就將進入中小學的課堂。數位教科書也是韓國政府數位教育創新的一部分，旨在利用 VR 和互動式 AI 技術，為學習能力和學習進度不同的學生，提供差異化的學習材料。韓國教育部表示，對於學習進度比較慢的學生，「AI 數位教科書」將會推薦一些較為基礎的任務，例如理解基本的概念；而面對學習能力較強的學生，「AI 教科書」則會展開課題討論、短文撰寫等專案。

韓國教育部也正積極推動在所有的公立小學引進 AI 技術，來改變韓國教育系統的模式。這些舉措，是為了滿足智慧化時代學生「個性化學習」的需要。可以說，韓國在人工智慧最前沿進行了全球性的教育改革。這一舉措，體現了韓國在人工智慧時代對教育的深刻洞察。到了 2025 年，或許韓國學生就能透過電子設備連接到雲端，訪問人工智慧教師進行一對一的個性化學習和輔導。

根據韓國教育部的最新政策，小學三到四年級的學生加上國一和高一的學生，將會在 2025 年第一批優先使用人工智慧教學模式，感受人工智慧教育帶來的新變化。而小學五、六年級以及國中二年級學生，最晚將會在 2026 年使用電子教科書。國中三年級的學生，也將會在 2027 年將傳統的教科書，換成數位教科書。到 2025 年，韓國將先從英語、數學、資訊以及針對殘疾學生的韓語教科書開始，進行數位化教科書試驗。到 2028 年，數位教科書將會被用於社會研究、歷史、科學等學科。

但是，電子教科書的使用並不意謂著對傳統紙質教材的拋棄。韓國教育部表示，在所有的學生、教師以及家長能夠高效率的使用 AI 數位教科書之前，紙本書和電子書將會同時存在於課堂中。

韓國的這一教育改革，將會使其教育呈現不一樣的局面。引入人工智慧教育新模式，學生就可以告別傳統課堂一人教多人聽的模式。學生可以透過數位教科書與 AI「教師」進行互動交流，AI 導師也可以根據學生的個性化特徵，如學習能力、智力水準等差異，為學生提供個性化和定制化的教學內容。而這些，是我們的傳統課堂絕對做不到的。

其實，作為資訊通訊技術最發達的國家之一，韓國為實現教育數位化轉型，自 20 世紀 90 年代起就開始實施《教育資訊化綜合計畫》。如今，數位化教育已經成為了韓國最具代表性的教育名片。

3.1.4.2　韓國的數位化轉型道路

早在 1996 年，韓國教育部就發佈了《教育中的 ICT：第一個總體計畫》，標誌著其教育數位化改革正式落地。此後，覆蓋全國的教育數位化服務系統開始建成，為廣大教育工作者、學生、家長提供海量的數位化資源。2001-2006 年，韓國教育部又相繼頒佈《教育中的 ICT：第二個總體計畫》和《教育中的 ICT：第三個總體計畫》，努力實現校園網路全覆蓋，為學生打造「泛在學習」環境。

2011 年以後，伴隨著物聯網、雲端運算以及各種智慧技術的飛速發展，韓國教育部進一步審時度勢，韓國教育部的數位化轉型開始朝著智慧化、物聯化的教育資訊生態系統邁進。2011 年 6 月，《推進教育智慧戰略實施計畫》發佈，正式將智慧教育納入國家教育發展戰略。該計畫提出要大力普及數位化教材、提升教師的智慧化教育實踐水準、進行線上學習與評價、建設以雲端運算為基礎的教育服務體系。之後，人工智慧技術在韓國中小學得到了快速發展。

2019 年 12 月，韓國發佈《人工智慧國家戰略》。戰略明確表示要大力培養人工智慧人才，提升全體國民教育。同時，戰略也提出了中小學生軟體及人工智慧必修課程以及 AI 終身教育戰略。可以說，戰略再一次明確了人工智慧技術在韓國教育體系中的重要位置。

2020 年，教育部發佈《人工智慧時代的教育政策方向和核心任務》。該文件提出未來四年內將會在韓國 K-12 學校逐步引入人工智慧課程，將包括人工智慧基本原理、人工智慧運用、人工智慧倫理以及相關領域。

2021 年，首爾教育廳頒佈《基於人工智慧的融合創新未來教育中長期發展規劃方案》。方案推出了基於人工智慧課程——課堂——評估——學校——環境的全面變革計畫。在課程方面，只要是以人工智慧為核心，加上專案化合作，內容 AI 社會影響和倫理、人工智慧的原理和功能。課堂教學突出計算思維、建模和演算法，同時也強調資訊、數學、科學等人工智慧核心學科之間的深度融合。在評價方面，主要以人工智慧平台為依託，收集學生學習和成長資料，提供基於資料的個性化評價和回饋。學校方面，注重人工智慧技術的運用，將人工智慧技術運用於各類教育活動的分析，便於診斷學生學習以及教育各個環節中的問題。而在環境方面，則是強調為全體師生打造高效率的人工智慧環境，提供個性化教學，挖掘每一位學生的潛力。促進學生和教師的全面發展。

2022 年，韓國教育部發佈《2022 年教育資訊化實施計畫》。該計畫重點將最先進的人工智慧技術融入教育資訊化計畫，旨在建立以 AI、雲端運算、大數據、物聯網等為基礎的資訊通訊技術教育數位化藍圖。這個計畫深刻體現了教育數位化對智慧時代教育需求的適應，旨在真正實現以學生為中心的個性化教育。同時，這一計畫也是韓國實現「以人為中心的未來智慧型教育環境」這五年目標的重要推動力量。

3.1.4.3 韓國人工智慧教育改革的特徵

透過韓國人工智慧時代教育改革的相關文件和政策，可以清晰地看到教育改革是在逐漸克服傳統教育的弊端，藉助人工智慧新技術，培養人工智慧時代全面發展的人才。

韓國的人工智慧教育改革中課程的設置以及評價充分考慮到了不同學生知識水準、性格發展的差異性，突出了教育的個性化特徵。在課程設置上，按照小學、國中和高中不同階段進行劃分，不僅適應了不同階段學生知識水準、認知水準的差異性，又可以體現人工智慧學習的循序漸進性，從小激發學生對 AI 學習的探索的熱情。在對學生的評價上，透過建立教育活動資料庫，收集學生完整的學習和成長資料。透過過程性的資料來對學生進行評價和回饋。這是對傳統教育「分數至上」的結果性評價的極大顛覆。

從課程內容上來看，做到了知識傳授和問題解決的深度連接。如中小學的人工智慧教育課程不僅僅教授與人工智慧相關的基礎知識，如教會學生基本的編寫代碼和程式語句，而且讓學生從小理解人工智慧的內涵，體驗程式設計的特點，透過實際操作感悟深度學習以及神經網路的神奇之處，並學會用所學知識解決實際問題，真正做到理論和實踐相結合。這一轉變，將打破傳統教育強調知識的單方面灌輸的教育模式，也是對傳統教育下學生知其然而不知其所以然、理論與實踐嚴重脫鉤的傳統的顛覆。

韓國的教育改革讓我們看到了人工智慧倫理教育在人工智慧時代的重要性。

無疑，韓國的教育改革政策主要目的是為了加快教育數位化轉型，培養大批智慧化、數位化人才。但是在教育改革中，韓國同樣關注到了人本

身的發展。人工智慧在教育領域的真正作用最終要落實到教育本身，人工智慧倫理必須是一系列人工智慧課程的前沿和中心。人工智慧教育不能只關注技術或技能培養方面，除了數學和計算科學、英語、社會研究之外，人工智慧倫理學應當被整合到不同的領域，以確保學生在更廣泛的環境中學習技術；確保當學生過渡到成年期時，具備利用人工智慧技術的充分能力，並具備全方位的素養。這在人工智慧時代是極其重要的。

　　人工智慧倫理知識的教授將有助於引導學生理解和識別 AI 技術發展中可能出現的倫理問題和風險，從而採取措施預防和解決這些問題，確保 AI 技術的發展符合社會道德和法律規範。同時，人工智慧倫理是一個涉及哲學、電腦科學、法律、經濟等多個學科的領域。通過教授 AI 倫理知識，可以促進不同學科之間的交流與合作，形成更加全面和深入的理解。這對培養學生的跨學科整合能力以及創新能力具有重要意義。

3.1.4.4　韓國人工智慧時代的教育改革給我們的思考

　　韓國的教育數位化轉型是在不斷摸索中總結經驗。在看到了時代發展的特點之後，教育的改革就必須順應時代的發展。這一方面，韓國走在了世界的前列。韓國的教育改革，是對傳統教育一些明顯的弊端的克服和拋棄。但是，這種拋棄又是漸進的。

　　我們必須承認一個事實，每個孩子都是獨一無二的，他們身上存在著很大的差異。不同的學生有不同的學習興趣，也有著不一樣的學習風格和認知水準。他們有的對語文感興趣，有的對數字很敏感，有的理解知識比較快，而有的更喜歡探討式的學習方法。其實，每一個孩子都是天才，只是我們傳統的教育模式扼殺了他們的某些天賦和才能，沒有為他們找到適合他們的個性化培養方案。

如今，我們的很多老師孩子每天抓著孩子抄寫、背誦、默寫，還在為學生總結答題範本、作文範本，還在課堂上播放著幾年前製作的 PPT，用自己很多年前陳舊的知識體系和教育理念來教育孩子……

人工智慧時代，教育的很多模態可能都不一樣了。人工智慧導師能夠為每一位學生繪製「數位畫像」，根據他們的不同情況進行評估，並找到最適合他們的學習內容和學習方法。每一位學生可以按照自己的節奏和愛好進行學習，而不用為了跟上班上其他同學的腳步犧牲自己的學習計畫。因為可以不停歇地工作，智慧型機器還可以隨時隨地對學生的學習情況進行追蹤和記錄，並形成精確的回饋。這些回饋會給到學生以及家長，以便他們隨時瞭解學習的情況，便於後續的調整。

同時，韓國的這個人工智慧教育改革計畫，將會給線下的教學帶來相應的變化。有了人工智慧的助力，人類教師將會擁有更多的時間關注學生的社交情況以及品格和能力的培養。韓國的這個舉措，或許是真正認識到了在知識類教學方面，人工智慧可能比人類老師做得更好。因為人類教師喜歡遵循著自己熟悉的教育模式來統一教育學生，這就很容易讓孩子失去他們自己的特點，成為流水線上的產品。

韓國的這個舉動，讓人震驚，也讓人佩服。韓國不僅僅是目前世界上第一個在基礎教育領域引入人工智慧的國家，更是開啟了一個基於人工智慧技術的系統性的教育改革。人工智慧技術經過不斷發展之後，將為成為時代的主旋律，我們的社會也會因為這個技術而發生顛覆性的變化。所以，教育改革勢在必行。與其垂死掙扎，不如勇敢面對。

任何一個國家，在科技以及社會發展發生變化之時，如果還是在教育模式上固步自封，那麼這個國家終將會被時代拋棄。

3.2 / 從 GPT 到 Sora

3.2.1 Sora，喚起無限創造可能

當大家還在樂此不疲地嘗試和強大的 ChatGPT 聊天或是進行文學創作時，OpenAI 又做出了驚人之舉。2024 年 2 月 16 日，OpenAI 開發出了一項名為 Sora 的新系統。這是一款強大的文字到影片的生成模型，只要使用者向其提供文字描述，Sora 就能透過人工智慧技術對文字資訊進行分析，並在此基礎上製作出高品質的影片影像。令人驚訝的是，影片可以長達一分鐘，並且畫面逼真，不仔細看根本難以發現機器生成的痕跡。不僅如此，Sora 還可以拓展現有的影片，盡力填補那些缺失的細節。

Sora，在日語中意謂著「天空」的含義。天空代表著無限的自由和想像，開發 Sora 的團隊以此來給這個新系統命名，是看到了其背後的無限創造可能。就如 OpenAI 聲稱的那樣，只要給定簡短或詳細的描述或靜態圖像，Sora 就可以生成具有多個角色、不同類型的運動和背景細節的 1080p 電影場景。

我們已經領略到，OpenAI 的聊天機器人無需專門學習和培訓就能獲得寫作大獎。現在，一款名為 Sora 的新 OpenAI 應用程式可能做到無需上電影學校就能製作電影大片。至少，從 OpenAI 發佈的幾個影片來看，Sora 確實如其所是，喚起了影片創作的無限可能。

就其中一個白雪皚皚的東京街頭影片來看，這段影片是根據這樣一段文字生成的：

美麗的、白雪皚皚的東京城市很繁華。鏡頭穿過熙熙攘攘的城市街道，跟隨幾個人享受美麗的雪天並在附近的攤位上購物。美麗的櫻花花瓣隨著雪花在風中飛舞。

　　影片中，我們可以看到櫻花於雪花共存的浪漫、美麗的畫面。甚至影片還為我們生成了東京的真實面貌。虛擬攝影機就像固定在無人機上一樣，跟隨一對夫婦在街景中緩慢漫步。其中一名路人戴著口罩。汽車在他們左邊的河邊道路上隆隆駛過，右邊的購物者在一排小商店裡進進出出。

圖片來自於 OpenAI

　　其他短影片製作也同樣令人印象深刻，特別是其中一個要求「一個毛茸茸的短怪物跪在紅蠟燭旁邊的動畫場景」。通過給定一些詳細的指示，如「睜大眼睛和張開嘴」以及對所需氛圍的描述。Sora 創造了一種皮克斯風格的生物，它似乎具有《怪獸電力公司》中怪物麥克和薩利的影子。

圖片來自於 OpenAI

當電影上映時，皮克斯曾經大力宣傳了在怪物移動時創建怪物皮毛的超複雜紋理是多麼困難。皮克斯的所有技術人員花了幾個月的時間才把怪物毛髮的紋理處理得盡可能逼真。如今，OpenAI 的新型文字轉影片機器 Sora 竟然在這麼短的時間內就做到了。

類似的影片還有很多，無論是時尚女郎走在充滿霓虹燈的東京街道，海浪拍打大蘇爾加雷角海灘的崎嶇懸崖，還是兩艘海盜船在一杯咖啡內航行時的互相爭鬥，影片畫面的清晰和真實讓你完全相信這些全部都是現實中攝影大師的作品。

Sora 的出現，代表了生成影片技術的重大突破。其出現，也激發了影片創造領域的無限可能。

3.2.2　從 Dall‧E 到 Sora

2021 年，OpenAI 推出了一款人工智慧圖像生成器 Dall‧E，它可以根據自然語言的文字描述創建圖像。簡單來說，Dall‧E 就是一款根據文字生成圖像的人工智慧系統。這個系統專門用於生成 AI 圖像以完成 ChatGPT 中只能輸入修改及生成文字的限制。

2022 年 7 月，DALL‧E2 進入測試階段。DALL‧E2 是 OpenAI 創建的語言模型的第二個版本，能夠從文字描述中更加準確地生成圖像，它產生的高解析度奇幻圖像很快就傳遍了社交媒體。與 DALL‧E 相比，DALL‧E2 具備了一個新的功能——編輯。使用者可以在現有的圖片中選擇一個區域，然後輸入指令讓模型對圖片進行編輯。

2023 年 10 月，OpenAI 宣佈在 ChatGPT Plus 和企業版用戶中，全面開放文生圖模型 DALL‧E3。DALL‧E3 與前兩代 DALL‧E、DALL‧E2

相比，在語義理解、圖片品質、圖片修改、圖片解讀、長文字輸入等方面實現了質的飛躍，尤其是與 ChatGPT 的相結合，成為 OpenAI 全新的王牌應用。

DALL・E 採用了和 ChatGPT 一樣的 Transformer 神經網路演算法。這種架構下的機器學習將使用者輸入的文字描述進行分析和編碼，然後作為生成對應的圖像文字。不同於 ChatGPT 只處理文字的限制，DALL・E 的 Transformer 結構可以通過深入分析，理解特定的文字和圖像之間的關係，來實現文字到圖像的轉換和生成。除了生成圖像之外，使用者還可以在 DALL・E 裡上傳圖像，DALL・E 可以根據輸入的指令生成超出未知圖像邊界的繪圖，甚至可以在圖像中添加陰影和修改細節。儘管 DALL・E 系列模型在圖片生成方面已經足夠強大，但是其功能還是停留在圖片生成的階段。

Sora 的出現，是建構在之前的 DALL・E3 和 ChatGPT 技術之上的。Sora 繼承了 OpenAI 在 DALL・E 和 GPT 模型上的研究成果，融合了擴散模型和變換器架構。這些技術的結合為 Sora 提供了強大的文字理解能力和影片生成能力。

Sora 的訓練涉及大量帶有相應文字字幕的影片資料。研究團隊利用了 DALL・E3 中的重新字幕化技術，這有助於模型更好地理解語言和生成與文字描述相匹配的影片內容。與 DALL・E 相比，Sora 在生成影片的品質上有了顯著提升。它能夠生成更加逼真、邏輯連貫的影片內容，改進了幀內容的生成，使得影片更加細緻和豐富。此外，Sora 模型在 ChatGPT 的基礎上，除了對語言有相對精確的瞭解，藉此透過指令產生角色，也能對實體世界中，下達指令背後關聯的背景和架構有相對正確的理解。

Sora 的發佈，標誌著人工智慧領域的一大突破。它的出現，不僅展示了 OpenAI 在 AI 影片生成技術上的領先地位，也為未來的內容創作和多媒體應用開闢了新的可能性。

3.2.3 Sora，建構另一種現實

有人這樣評價：Sora 的出現，將讓我們慢慢進入一個越來越難以區分真假的時代。這項技術如果與人工智慧驅動的語音克隆相結合，可以在創建人們從未做過的事情的深度偽造方面開闢一條全新的前沿。

Sora 之所以讓我們進入一個「眼見不一定為實」的時代，正是因為其建構另一種現實的能力。其背後依託的，是它對事物在物理世界中真實的存在狀態的理解。這也是為什麼 NVIDIA 高級研究科學家 Jim Fan 稱其為「可以模擬世界的資料驅動的物理引擎」的重要原因。

Sora 可以理解事物在物理世界中的存在方式，這是影片生成技術的重大突破。透過訓練，Sora 學會了理解和模擬物理世界中物體的運動規律。這種模擬能力使得 AI 能夠生成逼真的影片內容，其中物體的運動符合現實世界的物理規律，例如物體的速度、加速度以及它們之間的相互作用。

物理學研究表明，物理定律具有普適性，這意謂著它們在不同的環境和條件下都是有效的。Sora 模型在生成影片時也會考慮到這點，確保影片中的物理現象與現實世界相符合。Sora 模型還能夠理解智慧體與環境的互動，並預測這些互動對未來狀態的影響。不僅僅是簡單地應用物理規則，Sora 還能夠理解使用者提示中的複雜內容，並在生成影片時將這些內容以符合物理規則的方式展現出來。

例如，如 OpenAI 發佈的一段文字指令中描繪了海盜船在咖啡中航行，Sora 會生成一個影片，其中海盜船的運動看起來就像是在水中航行一

樣自然，連在水中的阻力和運動形成的水波都描繪得很真實。還有一大群飛機在樹林中飛過，Sora 指導碰撞後會發生生命，並表現出了其中的光影變化。正是藉助於對事物在現實物理世界運動方式的高度模擬，才使得 Sora 成為了「構建世界的通用模擬器」。

為了實現更高水準的真實感，Sora 還結合了兩種不同的人工智慧方法。第一個是擴散模型，類似於 DALL‧E 等 AI 圖像生成器中使用的模型。這些模型學習逐漸將隨機圖像圖元轉換為連貫圖像。第二種人工智慧技術稱為「變壓器架構」，用於對順序資料進行上下文關聯和拼湊。例如，大型語言模型使用轉換器架構將單詞組裝成通常可理解的句子。在這種情況下，OpenAI 將影片剪輯分解為 Sora 的 Transformer 架構可以處理的視覺「時空補丁」。

正是藉助於背後的技術和不斷訓練，Sora 具備了建構另一種現實的能力，但是這項能力也讓人擔憂。這就意謂著，藉助於 Sora，很多現實世界中不存在的影片將會出現在人們眼前，並且讓人難辨真假。美國選民對此也頗為憂慮，因為人造影片可能會讓不良行為者生成虛假鏡頭，以便騷擾某人或影響政治選舉。

Sora 藉助其強大的影片生成功能，可能會生成深度偽造影片，由此引發錯誤資訊和虛假資訊，這是人們對其強大功能背後隱患的主要擔憂。另一方面，不法分子藉助 Sora 生成包含種族歧視、性別歧視、暴力、色情等內容的影片，也是後續應該考慮並解決的問題。

基於此，OpenAI 也表示，他們正在與專家合作探索漏洞利用模型，並建立工具來檢測影片是否由 Sora 生成。該公司還表示，如果選擇將該模型建構到面向公眾的產品中，它將確保生成的輸出中包含來源元資料（Metadata）。

3.2.4 Sora 能與不能

依託於強大的 DALL · E 和 ChatGPT 系列模型的基礎上，通過結合最新的神經網路技術和創新的訓練方法，Sora 實現了從文字到影片的高品質生成。與以往的影片生成技術相比，Sora 在影片生成領域具有顯著的優勢。

首先，在影片品質和時長方面，Sora 能夠生成長達一分鐘的高品質影片，這在以往的影片生成模型中是難以實現的。這樣的時長可以為用戶提供更大的創作空間，使得內容的呈現更加豐富和多樣化。其次，Sora 在理解和處理複雜場景方面表現出了強大的能力，例如可以很好地處理影片中的動態場景，包括人物動作和物體運動，使得生成的影片更加逼真和自然。同時，Sora 能夠生成具有複雜相機運動的影片，確保場景中的物體和角色在空間中保持連貫的運動軌跡，即使在快速移動和旋轉的相機視角下也能保持這種連貫性。除此之外，Sora 還展示了在數位世界中的模擬能力以及在長期連續性和物體持久性上的能力提升。這在確保影片中的元素在時間和空間上的一致性方面也有所突破，對於生成長時間影片尤為重要。的確，Sora 對語言有著深刻的理解，使其能夠準確地解釋提示並生成引人注目的字元來表達充滿活力的情感。該模型不僅瞭解使用者在提示中提出的要求，還瞭解這些東西在物理世界中的存在方式。但是先階段，Sora 在影片生成方面的能力並非完美無缺。

就如 OpenAI 陳述的那樣，目前 Sora 可能很難準確模擬複雜場景的物理原理，並且可能無法理解因果關係的具體實例。例如，一個人可能咬了一口餅乾，但之後餅乾可能沒有咬痕。該模型還可能會混淆提示的空間細節，例如混淆左右，並且可能難以精確描述隨著時間推移發生的事件，例如遵循特定的攝影機軌跡。

從 OpenAI 發佈的系列影片中，我們也可以看到這樣的「破綻」。比如行走的人的左右腿忽然交換了位置，椅子隨機漂浮在半空中，下落的籃球直接穿過球框，貓有三個前腿……此外，透過仔細觀察那些帶有人像的影片，我們就會發現影片中的人物完全由數位神經網路生成，要不然就是沒有表情，要不然就是表情不自然。

目前，Sora 還只是一個正在研究和試驗中的模型。距離其生成完美的影片，可能還有一段路要走。

3.3 / Sora 對影視行業的影響

3.3.1 短影音製作，危機還是機遇？

2023 年，大眾還沉浸在 AI 生成的威爾·史密斯吃義大利麵的歡樂中。這個十秒的短影音中，長得像怪物一般的威爾·史密斯用一種誇張、詭異的動作將義大利麵送進嘴裡。對於這樣一個嚴重失真、機器感十足的影片，廣大網友紛紛嘲笑 AI 簡直就是人工智障。

一年後，OpenAI 推出了一款全新的文生影片大模型 Sora，連帶著發佈的堪稱大片的 60 秒影片，在極短的時間內賺足了大眾的眼球。Sora 一經推出，就讓人們對 AI 影片生成技術的發展驚歎不已。甚至有不少人猜測，AGI（通用人工智慧）的到來，或許又要提前了。面對強勢來襲的 Sora，首當其衝受影響的，或許就是短影音行業。

在過去的 2023 年，最熱門的賽道大概就是短劇。目前較為火熱的幾大短影音製作平台，如抖音、快手等，被各種五花八門的短劇充斥著。《2023 年短劇行業研究報告》顯示，我們的短劇市場規模已經達到了三百多億，預估在 2024 年將超過 500 億。

在短影音製作方面，Sora 可以說是非常專業。目前在影片製作時常上可以達到 60 秒，經過技術的不斷更新發展，未來在影片時常上還將會有所突破。未來，在 Sora 等 AI 工具的助力下，短影音創作者或許可以更加靈活地探索和嘗試新的創作方式及風格。同時，這類 AI 工具能夠幫助創作者實現一些傳統拍攝手法難以實現的特效和場景，為短影音創作帶來更多的創新可能性。

但是另一方面，AI 工具生成的內容往往缺乏真正的個性和深度，這可能導致短影音內容的同質化和缺乏創新。短影音製作的門檻在 AI 工具的輔助下也勢必會大幅度降低，也容易導致大量 AI 生成的短影音充斥在平台上，使得用戶難以區分出真正有價值的內容，這將對那些以獨特性和深度為競爭力的短影音創作者構成挑戰。

3.3.2　即時呈現特效鏡頭

在一些特效場景中，最難處理的就是那些需要高度真實感和複雜力學模擬的效果，包括流體效果，像火焰的蔓延、煙霧擴散、水的流動等。還有建築的坍塌、布料的飄動等，這些效果需要精確的物理引擎來模擬物體的運動和碰撞。還有一些粒子系統，諸如水滴、火花這一類，雖然單個的粒子形狀簡單，但是大量的粒子組合到一起就需要更加複雜和精密的演算法來模擬它們的運動和互動。除此之外，毛髮以及布料的動態行為非常複雜，需要考慮它們的材質、重力、紋理等。

這些特效鏡頭拍攝製作中，最費時、最燒錢的大概就是那些需要大規模場景佈置以及複雜特效的鏡頭。像《駭客任務》中的一段飛車戲，劇組需要為此建造一條長達 2.5 公里的私人公路，包括兩座天橋和一堵 5.8 米的水泥牆。此外還有《玩命關頭》系列電影中的一些動作名場面，不僅損

毀了近 2000 輛汽車和一架飛機，還包括一輛坦克，這些大場面的製作成本極高，每一秒都在燒錢，而且非常耗時。更關鍵的是，很多虛擬和現實融合的特效鏡頭需要演員親自上陣，這其中存在很大的安全風險。

影視中的特效鏡頭，從想法到成片，可能需要一個團隊長時間配合才能完成。未來，藉助於 AI 工具，或許只要一個有創意的人，就能獨自完成這複雜的工作。藉助於影片生成技術，不僅僅能最大限度地節約拍攝製作的時間成本，而且能夠節省更多的資金。未來，Sora 或許能夠讓這類特效鏡頭成為 AI 的生成，真人演員或者替身演員都將不必出現在這些危險的鏡頭中進行拍攝，影視劇拍攝中很多燒傷、墜落、爆炸的安全事故或許也會大幅減少。

然而，Sora 這強大的功能或許會給影視器材生產商與租賃商帶來一定的打擊。那些曾經為拍攝特效鏡頭需要高價購買的攝影機、昂貴的移動器材、照明器材在影片生成技術出現的年代，或許也不會再需要了。對於這些特效鏡頭的拍攝、剪輯和合成工作，後續或都將轉為採用人類提示語來控制 AI 影片模型，影視製作者完全可以按照自己的想法來指揮 AI 完成運鏡、影像生成等工作。

3.3.3　不斷削弱的明星效應

很長一段時間，明星主要影視劇受到觀眾和資本的熱捧。佔據影視製作成本最大份額的，就是演員片酬。特別是一些有名氣的主演，他們的片酬要占到製作成本的一半以上。未來，AI 影片生成軟體，可能會對明星效應產生削弱影響。這些軟體能夠透過 AI 文字生成影片模型來創建影片內容，從而減少對明星演員的依賴。

傳統的拍攝過程中，真人演員必須要親自出鏡，即使本人不出現，至少也要有替身演員。然而，AI 影片生成技術可以在一定程度上取代原有影視作品中明星演員的拍攝過程。製作團隊或許可以通過獲取演員的肖像權使用，結合獲得授權的明星音訊檔，快速合成新的影視作品，而不必直接與明星合作。這樣一來，很多高價的「頂尖」明星的直接需求量或許會有所下降，這就可以顯著降低影視製作的預算。製作公司能夠將資源更多地投入到劇本、特效和其他創意元素上。

隨著技術的進步，AI 生成的影片品質越來越高，未來可能會達到甚至超過傳統電影的品質標準。這將使得內容本身的吸引力成為觀眾關注的焦點，而非明星本身。同時，AI 技術還可以創造虛擬角色，特別是在一些短影音或者預算較低的影視製作上。這些角色可以在影片中扮演主要角色，進一步減少對真人明星的需求。

影片生成軟體的發展，尤其是 AI 技術的應用，可能會對明星效應產生削弱影響，不僅減少了對明星的依賴，甚至還會改變影視行業的傳統模式。然而，這並不意謂著明星效應會完全消失，因為真人明星所具有的個人魅力和獨特性是技術難以複製的。未來，我們可能會看到真人明星和虛擬角色在影視作品中共存，共同為觀眾帶來更加豐富和多元的體驗。

雖然現在 Sora 已經可以做到保持影片主體和背景的高度流暢性和穩定性，也能較為精確地模擬事物在物理世界的存在方式，但是一些對即時性和精細程度要求很高的影片，Sora 目前可能能力還達不到。再強大和智慧的 AI，說到底也是一個機器，它無法模仿影視創造者自身的創意和特色。因此，對於影視行業的從業人員來說，與其擔心未來被 AI 取代，不如思考如何更好地使用這些 AI 技術，藉助技術更好地發揮自己的創造性，打造自身核心競爭力，為觀眾呈現更精彩的、獨一無二的影視作品。

3.4 ╱ Sora 對廣告行銷的影響

3.4.1 實現降本增效

在廣告行銷行業中，人力成本佔據了相當大的比重，通常至少占到支出的六成以上。這包括了創意人員、策劃人員、市場分析師、銷售人員等相關員工的薪資和福利。對於那些需要專業技能但並非公司常備能力範圍內的工作，如影片製作、樣片製作等，通常需要外包給專業公司，這也是廣告行銷成本中的一部分重要支出。

可以說，行銷影片的製作成本高、時間長，是所有品牌的痛點。Sora 的出現，讓內容製作的門檻大大下降。它可以用文字指令在短時間內生成高品質、接近真實情境的影片，無需龐大的團隊和複雜的拍攝、剪輯、後期處理。相應地，製作時間也大幅縮短，以往需要數天才能產出的影片，使用 Sora 幾小時就能完成。尤其對於一些標準化的廣告內容，比如品牌產品的介紹說明類短影音，或者電商網頁的創意廣告，Sora 有機會成為這部分基礎類影片的生產者。

影片製作完成後如果覺得不滿意，還可以快速進行修改調整。這意謂著，更多的品牌將會有機會投入更少的影片製作成本，用更少的資金、時間、人力製作出數量更多的影片內容用以行銷。

3.4.2 精細化行銷成為可能

隨著行銷手段和方法的不斷多元和豐富，消費者消費行為的個性化特徵越來越明顯。很多行銷領域的人都知道，透過資料分析對消費者進行切片式的洞察，並根據他們的核心需求提供「直擊痛點」的行銷，就能更有效率的地提升消費者的參與度和轉化率。

　　精細化行銷是目前很多品牌正在做的事情。他們主要透過市場上的行銷服務商對目標人群進行大量的資料分析，之後再進行廣告的精準投放。從前期的策劃，到資料收集、分析、再到最後的投放環節，過程艱辛且漫長。還有可能在花費了大量的人力、物力和財力之後，收效甚微。其實，影片內容的定制並不稀奇。但是，常規影片製作的過程複雜，加之成本和製作時間居高不下，一直以來只能做到針對總體目標人群的影片定制，而更精細化的個性定制，對於大多數品牌來說則是心有餘而力不足。

　　事實上，消費者對影片的喜好千差萬別，性別、年齡、教育程度，甚至時間、地點、場景、情境等等，都會導致對影片偏好的不同。所以，針對總體目標人群進行的影片定制，一定程度上並不能幫助品牌完成精細化的行銷。

　　透過 OpenAI 釋出的影片，我們可以看到 Sora 廣闊的應用前景。不論是自然風景、人物圖像、還是虛擬人物、動畫，只要能描述得出來，任何風格它都能生成。這也就意謂著，Sora 可以釋放不同需求下的行銷影片創作需求。

　　未來，市場上擁有強大數據能力的品牌和行銷服務商，在對目標人群的影片偏好進行洞察分析的基礎上，運用 Sora 可以製作出多種類型和風格的行銷影片，在不斷嘗試和優化的過程中，給不同偏好的消費者都帶來全新的視覺和情感體驗。透過縮短不同偏好消費者與產品之間的距離，最終完成「精準」行銷。

　　這樣，不僅可以節省一大筆廣告拍攝以及後期宣傳的成本，還能有效縮短行銷閉環鏈路。

3.4.3　時尚創意助力行銷

　　觀察現在的廣告行銷就不難發現，將最新科技與創意行銷進行結合已經成為了當下熱門，特別是在時尚行業。很多時尚品牌借用超現實技術將自己的時尚單品與創意場景進行結合，不僅使得廣告行銷更具視覺衝擊，也使得產品更加貼近現實，因此吸引了社交媒體的廣泛關注和追捧。

　　對一些品牌來說，這些創意十足的超現實影片受到追捧的重要原因是製作週期相對較短，能夠最大程度上滿足新品發佈的即時性宣傳需要。而Sora 的出現，將會進一步改變人們對於「週期短」和「高效率」的認知。這一強大的影片生成工具，或將會對這些創意行銷造成新的顛覆。

　　2023 年，超現實戶外廣告開始流行起來。這是一種創意性極強的廣告形式，它將現實生活中的元素與幻想、夢境或荒誕的情境相結合，創造出一種超越現實的視覺效果。這種廣告形式通常具有很高的藝術價值和視覺衝擊力，能夠吸引觀眾的注意力，從而提高廣告的傳播效果。很多國內外的大品牌都採用這種影片行銷方式來宣傳自己的產品，也取得了很好的效果。對於一些大牌廠商來說，這類廣告的製作週期相對較多，並且更具成本效益。但是，就是這樣被稱為「製作週期較短」的創意影片，從創意到拍攝、實景追蹤、CGI 製作，再到最後的合成輸出。即使一個只有 10 秒左右的創意影片，完整週期也要在 3 週左右。

　　現在，具備連貫性、穩定性、高畫質和多鏡頭等特點的 Sora 模型，或許可以在短時間內對這種短週期內產出的、突破物理限制的創意影片發起挑戰。藉助 Sora 能夠複製真實物理世界和創造虛擬世界的強大潛力，品牌和行銷服務商得以發揮天馬行空的想像力，把各種奇思妙想融入到行銷影片中，讓創意廣告更具創意。這就可以使得消費者對品牌和產品形成深刻的印象和濃厚的興趣，為推進購買轉化打下牢固的基礎。

AI 作為一個強大的模型，但其最終的期望還是被用作人類的高級輔助工具。從目前的發展水準來看，Sora 的確可以在廣告行銷領域發揮巨大的推動作用，代替一部分廣告行銷影片生成工作。但是，最終在行銷中起作用的，還是人類的獨特性創作和情感帶來的驚喜和共鳴。Sora 不能夠代替的，永遠還是需要人類獨特見解和創造力的那部分。

3.5 ╱ Sora 對教育領域的影響

3.5.1 專業學習，不如用好 Sora

Sora 的出現，代表了影片生成技術的顛覆性突破。很多人預測，等到 Sora 發展到更高的階段，或許大家都有可能成為大片製作者。那麼，Sora 的出現，對那些專業學習廣告、新聞、影視等專業的學生來說，意謂著什麼呢？

短時間內，Sora 難以取代新聞、影視方面的專業者。但是至少，Sora 會給這些專業的學生帶來兩方面的巨大變化。

首先是學習內容上的改變。隨著 Sora 等影片生成模型的應用，廣告、新聞、影視等專業的學生在學習過程中可能不再局限於傳統的攝影、剪輯和動畫製作等技能的掌握。因為最基本的技能影片生成模型都可以完成，並且可以做得更好。對於這些專業的學生而言，更重要的是探索如何運用 AI 技術來創作高品質、具有創造性的新內容。這可能包括學習如何編寫能被 AI 模型更好理解的腳本，以及如何指導和修正 AI 生成的影片以滿足專業標準。

其次是技能要求的變化。Sora 模型出現在新聞、廣告、影視行業中，將會引入新的生產方式，這可能會導致行業實踐和專業知識的重大變革。對於新聞影視專業的學生來說，這意謂著他們需要適應新的技術和工具，學習和掌握如何與 AI 影片生成模型協作，以及如何利用這些模型來提高創作效率和品質。學生可能需要瞭解 AI 模型的工作原理，包括它們如何處理文字輸入和生成影片輸出，以及如何在創意過程中應用這些模型。

Sora 模型的出現將對新聞影視專業的學生產生重要影響，不僅改變了他們的技能要求，也為他們提供了新的學習機會和挑戰。這些變化預示著新聞影視行業可能會迎來更加多元和高效率的創作方式。

3.5.2　文字到影片，助力新課堂

作為一款文字轉影片模型，Sora 的強大之處，就在於可以根據描述性提示生成影片，在時間上向前或者向後拓展現有影片，甚至從靜止圖像生成影片。這項技術運用到教育領域，將會使得課堂的影片教學資源更加豐富。同時，也可以將很多抽象的知識和內容以影片的形式直觀呈現。

很多研究表明，相比於文字，影片透過視覺和聽覺的雙重刺激，能更直觀地展示資訊，特別是對於程式性知識的學習，影片可以提供動態的展示，有助於學生更好地理解和記憶操作過程。影片中的圖像、聲音和動作可以幫助學生更好地把握知識點，尤其是對於視覺型學習者來說，影片可以顯著提高他們的學習效果。另外，適度的影片加入可以調動學生的學習興趣，將學生從抽象或者枯燥的文字講解中解救出來。

對於現在的老師來說，備課是一個非常耗時的任務。教師不僅需要釐清教學的目標、教學內容和教學方法，還要考慮如何激發學生的學習興趣，讓課堂更加生動有趣。出於這一考慮，教學中影片的呈現是少不了

的。特別是一些抽象的知識和內容，以及學生不太熟悉的內容，影片的加入會加深學生對知識的瞭解。但是對很多非電腦專業的教師來說，製作影片是一件痛苦的事情。即使花費時間去網路上尋找，也不一定總能找到非常合適且有趣的影片。未來，如果 Sora 可以助力課堂，或許教師的影片製作和呈現就更加簡單、快捷。

Sora 模型能夠快速生成教育影片內容，這對於教育內容的提供者來說，可以大幅提高內容製作的效率。這意謂著在較短的時間內，教育工作者可以產生更多的教學材料，滿足不同學科和學習需求。這將大幅減輕教育工作者影片製作的壓力。同時，Sora 模型能夠生成高品質的影片內容，這對於教育資源的製作是一個巨大的進步。它可以幫助教師和教育機構創建更加生動、吸引人的教學影片，從而提高學生的學習效率和興趣。

除了在較短時間內生成教育工作者需要的影片，豐富教學資源。Sara 的影片生成功能，也能幫助教育工作者將那些很難形象化的知識點和內容以更加直觀、形象、生動的形式呈現。

在語文學科中，城市中的孩子很難共情對於鄉村生活的描寫。因為對於他們來說，很多鄉村的事物和情境是他們從未見過和體驗過的。教師很難將這種不一樣的景物和生活方式描述給學生聽，讓他們通過合理的想像進入情境。如果有了 Sora，當課堂中講到某一個知識點時，教師可以直接通過文字描述，為學生即時生成相應的影片，給學生直觀的感受。因此，不論是恐龍進化過程，先進的奈米技術的運用，美麗的鄉村人家，還是年代久遠的戰爭場景，抑或是複雜的物理運動模式，那些很難通過文字描述講清的知識點和內容，有了即時生成影片的助力，都將變得生動、直觀，讓人印象深刻。

除此之外，利用 Sora 模型，教育者可以根據學生的學習進度和興趣點，定制個性化的影片內容。這種個性化的教學方法能夠更好地適應學生的學習風格和節奏，從而提高教育的針對性和有效性。

未來，文生影片大模型，可能會改變傳統的課堂教學模式，使得學習變得更加靈活、生動和個性化。

3.5.3　完美實驗，再現課堂

對於物理、化學等學科來說，課堂上的實驗演示是少不了的。

物理和化學的相關知識大多是抽象的，一些物理現象或者化學反應很難藉助文字來進行描述。因此，如果課堂中不進行實驗的演示，學生很難理解某一抽象概念。

作為理論教學的補充，精確的物理化學實驗演示能夠幫助學生將抽象的理論知識具體化，透過實際操作加深對物理化學基本概念和理論的理解。但是，在實際的課堂情境中，老師的實驗並不總是成功的。

導致實際教學中的實驗難以成功複製的原因很複雜，例如有些實驗對環境條件要求非常嚴格，如溫度、濕度、光照等，這些條件在原始實驗室以外很難完全複製。教師的操作技巧和經驗可能也會對實驗結果有顯著影響，而這些技巧往往難以透過文獻或指導手冊完全掌握。此外，一些實驗中使用的儀器和方法極為複雜，可能需要特定的設備和技術，這些設備和方法在普通的實驗室中難以提供。實驗中的任何一個環節出錯，都將無法完成既定的實驗目標。但是，教師在課前很難掌控實驗中的一系列不確定因素。

　　另外，還有些存在安全隱患和不可控因素的實驗並不適合在課堂上演示。加上課堂上的實驗過程和結果只能在極短的時間內呈現，如果學生對實驗的某一環節存在疑惑，教師就還需要再次重複實驗。這就給教師的教學帶來了很大的麻煩。

　　藉助於影片生成技術，物理、化學、生物課上那些複雜的、難以一次複製成功的實驗演示或許就都不是問題了。教師只需要描述實驗名稱，就可以為學生呈現一個完美的實驗影片。這個實驗影片不僅可以清楚呈現所有的實驗器材，而且還能直觀展示完整的實驗過程和清晰的實驗結果。教師或許再也不用擔心實驗中的不可控因素，不用害怕學生實驗過程中的安全問題，更不用煩心有學生看不清實驗現象。更重要的是，教師可以多次播放實驗影片，帶領學生反覆觀看，並即時進行講解，幫助學生更快速地掌握知識。

腦機介面

4.1 ╱ 腦機介面的奇幻想象

我們無數次想像並憧憬著這樣的未來生活：人類可以用自己的意念來操控任何事物，比如駕駛汽車、操控機器、與他人進行交流與互動。在這樣的世界中，我們的一切言語或者行動都將是多餘的。只要有想法，任何意圖都可以被完美而高效率的轉化為奈米工具的精密操作或者是使用了高科技的機器人的複雜動作。在進行文學創作時，我們不再需要用指尖不間歇地敲擊鍵盤，大腦中的構思都可以轉化為流利的文字；與他人交流時，嘴巴也不用說出一個字，你也可以和任何人進行無障礙地溝通與交流。即使呆在家中，你也可以清晰體驗一把觸摸月球表面的神奇感覺……

在如此神奇的世界中，任何無形的、看不見的思想或者是意念都可以轉化為有形的動作、他人可辨識的情感或者語言。這種由意念產生的轉換或許發生在你的身邊，也有可能發生在遙遠的月球。你只需要讓你的大腦轉動一下，你就可以掌握整個生活。這項驚人的能力不僅可以讓我們變得神通廣大，還可以讓很多殘障人士藉助神經義肢重獲新生。

很多科幻電影也將這一偉大的想像藉助科幻的情節表現得淋漓盡致。

《駭客任務》講述的是一個由電腦人工智慧系統「矩陣」控制的虛擬世界，以及主角尼奧與夥伴們對抗這個系統的故事。影片的主角尼奧是一名網路駭客，他逐漸發現現實世界並不像表面上看起來那樣正常，而是由一個名為「矩陣」的先進電腦人工智慧系統所控制。之後，他就走上了抗爭矩陣的征途，試圖結束機器對人類的統治，並揭示出矩陣背後的秘密。他正是藉助腦機介面技術，突破了機器對人類的統治。電影中，尼奧的意識和身體被連接在一個巨大的機器上，其中一條管子直接插入他的腦後。這個介面允許他進入矩陣虛擬世界，體驗虛擬生活。這裡的腦機介面

技術不僅實現了虛擬實境體驗，還涉及到了人工智慧和人類意識的深層次互動。

《駭客任務》當年取得了票房的巨大成功，更是被譽為是無法被超越的科幻神作。不僅在於電影探討了人類認知革命的過程，對人類思維演進的範式提出了深刻的見解。更是因為在幾十年前，它就大膽而前衛地構造了一個有關自由意志、腦機介面、人工智慧的奇幻世界。

除了《駭客任務》，之後的很多科幻電影都想像了腦機介面技術帶來的神奇改變。電影《阿凡達》中，科學家們通過基因編輯技術結合人類和納美人的 DNA，製造出一個克隆納美人。接著，利用腦機介面技術將人類的意識轉移到這個克隆體中，使人類能夠在潘朵拉星球上以納美人的身份活動。電影中的潘朵拉星球上的生命體都擁有一種類似 USB 的介面，可以實現生命體之間的資訊交換。

2014 年的電影《露西》，女主角露西在意外接觸到一種名為「CPH4」的物質後，大腦潛能被激發，能夠僅憑手指接觸就讀取他人的記憶。這雖然不符合現實中的科學原理，但在電影中展示了一種極端的腦機介面概念，即無需任何物理設備就能實現資訊的傳遞。《露西》的上映引起了廣泛關注，不僅因為其獨特的劇情設定和視覺效果，還因為其對人腦潛能和意識探索的主題。影片中對於人類大腦開發和身體能力的極端想像，為觀眾提供了豐富的討論和思考空間。

如果這些電影還只是腦機介面技術的初步想像，那麼電影《艾莉塔‧戰鬥天使》則是將腦機介面技術的想像進一步向前推進。這部電影的故事背景設定在遙遠的 26 世紀，外科醫生依德在垃圾場中發現了一個隻剩下頭部的機械少女。藉助於腦機介面技術，她成功地連接上了外骨骼和機械身體。隨著劇情的發展，艾莉塔逐漸恢復了自己的記憶和強大的戰鬥能力。

電影中的腦機介面技術通常被描繪為未來科技的一種極具潛力的方向，它不僅能夠改變人們與世界互動的方式，還可能對人類社會產生深遠的影響。但是這些想像成為現實都需要依託一個基本的前提，那就是人類真正擁有了腦機介面技術，可以真正實現人工智慧和人類意識的深層互動。

曾經那些奇妙的想像，令人著迷、使人嚮往。而現在的世界，這種想像或許不再只是人類頭腦中的嚮往或者科幻電影裡的情節，它正慢慢出現在我們眼前。

4.2 ╱ 何為腦機介面

藉助於腦機介面（Brain-Machine Interface，BMI），我們將擁有用意念操控一切的能力，也可以藉助於外骨骼和機械身體獲得永生。那麼，腦機介面到底是一項怎樣神奇的技術呢？

顧名思義，腦機介面就是透過在人或者是動物的大腦與外部設備之間建立直接的連接通道，實現用意念控制機器。這項技術的基本原理是捕捉大腦的神經活動，並將這些訊號轉換為機器所能理解的指令，從而真正實現對外部設備的控制。腦機介面的訊號來源主要是大腦的電活動，大腦產生的這些訊號可以藉助腦電圖等方法來監測和記錄。

腦機介面這一概念中的「腦」，一般指的是有機生命形式的腦或者神經系統，而並非僅僅是我們通常說的「心智」，「機」可以是任何處理或者是運算的設備，其設備可以從簡單的電路到矽晶片。

腦機介面的資訊傳遞可以是單向的，也可以是雙向的。在單向的腦機介面情況下，電腦設備可以接收來自大腦的命令，或者將訊號發送給大

腦，但是不能同時接收和發送訊號。但是在雙向的情況之下，腦和外部設備之間就可以實現雙向的資訊交換，即大腦既能傳遞資訊給電腦設備，操控與之連接的外部設備，電腦設備也能傳遞資訊給大腦，用電訊號刺激腦神經。

腦機介面技術的工作原理主要包括訊號的採集和處理，指令識別和控制執行幾個關鍵步驟。在資訊的採集和處理環節，透過在大腦皮層表面或者內部植入電極陣列，或者是使用非侵入式的外部感測器，例如腦電圖頭盔等設備，用來捕捉大腦活動時產生的電訊號。收集好這些原始的神經訊號之後，就需要對它們進行預處理，比如去除其中的噪音以及無關的訊號部分。資訊處理好之後，就需要進一步分析這些訊號，以理解和識別用戶的真實意圖。這一過程可能涉及到模式識別，機器學習等技術，以提高系統的準確度和回應速度。一旦使用者的指令被識別，系統就會將這些指令轉換成外部設備能夠執行的操作，如操作電腦介面、控制假肢或者是移動輪椅等。

腦機介面不依賴人的外周神經和肌肉，而是在人腦和外部設備之間直接建立起一條直接的資訊交流通道，讓機器直接讀取大腦訊號，與外界設備進行互動。這項技術，是一項直接利用神經系統的活動來控制外部設備的互動技術，它跨越了傳統的神經和肌肉的輸出途徑，為人類提供了一種全新的與機器溝通的方式。

隨著技術的發展，腦機介面已經從概念和實驗室研究逐步走向實際應用。它不僅為醫療康復領域帶來了革命性的變化，還在虛擬實境、遊戲娛樂等領域展現出巨大的潛力。未來，隨著研究的深入和技術的成熟，腦機介面有望在更多領域得到應用，為人類帶來更加便捷和智慧的生活方式。

腦機介面技術的發展為殘疾人士提供了新的溝通和控制方式，同時也為虛擬實境、遊戲、康復醫學等領域帶來了革命性的變化。隨著技術的進步，未來腦機介面有望實現更加精細和複雜的控制，為人類帶來更廣闊的應用前景。

4.3 ╱ 腦機介面的發展

　　2001 年，《麻省理工科技評論》認為腦機介面技術將會成為改變世界的十大新興科技之一。這項技術之所以被報以這麼大的期望，主要是因為在最近幾年中，它獲得了重大的成就。在短短的幾年中，實驗室中關於動物和人類的實驗證明，在身體的任何一塊肌肉不進行運動的情況下，實驗受試者可以藉助腦活動來近距離或者遠端控制機器。

　　儘管腦機介面在近年來才成為前沿科技研究的熱點技術，但著眼更長的時域會發現，腦機介面研究的整體歷史其實很漫長。從 1924 年腦電圖發明推算起，腦機介面技術的發展已經有百年的歷史了。總的來說，腦機介面的發展大概可以劃分為三個主要階段：

4.3.1　科學幻想期

　　腦機介面技術的早期研究，是和腦結構以及腦電波的研究緊密相連的。

　　1924 年 6 月，德國耶拿大學的神經內科專家也就是後來的腦電圖之父——漢斯·貝格爾在一名 17 歲顱骨缺陷的病人頭皮上記錄到了電流計鏡面的微小振動。這個極其微小的電流，就是人類歷史上第一次記錄到的人腦

的電活動。之後，漢斯‧貝格爾在其論文中將這種腦活動產生的電流形式稱之為腦電波。

1929 年 5 月，決定腦電圖重要性的首期出版物《人類腦電圖的使用》問世。1938 年，美國神經學家赫伯特‧賈斯珀在寄給漢斯‧貝格爾的聖誕賀卡中，暢想了從腦電波中解碼出語言的可能性，這被認為是對腦機介面的早期科幻描繪，也開啟了腦機介面相關技術的學術探索時代。

雅克‧維達爾是這一概念的先驅，他在 1973 年的論文中首次提出了將腦電訊號作為電腦控制訊號的想法，並預測隨著對神經活動理解的加深，這樣的系統將成為可能。他的研究標誌著腦機介面概念與研究的誕生，為後續的發展奠定了基礎。1980 年，德國學者提出了基於皮層慢電位的腦機介面系統。

在腦機介面技術的早期研究中，由於技術方面的限制，研究的進程非常緩慢。對於這一項技術的討論，也主要停留在理論探討和未來設想的層面。

4.3.2 科學論證期

從 20 世紀 80 年代中期一直到 21 世紀初期，腦機介面技術都處於實驗室研究階段，也就是它的科學論證期。

20 世紀 70 年代，由 Schmidt、Fetz、Baker 等人領導的實驗小組證實了猴子可以在閉環的操作性條件作用下迅速學會操控初級運動皮層中的單個神經元的放電頻率。之後，科學家開始不斷嘗試通過解碼大腦電訊號，準確方便地控制外部設備，也因為電腦和神經科學的不斷發展，腦機介面也邁入科學論證階段。隨著技術的進展，第一批人類用神經修復設備在 90 年代中期出現。

20 世紀 80 年代，約翰斯．霍普金斯大學的研究者在實驗室研究中發現了獼猴的上肢運動的方向與運動皮層中單個神經元放電模式的關係。研究人員在實驗中還發現，一組分散的神經元也能夠編碼肢體運動。

尼古拉斯在 1990 年代完成了大鼠的初步研究後，在葉猴內發現了能夠提取皮層運動神經元的訊號來控制機器人手臂的實驗。到 2000 年為止，他帶領的研究小組成功實現了一個可以在葉猴操作搖桿來獲取食物時可以重現其手臂運動模式的腦機介面。神奇的是，這個腦機介面不僅可以即時工作，還可以遠端操控機械手臂。

此外，在科學論證期，研究人員透過大量的實驗發現，對貓進行感覺運動節律的機械訓練可以提高癲癇發作閾值，類似的技術在癲癇患者身上也能顯著降低發作機率。這些研究成果為臨床試驗奠定了基礎，並推動了腦機介面技術在注意力缺陷、多動障礙和難治性癲癇兒童治療中的應用研究。

4.3.3　技術爆發期

自從 2000 年杜克大學教授米格爾．尼科萊利斯驗證了可控性假肢的可行性後，腦機介面就進入了技術爆發期。這一時期，腦機介面的應用解決方案加速湧現，應用範圍也逐步由醫療領域拓展到非醫療領域。腦機介面正一步一個腳印地穩步發展。

2005 年，美國神經學家約翰．多諾霍帶領其研究團隊，對 9 位病人進行了第一批腦機介面臨床試驗。他們在其中一位四肢癱瘓的殘障人士的大腦中植入了一個包含 96 的電極的「猶他陣列」，使得這位殘障人士成功地控制了電腦游標。這一次成功，也為之後的很多腦機介面的實際運用提供了重要的參考和借鑑。

2011 年，一名 58 歲的癱瘓病人在腦機介面技術的協助下，成功地藉助自己的「意念」控制了假肢，將一杯咖啡送到了自己的嘴邊。這是腦機介面技術的重大突破，因為這是人類第一次實現通過意念來控制機器手臂，從而實現物品的拿取和自我照顧。這一次突破也讓人們看到了未來更多殘疾人士能夠生活自理的希望。相同的案例在中國也有。首都醫科大學宣武醫院的趙國光教授團隊與清華大學醫學院的洪波教授團隊合作，透過植入式硬膜外電極腦機介面，幫助一位 54 歲的四肢截癱患者實現了自主喝水等腦控功能，抓握準確率達到了 99.6%。

2014 年，一名高位截癱（high paraplegia）的青年在巴西世界盃開幕式上，藉助於腦機介面技術成功地控制了身上的外骨骼，開出了該賽季具有重大意義的第一球。

2017 年，Facebook 下屬部分研發的「腦機語音文字介面」，也就是「意念打字」。一名肌萎縮性脊髓側索硬化症患者藉助於腦機介面技術，在沒有敲擊鍵盤和說話的前提下，成功地做到了將大腦中地想法直接展示在電腦螢幕上。

中國的語言腦機介面也具有一些可喜的新突破。復旦大學附屬附屬華山醫院聯合上海科技大學、天津大學的科研人員開發出一種模組化的多路平行神經網路方法，可直接從植入式神經記錄中合成漢語語音。這項技術的成功，將為一批語言發音障礙或失語症患者提供潛在的解決方案。

目前，腦機介面技術主要應用在醫療領域，其範圍主要包括疾病預警、診斷、治療和功能增強。面向的疾病包含癲癇、帕金森氏症、抑鬱症、疼痛、過動症、自閉症、截癱、中風、阿茲海默症、意識障礙、耳鳴和聽力受損、視力受損和睡眠障礙等。

隨著腦機介面技術迭代發展，其應用範圍正不斷拓展，在非醫療領域也展現出了極大的潛力。在強安全生產監管領域，腦機介面能有效消除人員狀態異常導致的安全隱患。另外，在交通駕駛領域，儘管已經有傳統視覺識別技術識別疲勞，但是在一些特定場景下難以及時檢測到疲勞，腦機介面技術能高效率、及時檢測和做出預警。在體育行業，國外已經有利用神經回饋技術和腦電檢測技術加快運動員反應速度的案例，其能讓運動員在高壓心理狀態下保持冷靜專注。

4.4 / 腦機介面在醫療領域的運用

隨著現代醫學領域對大腦以及大腦活動的研究不斷深入，加上對運動、聽覺、視覺、語言等大腦功能區的準確劃分，使用腦機介面技術進行大腦功能分區的治療已經成為了現實。目前，醫療領域還是腦機介面技術的主要發展領域，藉助於腦機介面技術對神經、精神系統疾病的體檢診斷、篩查監護、治療和康復已經成為了廣泛的運用。

腦機介面在醫療健康領域可以大致分為 5 個應用場景：肢體運動障礙診療、意識與認知障礙診療中的應用、精神疾病診療中的應用、感覺缺陷診療中的應用和神經發育障礙診療中的應用。

4.4.1 肢體運動障礙診療

在中國，肢體殘疾的群體約占到整個殘疾人總數的三分之一，是 6 種殘疾類別人數最多的群體。因此，對於肢體殘疾的治療和康復顯得尤為重要。導致肢體運動障礙的疾病有很多，例如腦出血、腦外傷等都有可能導致患者腦區對應的肢體控制出現障礙。目前對於這些疾病的治療大多是集中於患者的外周治療，對於患者大腦的干預治療還比較少。

腦機介面技術在肢體運動障礙的治療上有著巨大的潛力。它透過直接連接大腦和外部設備，幫助患者恢復或改善肢體運動功能。腦機介面技術在肢體運動障礙方面的治療旨在透過該項技術的輔助治療，使患者改變目前的狀態，提高生活的品質。

另外，像脊髓損傷、帕金森氏症、肌肉神經損傷等，也會導致肢體運動的障礙。這些運動障礙不僅嚴重影響患者的身體功能，也對其心理健康和生活品質造成了巨大衝擊。脊髓損傷可能導致肢體癱瘓，嚴重影響患者的生活品質。腦機介面技術可以透過植入電極或非侵入式感測器來監測大腦活動，並將其轉化為控制訊號，使患者能夠通過思維來控制外部輔助設備，如輪椅、外骨骼等，從而實現肢體的運動。

帕金森氏症是一種中樞神經系統退行性疾病，常導致肢體僵硬和運動障礙。腦機介面技術可以透過監測大腦皮層活動，並將其轉化為控制訊號，用於控制外骨骼等輔助設備，幫助患者進行肢體運動訓練和康復。

一些神經肌肉疾病，如肌營養不良症和肌無力症，可能導致肌肉無力和運動障礙。腦機介面技術可以透過監測大腦活動，並將其轉化為控制訊號，幫助患者改善運動控制。

腦機介面技術在肢體運動障礙的治療上具有巨大的潛力。它可以幫助患者恢復或改善肢體運動功能，提高生活品質。當前，腦機介面對於肢體運動障礙診療的應用方式，主要有兩種：

一種是輔助性腦機介面，指透過腦機周邊設備獲取患者的運動意圖，實現對假肢或外骨骼等外部設備的控制。透過直接連接大腦和外部設備，腦機介面可以實現通過意念來控制假肢、輪椅等外部輔助設備，從而恢復部分受損的功能，提升患者的獨立性和生活品質。其關鍵在於透過腦機周

邊設備準確獲取患者的運動意圖,實現對假肢或者是外骨骼等外部設備的控制。

第二種是康復性腦機介面。其實,對於肢體運動障礙患者的治療,除了輔助性應用,康復性腦機介面也發揮著關鍵作用。康復性腦機介面能夠對大腦重複刺激,以增強神經元之間的聯繫,實現部分連接或者是功能的修復或者重建。其主要原理是透過腦機周邊設備即時監測患者的大腦活動,並向大腦發送回饋刺激,以促進神經元之間的連接和突觸強化,從而實現康復效果。

4.4.2 意識與認知障礙診療

每年,中國都有近 10 萬名患者因顱腦外傷、中風、缺血缺氧性腦病等疾病陷入昏迷,繼而進入長期意識障礙狀態。在認知障礙方面,中國各類腦疾病的患病人數是世界上最多的國家。長期的治療給家庭和社會都帶來了巨大的壓力。更令人沮喪的是,目前針對患有意識和認知障礙的患者還沒找到有效的治療方式。

腦機介面技術在意識與認知障礙的治療方面也顯示出潛力,也為解決這一臨床難題提供了新的可能性。透過腦機周邊設備獲取並分析患者的腦電訊號,可以掌握患者的意識狀態,實現意識障礙診斷與評定、預後判斷,甚至能夠與意識障礙患者實現交流。

意識與認知障礙可能由多種原因引起,如腦損傷、神經退行性疾病或中風等。腦機介面技術可以通過與大腦的直接互動,幫助改善這些障礙,從而提升患者的認知和感知能力。

對於昏迷或植物人狀態的患者，腦機介面技術可以透過監測大腦活動並將其轉化為控制訊號，幫助患者恢復部分意識。例如，德國的一家研究機構開發了一種腦機介面系統，透過刺激患者的大腦皮層，幫助他們恢復對環境的感知。

失語症是中風或其他腦損傷後常見的認知障礙之一，影響患者的語言表達能力。腦機介面技術可以透過監測大腦活動並將其轉化為控制訊號，幫助失語症患者恢復語言表達能力。例如，英國倫敦國王學院的研究團隊開發了一種腦機介面系統，透過訓練失語症患者透過思考來控制虛擬實境中的文字生成。

腦機介面技術在意識與認知障礙的治療方面具有巨大的潛力。它可以幫助改善患者的認知和感知能力，提高他們的生活品質，並為康復治療提供新的途徑。隨著技術的不斷進步和研究的深入，我們可以期待腦機介面技術在這些領域發揮更大的作用。

4.4.3　精神疾病診療

隨著社會的不斷發展，人們的生活節奏越來越快，感受到的壓力也越來越大。精神疾病的患病群體，在近年來呈現不斷上升的趨勢，並且越來越年輕化。各類精神疾病的患者，長期遭受心理和肉體的雙重折磨。傳統的一些治療方法，在精神疾病的治療方面收效甚微。腦機介面技術的快速發展則為改善各類精神疾病的研究和治療水準提供了新的前景。

在精神疾病的治療方面，腦機介面主要基於腦電訊號特徵即時分析並判斷患者的情緒狀態，及時監測、干預患者的發病情況。因此，在特定的精神疾病如抑鬱症、強迫症和精神分裂症等中，腦機介面技術有望產生重要影響。

具體來看，相較於其他生理訊號，腦電訊號提供了更豐富、深刻的情感資訊。腦機周邊設備通過學習演算法可以提取腦電訊號的特徵，實現對多種情緒的識別和分析。這一技術可以在研究抑鬱症、焦慮症等神經精神類疾病的發病機制時提供幫助，同時也可以作為輔助治療的手段。

在抑鬱症患者的治療方面，腦機介面可以監測患者的大腦活動，尤其是與情緒調節相關的區域。透過回饋訓練，患者可以學習如何控制這些腦區的啟動，從而改善抑鬱症狀。這種即時神經回饋治療有望成為未來抑鬱症治療的一種新方法。

類似於抑鬱症的治療，BCI 可以幫助焦慮症患者透過神經回饋學會控制和管理他們的情緒反應。這可能有助於減少焦慮發作和提高患者的生活品質。

對於精神分裂症，腦機介面可以用來監測和評估精神分裂症患者的認知功能，如注意力和記憶等。此外，結合認知訓練的腦機介面系統可能有助於改善患者的認知缺陷。

需要注意的是，雖然腦機介面在精神疾病治療方面具有巨大的潛力，但目前這一領域的研究仍然處於初步階段。未來的研究需要進一步探索腦機介面技術在這一領域的應用，並解決技術上、倫理上和臨床上的挑戰。

4.4.4 感覺缺陷診療

腦機介面在感覺缺陷治療方面已經取得了一些重要的進展，尤其是在視覺和聽覺缺陷的治療中。在感覺缺陷的診療中，腦機介面技術可以使患者自身的感覺資訊被腦機周邊設備解碼，實現感覺的恢復。目前，這項技術在聽覺、視覺觸覺等感覺缺陷診療中發揮了巨大的作用。

　　腦機介面技術在視覺缺陷治療方面的應用主要是透過植入式或非植入式設備來刺激視覺皮層，以產生光幻視，從而恢復一定程度的視覺感知。例如，有研究團隊開發了一種名為「Argus II」的視網膜植入設備，該設備能夠透過腦機介面系統接收外部攝像頭的訊號，並將這些訊號轉化為電刺激，傳遞到患者的視覺皮層，幫助他們感知周圍的環境。

　　另一種方法是使用腦機介面技術結合虛擬實境（VR）或增強現實（AR）設備，為視力受損者提供替代性的視覺體驗。例如，將腦機介面與AR眼鏡相結合，可以使患者感知到由電腦生成的圖像或文字資訊。

　　對於聽覺缺陷，腦機介面技術的應用主要是透過植入式耳蝸設備來恢復聽力。這些設備能夠將聲音訊號轉化為電訊號，並直接刺激聽神經，從而使患者能夠感知聲音。雖然傳統的耳蝸植入設備並非嚴格意義上的腦機介面，但它們的核心原理是相似的，即通過刺激神經系統來恢復喪失的功能。

　　此外，腦機介面技術還可以用於改善傳統耳蝸植入設備的性能，例如透過更精確地控制電刺激的模式和強度，以提高患者的聽力品質和語言理解能力。

4.4.5　癲癇和神經發育障礙診療

　　癲癇是一種慢性神經系統疾病，其特徵是反覆發作的癲癇發作。神經發育障礙是一類影響兒童大腦發育的疾病，包括自閉症譜系障礙 (ASD)、注意力缺陷多動障礙 (ADHD)、學習障礙、智力障礙等。這些障礙可能在兒童早期就出現，並持續影響他們的社交互動、學習能力、行為控制和情緒調節等方面。這兩種疾病都對患者的身體和心理健康都造成了長期的、嚴重的困擾。

實際上，癲癇病症和神經發育障礙之間存在密切的關聯。癲癇發作的電生理異常往往與大腦皮層的神經發育缺陷密切相關。基於此，透過記錄和分析腦電波，腦機介面技術有望為癲癇患者提供更精確的診斷和治療。

腦機周邊設備可以即時地監測和記錄患者的腦電訊號，幫助醫生瞭解癲癇的電生理異常。這對於確定癲癇的類型、發作頻率和持續時間等方面非常有幫助，從而為制定個體化的治療方案提供了基礎。此外，腦機介面技術還可以在癲癇發作前進行預警，讓患者和醫生有更多時間採取干預措施，從而減輕發作的嚴重程度。

對於癲癇的治療，腦機介面技術可以透過監測癲癇患者的大腦活動，預測和識別癲癇發作的早期跡象。透過即時分析大腦訊號，腦機介面系統可以在發作開始之前發出警告，使患者或醫療團隊能夠採取適當的措施，如服用藥物或進行深腦刺激，以阻止或減輕發作。

腦機介面技術還可以用於評估癲癇手術的效果。透過記錄和分析大腦活動，醫生可以確定手術切除的區域是否包括了引發癲癇發作的關鍵區域。

對於兒童神經發育障礙，如自閉症譜系障礙（ASD）和注意力缺陷多動障礙（ADHD），腦機介面技術可以透過提供回饋和訓練來幫助改善患者的認知和社交技能。例如，腦機介面系統可以結合虛擬實境（VR）或電腦遊戲，為患者提供定制化的認知訓練任務，以提高他們的注意力、記憶力和社交互動能力。

腦機介面技術還可以用於監測和評估患者的大腦活動，以便更好地瞭解他們的神經發育狀況，並為個性化治療提供依據。

需要注意的是，雖然腦機介面技術在癲癇和神經發育障礙治療方面具有巨大的潛力，但目前這一領域的研究仍然處於初步階段。未來的研究需要進一步探索腦機介面技術在這些領域的應用，並解決技術上、倫理上和臨床上的挑戰。

4.5 / 腦機介面在軍事領域的運用

當前，腦機介面已經從科幻走向了現實。作為科技的「練兵場」，腦機介面的軍事應用潛能目前正在成為各國科技競爭的戰略高地。未來，戰場和戰爭將會變得更加智慧化和科技化，各國之間的較量已經不完全取決於傳統武器和士兵的作戰能力，更多的是科技力量的比拼。腦機介面在軍事運用方面的不斷發展，或許將進一步重塑未來戰場的新形態。

4.5.1 腦機介面「從軍」

美國國防部高級研究項目局、陸軍實驗研究所、空軍研究實驗所等各大機構正在積極研究和自資助腦機介面技術。與美國軍方關係密切的美國蘭德公司網站早前的一篇報導就曾經寫道，未來藉助於腦機介面技術，美軍有望提高軍人的身體和認知能力。

早在 20 世紀 70 年代，美國國防部高級專案研究局的研究團隊早就已經著手研究腦機介面。雖然此後很長一段時間，這一技術的發展都沒有出現突破性的進展，但是在持續不斷的研究下，也出現了能夠幫助肢體能力障礙者的機械臂和機械手等。2018 年，美國國防部高級專案研究局對外宣稱，藉助腦機介面技術和輔助決策系統，戰鬥機飛行員已經具備了同時操控三架不同類型戰鬥機的能力了。

目前，腦際介面技術在軍事領域的巨大潛力已經成為各國的共識。它代表了一種新興的、具有巨大潛在破壞性的技術，但同時也是改善和拓展人機協同的重要手段。2020 年，蘭德公司發佈的一項報告就明確指出，隨著美方越來越多地在作戰中引入人工智慧和半自動化系統，腦機介面技術在不久的將來可能成為輔助人類操作有人或者無人作戰團隊地重要技術。無疑。腦機介面技術將成為未來戰爭中的重要競爭優勢。

美國國防部已成為世界腦機介面技術領域投入資金量最大、資助時間最長的機構。他們早前就說過，智慧系統將顯著影響未來的作戰方式，現在就該考慮人機協同的應用以及如何實現這項應用了。而腦機介面技術軍事運用的研究就是將這項技術置於未來的戰爭背景中，包括人機協同。

如果說傳統的武器是軍人的人體機能、作戰機能等的拓展和延伸。那麼，腦機介面技術在軍事方面的運用，將會使得人類的各項能力得到空前的提升。這項技術的出現，將會使得人類和武器系統之間呈現出越來越難以區分的差距。

4.5.2　重塑未來戰場形態

雖然人機協同是未來軍事發展的基礎，但是腦機介面技術的優勢在於不僅能夠實現人類與機器的整合，而且還能全面利用甚至拓展、延伸人類的能力。腦機介面的軍事運用潛力已經初見形態，其在軍事方面的運用主要體現在進行更加安全有效率的軍事通訊、操控無人設備以及提高作戰人員能力三個主要方面。

保密在軍事領域具有重大的意義，有時候能直接關係到一場戰爭的勝與敗。傳統的軍事通訊是在得到雙方通訊訊號的基礎上，藉助於共同的技術知識進行解密。但是，目前軍事領域的解密和保密出現了「道高一尺魔

高一丈」的局面，所以只要有足夠的時間，一定程度上來說加密演算法都可以被破解。運用腦機介面技術時，可能通訊是在雙方主體意識尚未明確的情況下完成的，所以難以得到通訊訊號。它主要透過讀取大腦的訊號，將思維和意識直接連接到通訊系統中，使通訊不再依賴於傳統的物理媒介或數學演算法。這種方式的通訊增加了獲得對方通訊訊號的難度，因為通訊內容完全依賴於個體的思維和意識，而這些內容則難以被外部竊取或解密的。

作為實現智慧人機互動高階形態的關鍵途徑，腦機介面在無人裝備操控上展現出了重要軍事應用價值。在操控無人裝備上，腦機介面允許大腦和外部設備直接進行資訊互換，無需依賴傳統的肌肉或者神經反應。所以，藉助於這項技術，作戰人員可以將腦控和手控相輔，發揮個體控制的最大潛能。腦控外骨骼是提升單兵作戰能力的最有效手段之一，將機械外骨骼附著在人體外部，腦利用想像思維控制外骨骼的運動和動作，增加單兵作戰的力量、速度和準度，這是腦控外骨骼的最終目標。此外，軍事人員可以透過腦電波和意念直接控制機器人、無人機、戰鬥機，更有效率、準確地完成作戰任務。對於那些必須深入到危險地帶或者高危險場合進行作戰任務，作戰人員還可以藉助腦機介面技術操控無人裝置或者機器人，代替人類執行這類任務。

現代戰爭與以往戰爭很大的一個不同就體現在戰場情況上。無疑，現代戰爭將會面臨更加複雜多變、未知的突發情況，這就對作戰人員監察戰場情況並快速做出作戰判斷的能力提出了更高的要求。其中最關鍵的一環，就是更快速、效率、準確地完成對戰場態勢的正確認知。可以說，在現代戰爭中，認知域重要性愈漸重要。腦機介面技術能夠幫助作戰人員更快地處理大量資料，從而提高決策效率。這對於現代戰爭中資訊量巨大的環境尤為重要，能夠使作戰人員在複雜多變的戰場環境中迅速做出反應。

此外，腦機介面技術還可以協助指揮官即時監測和掌握作戰人員的心理狀態，預防心理問題的發生，如突發心緒失控等。同時，該技術還可以直接連通軍事人員大腦，增強其認知和身體能力，緩解疼痛、調節恐懼等，從而保持作戰人員的心理健康和戰鬥力。

顯然，腦機介面的軍事運用，已經覆蓋了資訊處理與決策、戰場反應與指揮、戰場環境感知與判斷、作戰人員心理干預與調試等等諸多重要方面。未來，腦機介面技術在軍事領域的使用，將會使得人工智慧武器成為人類的完美隊友，而不僅僅時作戰工具。

4.6 / 腦機介面在娛樂領域的運用

4.6.1 顛覆傳統遊戲

在電影《一級玩家》中，腦機介面與 VR 設備的結合，為主角建立了一座連通遊戲世界與現實世界的橋樑。這樣的遊戲體驗讓很多現實的遊戲玩家羨慕不已。我們現在大部分人玩遊戲，還停留在一部手機或者是一台電腦，藉助雙手與鍵盤等的操作獲得遊戲體驗。但是，有時因為物理設備或者手速的問題，遊戲帶來的快感大大減低。隨著科技的進步和對大腦越來越多的研究，未來這種無需道具，只需要靠意念就可以進行的腦控遊戲，將走進我們普通人的生活。

傳統遊戲通常使用物理設備如鍵盤、滑鼠、手把或觸控式螢幕作為輸入工具。提到傳統的遊戲輸入工具，大家能想到的就是這些常見的物理設備。但是，它們都太普通了。在進行此類傳統遊戲時，玩家需要透過物理動作操作遊戲，這種互動方式直觀且容易上手，但可能受限於人體反應速度和精確度。

　　雖然之後國外的遊戲公司推出了聲控、眼控遊戲，再疊加 VR 設備和萬向跑步機，為了給遊戲玩家更好的遊戲體驗。但是，聲控的遊戲形式會使得你的遊戲全程與呻吟、嘶吼、咆哮、大喊相伴，對家人和同伴來說，確實是一種「噪音污染」。眼控的遊戲形式，眼球追蹤成了最主要的形式。一場遊戲下來，估計眼睛也廢了。萬向跑步機雖然增加了遊戲體驗，但是對於很多「阿宅」來說，這樣玩遊戲還是太累了。那麼未來的腦控遊戲，將有望給所有遊戲玩家帶來全新的遊戲體驗，讓他們在遊戲時真正實現「心想事成」。

　　與傳統的遊戲相比較，腦控遊戲主要利用玩家的腦電波作為控制訊號的遊戲形式。利用腦機介面技術，玩家透過頭戴設備捕捉腦電波，將思維活動直接轉換為遊戲命令。這種遊戲提供了一種全新的沉浸式體驗，玩家可以用意念控制遊戲中的元素，甚至是 VR 介面的功能表導航和選項控制。在遊戲中，腦海中出現一個念頭，玩家的意圖就會馬上被捕捉並反映為遊戲中的動作，例如「發球」、「撞擊」等等。腦控遊戲正是透過捕捉玩家的腦電波（EEG）訊號，並將這些訊號轉換成遊戲內的操作，才實現了這些基本的遊戲操作，真正釋放了遊戲者的雙手。但是，這種轉換通常涉及到複雜的訊號處理和模式識別技術。

　　與傳統的遊戲控制方式不同，腦控遊戲提供了一種全新的互動體驗。玩家可以透過專注、放鬆或其他特定的思維活動來影響遊戲進程。這就打破了很多傳統遊戲的既定遊戲設計，使得遊戲更具未知性和多樣性。同時，遊戲系統會根據大腦在不同狀態下發出的腦電頻譜特徵進行分類和邏輯判斷，然後將這些狀態轉化為遊戲中的動作或命令。

　　腦控遊戲結合了最新的神經科學技術和遊戲設計理念，為玩家提供了獨特的娛樂和訓練方式。腦控遊戲代表了遊戲領域的一次革命性進步，它

們不僅改變了玩家與遊戲的互動方式，還為未來的遊戲設計和開發提供了新的可能性。雖然腦控遊戲目前還在發展和探索階段，但已經有一些產品和研究專案在市場上出現。隨著技術的不斷進步，我們可以期待這一領域將帶來更多創新和有趣的遊戲體驗。

4.6.2　個性化的遊戲體驗

對於現實生活中的大多數人來說，玩遊戲無疑就是打發時間、尋找刺激和快樂。但是，有時候在遊戲中，我們卻沒有辦法找到適合自己的一款遊戲。有的遊戲關卡設置太簡單，實在讓人提不起興趣。有的遊戲，不管你怎麼努力，總是卡在其中的某一關中過不了，讓人氣得只想摔鍵盤。

隨著腦機介面技術的不斷發展，它將識別個體的腦電活動以及情緒狀態，從而實現個性化的遊戲體驗。也就是說，遊戲可以根據玩家的喜好和心理狀態進行動態調整，提供定制化的任務、劇情和挑戰。這樣的個性化玩法不僅能夠提高樂趣，還有助於促進玩家的積極參與。

未來的遊戲將會實現真正的情緒化定制，讓每一個遊戲用戶都擁有個性化的遊戲體驗。在遊戲中，腦機介面可以讀取人體情緒，藉此來判斷玩家是否處於興奮、驚訝、悲傷、無聊、恐懼及其他情緒。遊戲開發人員則可以使用這些數值來提高玩家的遊戲體驗感，並個性化遊戲中發生的事情。例如，如果系統檢測到玩家感到無聊，將會稍微提高遊戲難度，以此來提高遊戲用戶的興奮感；如果玩家感到焦慮緊張，則可以稍微降低一些遊戲的闖關難度，以增強用戶的成就感。

遊戲中的難度級別將成為過去式，因為遊戲會根據你的情緒變化來適應你的機能。藉助於腦機介面技術，遊戲將真正實現根據使用者心情來調整遊戲本身，讓遊戲更加適合某種心情下的遊戲用戶。由此，遊戲將真正

實現適應性和個性化。當遊戲能夠做到真正適應使用者時，每個人都會獲得不一樣的遊戲體驗。

今後，或許再也沒有遊戲玩家因為感覺遊戲單調無聊而退出遊戲，也沒有玩家因為遊戲太難而怒摔鍵盤。腦機介面將能幫助他們體驗到更好的遊戲內容，透過獲取玩家在遊戲時釋放的興奮、驚訝、悲傷、無聊等情緒，對未達到預期情緒的遊戲內容進行優化。有了腦機介面的精準情緒讀取，這種優化將是更為個性化的。

除此之外，植入式腦機介面可以直接與大腦互動，將遊戲體驗提升到前所未有的程度。玩家可以透過意念控制角色動作、感受遊戲中的觸覺和視聽效果，以及和虛擬世界中的角色進行即時交流。這將大幅增加玩家對遊戲的沉浸感和現實感，並提升遊戲體驗。

4.6.3 不僅僅是「遊戲」

如果你對遊戲的認知還只是停留在「獲得快樂」的層面，那麼依託於腦際介面技術的某些遊戲將會大大顛覆你的固有認知。某些針對特殊疾病，例如心理疾病或者專注力問題的腦機介面遊戲，將會與「教育」以及「治療」相掛鉤。

腦機遊戲在治療心理疾病方面的主要應用是作為生物回饋訓練的一種形式。透過玩腦機遊戲，患者可以觀察和分析自己的腦電波活動，並通過特定的任務和挑戰來改善注意力、認知功能和情緒調節等方面的問題。

一些研究已經證明腦機遊戲可以改善焦慮症患者的焦慮水準和自我調節能力。透過玩與焦慮相關的遊戲，患者可以逐漸適應和控制自己的焦慮情緒，從而減輕症狀。此外，腦機遊戲還可以用於治療抑鬱症和其他心理

疾病。透過參與與情緒調節相關的遊戲，患者可以學習如何改變自己的思維模式和行為習慣，從而提高情緒狀態和生活品質。

注意力不集中是現在很多孩子身上存在的問題，藉助腦機遊戲的形式對兒童進行治療，將能夠透過兒童喜歡的遊戲形式，達到無形中治療的良好效果。透過玩腦機遊戲，兒童需要集中注意力來產生特定的腦電波模式，以控制遊戲中的元素。這種訓練可以幫助改善兒童的注意力水準，因為持續的專注是產生穩定和準確的腦電波訊號的關鍵。

此外，腦機遊戲還可以透過提供回饋來幫助家長或者兒童更好地瞭解大腦活動。當兒童看到自己的專注力如何直接影響遊戲結果時，他們可能會更有動力去維持或提高自己的專注水準。目前，市場上已經有了這類的腦機遊戲。

美國的一家公司就開發了一種腦電控制的遊戲來幫助那些過動症兒童。這款遊戲透過手機或平板電腦上的觸控式螢幕來實現控制操作。兒童在遊戲時需要佩戴一個專用的頭戴式訊號採集器，其中有內建偵測腦電訊號的感測器。該遊戲能夠測量和收集遊戲玩家的各種腦電訊號，其中包括標誌注意力集中的訊號。此外，遊戲中的腦電回饋機制能夠幫助兒童更穩定地產生腦訊號對遊戲進行控制。

為了對這款遊戲的治療效果進行真實地測評，他們還特意對兩批兒童進行了測試。結果顯示，患有過動症的孩子在玩了 10 周遊戲後，表現出了更高的專注力。

基於腦機介面技術的腦控遊戲代表了遊戲領域的一項重大技術革命。這些遊戲不僅為傳統遊戲帶來了更多創新的玩法和體驗，還為教育和醫療領域提供了創新的工具和資源。

4.7 / 腦機介面在教育領域的運用

不可否認，AI 的不斷發展給我們的教育帶來了前所未有的新變化，也在一定程度上重塑了教育的模態。與 AI 技術相比，腦際介面技術的發展給教育行業帶來的變化，將是更加高級和更具顛覆性的。

腦機介面技術是腦科學和電腦學科交叉領域的前沿技術，能夠讀取、記錄和分析學習者在學習過程中的腦活動狀態，藉助基於腦機介面的系統認知訓練，達到改善學習者學習狀態的目的，同時還能增強學習者對於其腦部的控制能力。這將在教育教學領域產生深刻而廣泛的影響。

4.7.1 為學習搭建「觀察」的視窗

情緒、專注力和認知負荷是學習過程中的三個重要因素，它們對學習效果有直接的影響。

專注力是一切學習的基礎。我們經常會發現，當孩子注意力集中的時候，他們會完全沉靜在一件事情中，從而全身心地做一件事情；而注意力渙散時，就會出現丟三落四的問題。學習也是這樣，只有集中注意力，才能高效率地學習。專注力在學習中的重要性不言而喻，它對於資訊的接收、處理和記憶都起著至關重要的作用。在學習過程中，我們面臨著大量的資訊，而注意力幫助我們篩選出相關的資訊，排除無關的干擾，使我們能夠集中精力在重要的內容上。當我們集中注意力時，我們更有可能進行深度加工，即對資訊進行深入的思考和理解，而不是僅僅停留在表面層次。同時，集中注意力可以使我們的學習更加有目的和高效率。

情緒對學習具有深遠的影響。積極的情緒可以增強學習動力，提高資訊處理能力，促進記憶的形成和提取。相反，消極的情緒可能會干擾注意

力，影響記憶和思維能力。因此，在學習過程中，維持積極的情緒狀態是非常重要的。

認知負荷則是指學習者在執行特定任務時所需的認知資源。認知負荷理論認為，人的工作記憶容量是有限的。如果學習材料的複雜性超過了個體的認知處理能力，就會產生認知負荷，從而影響學習效果。

雖然專注力、情緒和認知負荷直接關乎學習者的學習效率，但是在實際的教學活動中，教師很難即時對學生這三方面的情況進行關注，並在此基礎上做出教學上的調整。在這種情況下，腦機介面技術就可以為教學觀察提供一種特殊的視窗，透過即時監測和測量個體的腦電活動、生理訊號或腦成像資料，從而為教育者提供更多的洞察力和工具來改善學習過程和效果。

在專注力觀測方面，腦機介面技術透過分析學生的腦電波的頻率和幅度，可以推斷出學生的專注程度。例如，當學生專注於任務時，他們的腦電波通常會顯示出特定的模式，如增加的 β 波活動。

情緒狀態也可以透過腦電波來識別。例如，愉悅的情緒通常與左側前額葉皮層的活動增加有關，而負面情緒則與右側前額葉皮層的活動增加有關。

認知負荷的增加通常會在腦電波中產生特定的變化，如增加的 θ 波或減少的 α 波活動。這些變化可以作為認知負荷的指標。

總的來說，透過分析腦電波資料，腦機介面技術可以為教師提供關於學生認知狀態的重要資訊，從而幫助他們調整教學策略，以更好地滿足學生的學習需求，更大程度地提高學習的效果。

4.7.2　即時識別學習狀態

學習狀態即時識別是當前腦機介面在教育領域中最主要的應用方面，即通過採集典型學習情境下學生的神經生理活動，結合機器學習和深度學習等，嘗試對學習者的專注力以及腦力負荷等學習狀態進行即時的監測、識別、回饋和干預。

對學習者注意力水準的即時監測是腦機介面在學習狀態識別中運用最廣泛的部分。早前，就有研究人員利用腦機介面技術對 10 名學生觀看學習網站時的腦電活動進行了記錄，之後按照高、中、低三種情況對這些學生的注意力水準進行了區分，這種區分的準確率超過了 80%。正是憑藉著對學生學習時注意力水準的讀取，研究者在後續又設計了一款可以即時追蹤並回饋學習者注意力情況的腦機系統。這個系統不僅可以即時讀取、記錄、識別學生的注意力水準，還能在學生的注意力水準處於較低狀態下進行提醒。根據後續的對比研究發現，學習中有了這個腦機系統對學生注意力水準的識別和提醒，學生的學習效果相比之前有了明顯的提高。

除了在學習情境中對學生的專注力水準進行記錄外，學習動機和自我效能等與學習緊密相關的指標也受到了腦機研究的關注。有研究者藉助腦機裝置對學習者完成不同難度時的腦電波進行了採集，藉助長短時記憶網路，實現了對學習者高、中、低三種不同學習自我效能水準 95% 的識別。藉助於腦電圖對強和弱兩種學習動機水準的識別，也同樣達到了近 90% 的準確率。

線上學習，已經日益成為一種重要的學習方式。它能夠打破傳統授課時空的束縛，實現優質教育資源的共用。但是，作為一種單向的輸出模式，線上學習，如慕課或者直播教學，教師無法即時關注學生的學習狀態，並依據學生的狀態進行課程調整和課堂的即時回饋。缺乏針對性的回

饋和互動一直是線上教育的一個問題,但是腦機介面技術的即時讀取和回饋特點將為線上學習中捕捉個體學生的學習狀態提供了新的解決辦法。比如,當腦機介面檢測到學生處於高認知負荷水準時,線上學習平台就可以即時調整該學生下一階段的學習難度,適當降低學生的學習難度,從而激發學生的學習動機,使學生獲得更好的學習效果。

腦機介面技術在教學或者學習情境中對學生學習狀態的即時識別,對學生個體化的學習狀態進行了定量的刻畫,不僅提供了個性化的學習回饋,也讓教育者或者學習平台實現即時調整成為了可能。

4.7.3　測評學習者個人特質

學習者個人特質主要指學習者在心理、生理以及社會文化方面表現出來的差異性特徵,這些特點會對他們在學習內容、學習方法等方面的選擇呈現出較大的差異。在我們的傳統教育中,具有不同個體特質的學生通常會接受相似的教育內容和方法。顯然,這種教育模式難以滿足每個學生的個性化需求,也是對他們的個人特質的忽視。

學生的個人特質如認知風格、性格特徵、學習動機、社會文化背景、先驗知識等,會讓學生在學習上呈現出不一樣的偏好。忽視學生的不同偏好而進行完全一樣的教育,就是我們所說的標準化、去個性化的教育。這種教育,抹殺了每個孩子的特點,很難激發或者培養他們的創造力、想像力等珍貴的能力。這也是我們說未來教育要個性化的原因。

在測評學習者個人特質方面,腦機介面技術將會更具客觀性和準確性。之前,我們對學習者個體特質的測評主要是通過問卷或者量表的形式讓學習者進行自我測量。然而,這種自我測評的結果與真實情況其實存

在很大的差異性。被試者當時的情緒、測量環境以及配合程度等因素的影響，結果的精準度會大打折扣。

對學習者的個性化解析不僅需要考慮個體隨著時間和情境即時變化的學習狀態，也需要考慮個體相對穩定的特質。藉助於腦機介面技術對學習者的監測，就能最大程度地對與教學情境更為密切的個體特質進行動態和客觀的測評。

與傳統的量表或者問卷測評相比，藉助腦機介面技術對學習者真實學習情境中的大腦活動資料進行蒐集和分析，就能準確繪製出個體學習者的真實學習特質。例如，利用腦機介面系統，透過監測個體在面對問題時大腦的電訊號活動及其與個體的行為之間潛在的相關性，就可以分析學生在不同任務和學科中的表現，從而瞭解他們的認知風格、學習偏好和強項弱項，以及不同個體對於學習內容的專注度與興趣度。

這種特質資訊對於教育者來說是無比寶貴的，它是實行個性化教學以及定制化學習的重要依據。同時，也對優化當前的教學方案發揮者不可替代的作用。腦機介面技術對學習者個體特質的識別和分析，也將大幅提高線上教育的效率和水準。根據學習者的個人特質，線上教育平台就可以從網上海量的學習資料中篩選出最適合的學習材料，之後精準推送給學習者。

基於腦機介面技術下的學習者個人特質數據，教育者可以定制個性化的教學內容。透過分析學生的大腦活動，可以確定他們的學習速度和難度偏好。教育者就能最大程度地根據學習者對學習內容的興趣度與專注度，來調整相應的教學進度，以適應學習者的能力勝任，達到學習效率與效果的最優化。

未來，在學習個性化和定制化方面，腦機介面技術或許將比 AI 更具運用前景。

4.7.4　有效干預學習障礙

認知能力是指個體獲取、處理、應用資訊的能力，包括注意力、記憶、思維、語言和問題解決等能力。學習障礙是指在閱讀、寫作或數學等學習領域中出現持續困難的情況，這些困難不能僅由教育不足、環境因素或心理社會因素來解釋，也與個體的認知能力存在密切關係。如果個體在某些認知能力上存在缺陷，可能會導致學習障礙。例如，在閱讀障礙中，個體可能在識字技能、閱讀理解或視覺加工等方面存在困難；在寫作障礙中，個體可能在語言表達、構思或寫作技能等方面存在困難；在數學障礙中，個體可能在計數、計算或概念理解等方面存在困難。

學習障礙是學習者學習路上的一大絆腳石，也是讓很多教育者和家長頭痛不已的事情。有研究表明，認知能力可以預測個體未來的學業表現，而有學習障礙的學生中，很大比例是具有認知障礙的。因此，利用腦機介面技術展開認知能力提升訓練，就有可能解決由於認知能力受損引發的學習障礙問題。這對於很多患有學習障礙問題的學生來說，將是一個重大的改變。腦機介面技術可以為學習障礙的干預提供新的方法和途徑，透過監測和分析學習者的大腦活動，提供個性化的學習回饋，幫助學習者調整自己的學習策略和方法，以提高學習效果。

基於腦機介面的神經回饋訓練是提升學習者認知能力的主要應用方式。早前的多項研究已經證明，神經回饋訓練在多種情況下都有效，包括注意力缺陷多動障礙（ADHD）、焦慮、抑鬱、創傷後壓力症候群（PTSD）以及一些神經系統疾病。在改善學習者認知能力方面，它主要透

過即時監測大腦活動，將特定神經指標的資訊回饋給個體，使其能夠觀察和調節自己的腦活動。這種自我監督和自我調節的過程有望改善認知和行為，從而有助於應對學習障礙。

以我們最為熟悉的過動症為例，透過監測患者的大腦活動，特別是與注意力控制相關的區域，腦機介面可以幫助患者識別他們的注意力渙散模式，並提供即時回饋，以幫助他們集中注意力。此前就有研究將過動症兒童按照接受神經訓練與否分成兩隊。在神經回饋訓練中，研究人員會根據兒童當前腦活動繪製不同的柱狀圖或者小球位置，之後將結果回饋給這些接受訓練的兒童，並讓他們根據訓練結果進行自我調節。數周之後，研究人員發現接受神經回饋訓練的兒童比未接受的那一組在注意力集中方面的表現更好一些。更讓研究人員驚訝的是，神經回饋訓練取得的效果竟然可以持續半年之久。這也就證實了腦機介面技術在改善過動症方面的問題。

目前，很多學習者存在閱讀障礙的問題。這是一種非常常見的學習障礙，也經常被稱為「失讀症」。閱讀障礙會嚴重影響學習者的閱讀能力，通常表現為漢字識別困難、閱讀理解困難、緩慢閱讀等問題。腦機介面技術將有望為閱讀障礙者掃清部分學習障礙。該項技術可以透過監測他們的大腦活動來識別他們在閱讀過程中遇到的困難，如視覺加工問題或語言理解問題。然後，腦機介面系統就可以提供即時的神經回饋，幫助學習者調整他們的閱讀策略，如改變閱讀速度、增加注視時間或使用更多的視覺輔助工具。

雖然腦機介面技術在解決學習障礙的問題上還有待進一步發展，也無法為學習障礙患者解決所有的學習問題，但至少腦機介面技術也為解決這些難題提供了一個全新的突破視窗。

4.7.5　顛覆傳統學習模式

未來，當腦機介面技術與人工智慧技術、資訊通訊技術深度融合之後，人類社會的學習模式將會發生根本性的變化，依賴於大腦記憶的學習能力將變得沒那麼重要。大腦容量，也將不再成為我們學習的弱點。

在腦機介面時代，只要你願意學習，你就可以藉助最簡單的形式，弄清某一個知識點。具體來說，當我們需要獲取某些資訊的時候，只要我們腦海中閃過一絲念想，人工智慧就能從浩瀚的網際網路大數據資訊庫中為我們調取相關的資訊、知識，並且會按照我們所想要的方式，將知識清晰呈現在我們腦海中。當我們對獲取的某些知識和資訊表現出疑惑時，腦機介面就可以即使捕捉到我們的腦電波，識別我們的情緒和意圖後，就可以將指令回饋給電腦系統。之後，人工智慧可以在網際網路大數據庫中尋找到更簡單易懂的資料，即時呈現在我們的腦海中。甚至，人工智慧還可以根據這些資訊來生成更直觀、更清晰的表達。根據我們呈現的不同的腦電波，人工智慧系統會即時調整，直至我們弄懂某個知識點為止。

未來，學習一門新的語言將會變得非常簡單。目前，當我們邁出國門進入另一個國家時，語言的障礙或許會阻礙人與人之間的交往。但是，學習一門全新的語言也是一件長期並且艱難的事情。腦機介面時代，語言學習將會變得非常簡單。

腦機介面（BCI）技術在學習新語言方面的應用，儘管目前還在研究和發展階段，但可以預見其未來的一些潛在用途。以下是幾種可能的方式，透過這些方式，腦機介面可以幫助我們學習一門新的語言：

在學習一門新語言時，語言學習者利用腦機介面監測大腦活動，找到在語言學習過程中的認知模式，識別出哪些語言要素對自己來說最容易或

最困難。基於這些資訊，可以定制個性化的語言學習計畫，使學習過程更有效率。

口語練習是學習一門語言的難點。因為沒有母語者的環境，所以在語音、語法的使用上很容易出現「洋涇浜」現象。這種情況下，結合語音辨識技術和腦機介面，系統可以在學習者練習發音時提供即時回饋，指出發音錯誤並建議更正方法，從而加快口語技能的提高。將腦機介面與虛擬實境（VR）相結合，還可以創造出沉浸式的語言學習環境，讓學習者在模擬場景中進行語言交流，同時由腦機介面提供認知和回饋支援。

學習新語言是一個充滿挑戰的過程，學習者會因為短期的語言學習困難感到沮喪。腦機介面技術則可以透過監測情緒相關腦區的活動來識別學習者的情緒狀態，並提供相應的激勵或放鬆指導，幫助學習者維持長期的語言學習動力。

甚至，藉助於強大的腦機介面技術，可以實現語言的直接植入。理論上，透過高級的腦機介面系統，可能會實現將語言規則和詞彙直接傳輸至學習者的大腦，從而繞過傳統的聽力和口語練習。這種方法或許能極大縮短語言學習的週期。例如，當我們需要學習一種新的語言跟他人交流的時候，我們可能只需要掌握這種語言的發音與拼讀就可以了。當我們跟其他語種的人進行交流的時候，人工智慧在我們接收到語言的時候，可以在我們的腦海中以我們可以理解的方式將陌生語言的意思呈現出來，也就是說我們的大腦中可以實現即時轉譯。之後，人工智慧系統會將我們想要表達的話，以對方語言的形式直接呈現在我們的腦海中，我們只需要將這句話讀出來即可。這樣，跨過了長期的語言學習和訓練，我們就可以實現和不同語種的人進行無障礙溝通。

目前，英語成為了中國最普遍的二語學習語種。在學習英語時，令所有學習者頭疼的就是背單詞。不僅枯燥，而且總會出現背了又忘的情況。明明抱著英語詞典背了那麼久，等到張嘴說的時候大腦裡又是空白一片。未來，藉助於腦機介面技術，英語學習將不在依賴於痛苦的背誦記憶，腦機介面技術將融合人工智慧與網際網路大數據，即時為我們呈現龐大且全面的詞彙庫。

在腦機介面技術助力教育的時代，或許我們每一個人都將是跨學科學習的天才。也就是說，只要是人類知識資料庫中擁有的知識，每個人都將可能擁有。人類傳統的學習模式與教育模式，將會從當前的以記憶為主和知識教授，轉向自主學習和培養創新型人才。腦機介面時代，教育不是將人類所有的知識塞進學生的大腦中，因為將知識塞進人類大腦這件事情將由腦機介面技術來完成。因此，在腦機介面時代，人類社會教育最核心的目的，就是培養他們會學習、會質疑、會創新、會使用技術的能力。

人形機器人

5.1 / 機器人與人形機器人

2023 年，馮小剛導演的《非誠勿擾 3》強悍來襲。電影中，秦奮和梁笑笑的愛情賺足了觀眾的情懷。但是，電影中出現的智慧仿生人，也就是人形機器人，讓觀眾們提前來到了未來世界。

故事發生在 2031 年，老范為解秦奮對梁笑笑的相思之苦，贈送了一個智慧仿生人給他。第一次的智慧仿生人只是在外表上和真人完全一樣，但是它沒有自己的意識，沒有情感，不用吃飯、不用睡覺，只是按照設定程式來陪伴、照顧秦奮。為了讓智慧仿生人在各方面更加像真人，公司又對第一次的機器人進行了改造。不僅使它和真人具有一樣的脾氣秉性，甚至還可以像人類一樣吃飯。劇情發展到後面，真人梁笑笑歸來，在真假梁笑笑之間，秦奮也一時難分真假。

這部電影最讓觀眾驚歎的是智慧仿生人技術的發展，它們不僅擁有和真人一樣的外形特點，連說話的語氣以及性格都和真人一樣。更神奇的是，智慧仿生人還具有情感，會生氣、會感動。劇中秦奮在仿生人和真的梁笑笑之間的抉擇，不僅是愛情的選擇，也讓我們看到了未來人形機器人技術的發展給我們的生活帶來的巨大改變。

說到人形機器人，我們首先會想到機器人。機器人一詞雖然在現代才出現，但是這個概念在人類的想像中早已存在。古代文明，如希臘和中國，都有關於自動機械裝置的記錄，這些可以被視為機器人的原始形式。例如，古希臘有自動劇院，而中國古代則有記載的自動銅人。這些早期自動機械為後來的機器人技術奠定了基礎。

在現代，關於機器人這一概念的定義很多。聯合國標準化組織採納了美國機器人協會，對機器人給出的描述則是：一種可程式設計和多功能的操作機，或者是為了執行不同的任務而具有可用電腦改變和可程式設計動作的專門系統。這個定義基本上概括了機器人的基本特性，即能夠接受程式設計指令並執行多種任務。但其實，機器人這一概念也是一個包羅萬象的廣義上的概念，可以包括各種形狀和大小。這些機器人可以被程式設計進行特定的操作，如組裝線上的機械臂、掃地機器人、無人機等，只是它們並不一定具有人類的外形或模仿人類的行為。

人形機器人是在機器人技術上的進一步發展。按照字面理解，就是具備人形的機器人，但是實際可能沒有這麼簡單。不同的學者從不同角度出發，對這一概念的解釋也是五花八門。維基百科對其的解釋是「一種旨在模仿人類外觀和行為的機器人，尤其特指具有和人類相似肌體的種類」。

人形機器人的英文譯為「Android」，就是我們通常所說的「安卓」。這個術語在 19 世紀 60 年代出現在美國的專利文獻中，專指小型的人形玩具自動機。到了去世紀 80 年代，這個詞語才具有了更加現代意義的用法，其出現在法國小說《未來夏娃》中，指一種人造的女性機器人。到了 20 世紀 40 年代，機器人和人形機器人兩個概念之間的差別開始明晰：機器人具有明顯的機械感，人形機器人則具有肉感，即更加類人。

雖然關於人形機器人的定義沒有統一的標準，但我們可以確認一件事情，即與機器人相比，人形機器人更注重模擬人的外觀和行為。這類機器人通常具有頭部、軀幹、四肢等人類特徵，並且嘗試模仿人類的運動方式，如行走、抓取物體等。人形機器人的設計目的是為了更好地適應人類的生活和工作環境，例如在社交場合中與人互動，或在需要人類姿態和手勢的任務中協助人類。

　　也就是說，機器人是一個包羅萬象的術語，涵蓋了各種自動化機械裝置，而人形機器人則是機器人的一個子類別，更側重於模仿人的形態和行為。

　　目前，人形機器人的概念還主要表現在科幻領域，例如小說、電影、電視劇等等。隨著機器人學的不斷發展，目前已經可以設計出功能化和擬真化的人形機器人。但是要達到和科幻領域一樣的水準，具有我們人類難以區分的外表和情緒認知，可能我們還需繼續等待。

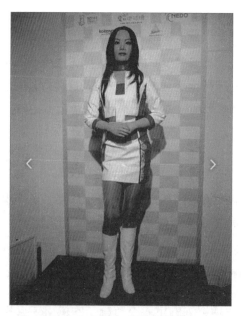

名為 **DER 01** 的仿生人

5.2 / 人形機器人，上下兩千年

從對人形機器人的初步想像，到人形機器人的具象化，再到成為整合人工智慧、高端製造、新材料等先進技術的顛覆性產品。人形機器人的發展，走過了一條漫長且艱辛的道路。具體而言，人形機器人的發展分為大致經歷了以下四個階段。

5.2.1 第一階段：初步設想

早期設想階段，也是其初步概念誕生的階段。這個階段的機器人沒有任何智慧化設計，僅能實現簡單的結構驅動，甚至可以被認為是一種「機械玩具」。早期的這一概念主要存在與哲學家和發明家的想像中。即使還只是一種偉大的設想，但也對之後的人形機器人的發展起到了重要的推動作用。

早在古埃及時期，人們已經懂得了一些簡單的機械設計知識，並造出了一些由機械力驅動的機器。其中的一些機器被裝飾成了人的形狀，就成了「機器人」。比如，當時曾出現過一種搗米機器人，其實就是在用杠杆傳導的搗米設備上雕刻了一個人形。在宗教領域，這些在當時十分先進的技術當然也得到了廣泛的應用。比如，在祭祀時，古埃及的祭司們會使用一種機械的神像。藉助機械傳動，這些神像可以做出如張嘴、伸手等簡單動作。

據《列子・湯問》記載，周朝時期有一位名為偃師的工匠，他製作了一個能歌舞的木偶。不論記載的真假，這個木偶在一定程度上可以被視為早期的自動機。在東周時期，中國人就已發明了古代機器人。這些機器人

不僅精巧,而且用途廣泛,包括了各式各樣的機器人。古代中國的機器人可能包括了用於娛樂、宗教或其他用途的自動機械裝置。

古希臘對於機器人也很感興趣。根據記載,和柏拉圖同時期的匠人菲隆曾經製作過一個專門用於倒酒的機器人。這個機器人的胸腔被設計成一個放酒的容器,容器裡的酒可以通過管道傳輸到它右手上的酒壺中。如果想要喝酒,人們就可以在這個倒酒機器人的左手上放上杯子。然後酒就可以從酒壺自動流出,倒入杯中。

在此後的幾百年中,人們一直嘗試將最新的技術用到機器人身上。比如,11 世紀,伊斯蘭著名學者加扎利在發明了分段齒輪之後,就嘗試著用它來改良了菲隆的倒酒機器人。

歷史上第一台真正有實物作證的機器人是 1495 年由達文西繪製的「機器武士」。達文西先是設計出了一個通過皮帶滑輪和拉繩操作的機器人。而後,義大利工程師團隊耗時 15 年製作完成以風能、水力為驅動力的「機器武士」,該機器人可實現站立、坐立、揮舞胳膊等動作。

在此之後,隨著技術的不斷發展,越來越多的機器人被發明了出來。到十八世紀,由發條和齒輪驅動的機器人已經非常成熟。在歐洲各國的宮廷內,就經常可以看到各種寫字、畫畫、唱歌的機器人。

諸如此類的機器人還有很多,但限於當時的科技,這些「機器人」充其量只能算是包裝上了人形的機器,其結構非常簡單,能完成的活動也非常有限。這種機械裝置更多的需要藉助外部操作或者簡單的機械原理,更是一種簡單的「機械玩具」,不屬於我們今天所說的能夠自主或者半自主操作、感知環境並執行複雜任務的機電設計。

不過，值得一提的是，在這一階段，人形機器人也實現從想像到實物，從空有軀殼到具備功能的轉變。作為勾起人們想像的先驅，其意義依然是顯著的。

5.2.2　第二階段：電氣時代的人形機器人

在早期設想階段，大多數的人形機器人不具有普遍的實用功能。在人類進入電氣時代，基於電的驅動與控制技術的發展，人們就很快將相關的技術運用到機器人身上。這一時期，人形機器人正式成為機器人行業的重要研究物件之一。人們開始就人形機器人的技術開始深入研究。

20 世紀 20 年代，羅恩·溫斯裡發明了一個叫做赫爾伯特·特裡沃克斯的機器人。雖然這個機器人被套上了人形，被當作機器人來售賣，但從本質上來看，它就是一個電路板。這個機器人的神奇之處在於可以根據聲音來控制開關，並相應完成一些動作。在一百年前，這個新奇的設計足以讓所有人驚歎。

早期的機器人因為相貌醜陋以及功能單一，之後經過不斷地努力，溫斯利團隊在 1937 年推出了機器人依萊克羅。和早期的機器人相比，依萊克羅有了很多進步。它已經可以根據操控員的語音指令完成 26 種動作。儘管和現在相比，這些機器人的動作機械感十足，且語音指令只能按固定的腳本進行，但在當時的技術下，已經是一種很大的進步了。

此後，大量公司積極個人開始陸續推出了形形色色的機器人產品。例如，1939 年由瑞典發明家奧古斯特·哈蒙發明了一款機器人，它可以接受無線電的指令並實現行走；1951 年，美國人柯利弗德·蘭蒂斯發明了一款能夠完成高爾夫球的揮杆動作的機器人；1958 年，格爾伯格和發明家德沃爾合作創造出了人類歷史上第一個真正的機器人，一個可以自動完成搬運

的機械手臂。雖然這個機械臂龐大而笨重,並只能完成很簡單的任務,但它卻開創了機器人製造的先河,使得機器人進入電氣時代。

電氣時代的人形機器人基本上沒有具備什麼智慧化,我們可以簡單地將這些設計理解為自動化生產的一些操作。從本質上來說,它們還是一件需要人操控的機器,本身毫無智慧可言。就像我們今天的電梯一樣,智慧操作一些簡單重複的任務,實用性非常弱。

5.2.3 第三階段:初步智慧化

得益於感測器與晶片產業技術的突破,讓感測器與晶片越來越微型化,越來越精準化。這就使得融入了各種感測器之後的機器人,已經能夠感知環境,並具有一定的智慧了。但這個階段的機器人所具有的智慧依然是非常有限的,主要是模仿人類的思維活動並在一定程度上能夠替代雇傭工人的腦力勞動。

20 世紀 70 年代,日本早稻田大學發明並製造出了一款人形機器人,被稱為 WABOT-1。WABOT-1 是世界上第一款全尺寸人形智慧型機器人,是在「人形機器人之父」加藤一郎教授的帶領下開發的。這個機器人具有里程碑式的重要性,因為它不僅標誌著人形機器人研究的開始,而且展示了在那個時代機器人技術的巨大潛力。

WABOT-1 配備了機械手腳,這些機械部件使得它能夠進行一些基本的動作,比如行走和抓握物體。同時,它還搭載了人工視覺和聽覺裝置,手部也裝有感測器,這使得 WABOT-1 能夠通過眼睛、耳朵和手感知周圍的環境,測量距離和方向,並即時調整自己的動作。這款機器人與真人身高相仿,具有擬人化的外型,還可以用簡單的日語和人交談,顯示了它在

語音辨識和合成方面的初步能力。這有助於它在與人互動時提供更自然的用戶體驗。

WABOT-1 的誕生不僅是技術創新的象徵，也是後續人形機器人研究和發展的基礎。從 WABOT-1 開始，人形機器人領域經歷了長足的發展，不斷推動著機器人技術向著更加智慧化、人性化的方向進步。幾年後，這個團隊又推出了 WABOT-2。WABOT-2 是一款音樂機器人，可以自行識別樂譜，還能根據樂譜用手靈活、準確地彈奏電子琴。與 WABOT-1 相比，WABOT-2 已經有了很大地進步，不論是在外形設計上還是在智慧化水準上。

較之於電氣時代的機器人來說，這一時期的機器人在過去的基礎上增加了一個具有學習、感知、識別、判斷與決策等功能的智慧控制系統。當時，研究人員就對 WABOT-1 進行過智力水準的檢測，其智慧水準大概是和一歲半的孩子相當，實現了人形機器人智慧的零的突破，具有十分重要的里程碑意義。

雖然具備了一定的智慧化，但總體來講，這種智慧化並不具備高度自主性。這些具備了初步智慧化的機器人，實際上沒有很強的思考能力。在操作時，它們還是需要人工預先去完成一些視覺識別功能的程式設計，再讓機器人去完成對應的工作。並且，它們的任務執行能力還是很有限的，核心還在於缺乏一個智慧大腦。

5.2.4　第四階段：走向自主化

前一階段的人形機器人儘管具有一定的智慧，但能力仍然有限，更多地是基於預先程式設計的演算法和規則。這與早期人形機器人在外形和智

慧化水準上有了明顯的提升，但仍然不足以完全模仿人類的複雜智慧和判斷能力。

2016 年之後，大量的智慧化演算法出現，這些智慧化演算法一個很好的落地場景就是人形機器人。智慧演算法讓人形機器人變得更加智慧和靈活，使機器人可以透過感測器感知環境，利用智慧演算法分析感知資料，做出更加智慧化的決策和行動。智慧型機器人不僅可以執行預先程式設計的任務，還能夠從經驗中學習，不斷優化自己的表現。這種自主學習和適應能力使得機器人能夠在複雜、不確定的環境中更好地發揮作用。

2021 年，特斯拉首次公佈人形機器人專案。2022 年 9 月，特斯拉 Optimus 機器人原型機首次亮相，獲得了廣泛關注。首次亮相的 Optimus 為大家演示了搬箱子、為植物澆水、移動金屬棒等動作。203 年，特斯拉 Optimus 機器人最新型號亮相。這是一款先進的通用雙足人形機器人，它旨在執行那些對人類來說不安全、重複或乏味的任務。Optimus 擁有 11 自由度的手臂和具備觸覺感應的能力，使其能夠準確地抓取和操作物體。此外，它在平衡控制和行走能力上也有顯著提升，例如，現在能夠實現單腿支撐並進行類似瑜伽的基本動作。Optimus 還可以對場地環境進行感知與記憶，形成電腦視覺模型；通過設定目標能夠完成對桌子上的物品分類擺放的任務。

這款機器人還可以在製造業領域代替人工完成重複性高和要求精確度的任務，比如裝配零件和檢查產品品質。在醫療保健領域，它可以協助醫護人員進行搬運病人等工作，而在服務業，它能夠提供客戶服務和辦公室工作支援。可以說，Optimus 代表了人工智慧和自動化技術向前邁進的一大步，其對未來工作方式和社會結構可能產生重大影響。

可以看到，進入智慧時代後，人形機器人的「自主」功能已經被逐步開發。

透過更先進的感測器和電腦視覺技術，人形機器人將能夠更好地理解和解釋其所處環境，包括物體識別、場景理解和深度感知。結合機器學習和人工智慧，未來的人形機器人將不再僅限於執行預設任務，而是能夠根據新情況做出決策並自主學習。關鍵的是，它們不僅能夠同時處理多種任務，並在不同任務之間靈活切換。同時，它們將具備更加自然和人性化的交流介面，包括語言處理和非語言交流（表情、手勢等），使其能與人類用戶更有效地互動。

未來，隨著整個智慧演算法的發展，人形機器人的發展將會實現多維度的突破。這些突破將推動人形機器人在家庭服務、醫療保健、災難救援、空間探索等多個領域發揮更大的作用，同時也為未來的智慧社會奠定基礎。

5.3 / 人形機器人在醫療領域的運用

根據人形機器人在醫療領域的不同角色分工，我們可以把目前使用較為廣泛的醫療機器人分為手術機器人、康復機器人以及醫療服務機器人三大類。

5.3.1 手術機器人

手術機器人是一種高科技的醫療裝備，被設計用於輔助醫生進行各種類型的手術。這些機器人能夠提供高精度和高穩定性的操作，從而增加手術成功率並減少患者的恢復時間。

除了我們前文介紹的達文西手術系統，目前還有一些專門與用於手術的機器人。例如 Mako 手術機器人，主要用於骨科領域，尤其是全膝關節置換手術。它可以幫助醫生進行個性化的關節切割，提高手術的精準度和一致性。還有 ROSA 脊柱手術機器人，這是一款專門用於輔助脊柱手術的機器人，包括植入脊椎螺釘等。該系統可以在手術中提供即時的 3D 成像和規劃工具，幫助醫生準確定位手術部位。還有 Monarch，一個由 Auris Health 開發的內視鏡手術機器人，用於支氣管鏡檢查和肺部微創手術。由 Hansen Medical 公司開發的 Sensei X 機器人系統，主要用於心臟導管插入術和電生理學程式。

相較傳統手術，手術機器人優勢更加明顯。

機器人手臂可以過濾人手的顫抖，實現毫米級的操作精度，也將使得手術更加精準和精細，也讓手術過程中的病人出血量大幅減少。除此之外，因為機器人手術通常是微創的，意謂著切口更小，患者出血更少，恢復週期更快。像目前還在研究階段的 Smart Tissue Autonomous Robot，旨在實現組織的自動切割和縫合，以支持微創手術。未來，手術機器人的加入，將會使得手術變得沒那麼恐怖。

更重要的是，手術機器人使傳統手術從一個定性的動作轉變為定量的標準化資料，為手術開啟數位化與智慧化時代帶來可能。一方面，手術機器人使得手術操作可以量化並轉換為資料；另一方面，通過資料的優化與分析，手術機器人又能進一步優化手術流程，實現手術數位化；最後透過人工智慧的反覆學習，達到智慧輔助甚至全智慧的目的。

5.3.2　康復機器人

康復醫學以病人為主體，以恢復功能為主，以人的生存品質為主，使有障礙存在的病人最大程度的得到恢復，康復機器人由此誕生。

康復機器人是專為輔助患者恢復身體功能而設計的機器人。這些機器人在物理治療、職業治療和神經康復等領域發揮著重要作用，特別是在幫助患者從傷病中恢復運動能力方面。康復機器人通過提供定制化的治療方案和精確的運動指導，可以極大地提高治療效果和效率

作為康復醫學和機器人技術的完美結合，康復機器人彌補了傳統康復治療方法難以保證康復訓練的高強度、耐力的持久性以及訓練效果規範性的不足。首先，康復機器人可以較長時間執行簡單重複的運動任務，提供比人類康復治療師更高的訓練強度和頻率。其次，康復機器人還可以提供患者進行不同強度的個性化訓練，無論是術後早期還是接近康復的患者，都可以根據自己的情況定制康復方案。最後，具有強大的資訊處理能力的康復機器人，可以及時並客觀地記錄患者的康復進展情況，並根據資料調整治療方案。

目前，市場上已經有很多康復機器人投入了使用。像肢體康復機器人，主要是針對手臂或腿部的康復訓練，可以幫助患者在受傷或手術後進行有效的肢體運動。例如，它們可以幫助中風患者恢復手臂的功能，或者幫助骨折患者維持關節活動性。還有步態訓練機器人，可以用於幫助行走困難的患者，如中風、脊髓損傷或帕金森氏症患者，透過重複性的訓練改善他們的步態和平衡。外骨骼康復機器人則可以穿戴在患者身上，幫助他們完成行走或其他運動任務。外骨骼可以支撐患者的身體重量，減少肌肉疲勞，並提供正確的運動模式。

我們通常認為，康復是一個長期、痛苦的過程，但是結合了虛擬實境技術的遊戲化康復訓練機器人系統，通過有趣的遊戲形式，增強患者的參與度和動機，同時提供豐富的感官回饋，以促進大腦的可塑性和功能的恢復。

5.3.3　輔助機器人

　　醫療輔助機器人主要是指能輔助醫療過程、提升醫護人員能力減少不必要的醫護資源投入以及提升醫護效率和品質的智慧化醫療機器人。隨著醫學技術和科技的不斷發展，醫療輔助機器人已經在醫療檢查、輔助診療等多個應用場景得到了較為廣泛的應用。

　　比如輔助醫療檢查的膠囊內鏡機器人，這是一種通過檢查者以吞咽的方式進入人體腸胃道進行醫療檢查的智慧化微型機器人。它通過磁場精確控制和光電成像技術，能夠實現對胃部等消化道的無創檢查。

　　這種機器人的出現極大地改善了胃鏡檢查的舒適度和安全性，使得患者無需經歷傳統胃鏡檢查的痛苦和不適。由於其大小類似於普通膠囊，外表面圓滑，患者在吞咽時幾乎不會感到不適。有了這一膠囊內鏡機器人，腸胃檢查將變得更加方便簡單。患者只需隨水吞下膠囊，就可以在短短 15 分鐘內完成整個胃鏡檢查過程，無需麻醉。當然，這一檢查的準確度也是不容質疑的。它主要利用磁場精確控制技術，實現對膠囊內鏡的準確定位，從而進行全面的消化道檢查，根本無需擔心死角問題。

　　膠囊內鏡機器人不僅提高了醫療檢查的精準度和安全性，也為患者提供了更為舒適的檢查體驗。隨著技術的不斷進步和普及，未來膠囊內鏡機器人有望在更多的醫療領域得到應用，為更多患者帶來福音。

　　此外，抽血機器人也是典型的醫療輔助機器人，結合了先進醫學影像處理、微控技術、多模態傳感技術和人工智慧演算法。因為結合了機器視覺技術和基於生物識別技術的智慧導航控制技術，抽血機器人能夠精準識別血管的位置、深度及走向，智慧規劃導航穿刺路徑。使用抽血機器人進行靜脈穿刺時，患者幾乎感覺不到任何疼痛。並且，這些機器人能夠快速計算組織形態，實現抽血流程的標準化和無菌操作，大幅提高了醫療服務的效率和安全性。在疫情等特殊情況下，抽血機器人能夠進行大批量扎針抽血工作，大大減輕了醫護人員的工作負擔，同時也減少了交叉感染的風險。

　　輔助機器人的出現，是對傳統醫療方式的一種創新。它不僅提高了醫療的準確性和效率，減輕了醫護人員的工作壓力，還有效改善了患者的體驗。隨著技術的不斷進步，未來這類機器人有望在更多的醫療機構中被廣泛應用，為患者提供更加安全、便捷的醫療服務。

5.3.4　服務機器人

　　用於醫療服務領域的機器人主要提供一些醫療場景中的後勤服務工作。這些服務機器人可以根據環境的變化，按照設定的程式進行一系列簡單、重複的服務型工作。

　　在醫院或者一些醫療機構，清潔衛生是最重要也是最繁瑣的工作。因為醫療場景中一般會有大量的細菌和病毒產生，為了保證患者和醫護人員免受感染，就需要進行頻繁的清潔和消毒工作。此時，這些消毒機器人就可以對病房或者手術室進行全方位、不間斷的清潔和消毒。

　　這類機器人通常結合了自動導航技術和消毒功能，能夠在醫療環境中自主運動並執行消毒任務。消毒機器人通常整合了汽化過氧化氫產生器或

霧化消毒系統，能夠將消毒液轉化為幹霧氣體，這種氣體具有優越的滲透擴散能力，能夠到達傳統方法難以擦拭和接觸的部位。這些機器人配備了智慧導航系統，能夠通過雷射雷達等感知技術自主避開障礙物，規劃最優消毒路徑，確保每個角落都得到充分的覆蓋。

除此之外，機器人配送機器人也在醫療場景中得到了運用。它們可根據醫院需求執行遞送化驗單、藥物、食品等工作，節省了醫護人員的精力並降低了感染的風險，同時也減少了醫務人員來回傳遞與溝通的壓力，透過服務機器人就能實現藥物、處方等方面的銜接。

除了這些主要功能，醫療服務機器人還在其他方面發揮著重要作用。例如患者陪護、智能導診（Intelligent Guidance）等。這些醫療服務類機器人的使用不僅提高了醫療服務效率和效果，還減輕了醫護人員的工作負擔，是現代醫療環境中不可或缺的一部分。隨著技術的不斷進步，未來這些機器人可能會更加智慧化，更好地服務於醫療健康領域。

5.4 / 人形機器人在法律領域的運用

20 世紀 50 年代，美國科幻作家弗蘭克‧萊利發表了一篇短篇小說——《賽博和霍姆斯法官》，小說虛構了一個機器人取代了人類法官。小說中，這個機器人法官相比人類法官更加理性、效率、公平。在處理案件的時候，機器人法官從不會夾雜個人情感，更不會出現徇私舞弊的現象。

雖然小說家並不精通這款機器人法官的工作原理和設計流程，但是藉助小說他表達了對未來科技和未來機器人的嚮往與憧憬。公平和正義是人類不懈的追求，也是人們對法律的崇高期待。在科技發展的今天，機器人助力法律行業，必將開啟一個新的局面。

5.4.1　機器人助手

人工智慧和法律行業的結合，最早可以追溯到 20 世紀 8 年代中期起步的專家系統。當時，研究人員將其當作法律適用的實踐工具，對美國民法制度的某個方面進行檢測，運用嚴格責任、相對疏忽和損害賠償等模型，計算出責任案件的賠償價值，成功將人工智慧的發展帶入了法律的行業。

機器人律師助理是一種結合了人工智慧技術和法律專業知識的智慧系統，旨在為律師提供輔助服務，提高工作效率和品質。在案例研究方面，機器人律師助理能夠快速檢索大量的法律文獻、案例和法規，幫助律師進行深入的案例分析。基於自然語言處理技術，機器人律師助理可以協助律師起草各種法律文書，如合同、訴狀等。

透過機器學習和大數據分析，機器人律師助理可以為律師提供法律諮詢服務，甚至直接為公眾提供一些基本的法律諮詢服務。早在 2016 年，首個律師機器人 Ross 已經實現了對於客戶提出的法律問題立即給出相應的回答，為客戶提供個性化的服務。除此之外，機器人律師助理還可以協助律師管理案件進度，提醒重要的時間節點，確保案件按時完成。藉助於演算法模型，機器人律師助理能夠對案件的可能結果進行預測，幫助律師評估案件的風險。

如果說機器人律師助理的出現，給法律行業帶來了新的活力。那麼，2022 年 ChatGPT 的出現，則讓人們再一次感慨於人工智慧技術的快速發展，ChatGPT 甚至已經通過了司法考試——自機器人律師助理之後，現在，機器人律師，幾乎已經指日可待。

機器人律師助理的出現是對傳統法律服務模式的一種補充和創新。它不僅能夠提高律師的工作效率，還能夠幫助律師處理更多的案件，提供更加精準的法律服務。隨著技術的不斷進步，未來機器人律師助理有望在法律服務領域發揮更大的作用。

5.4.2　機器人法官

在法律行業，除了律師們提供法律服務外，另一個重要的環節，就是司法環節。而對於司法審判環節來說，機器人法官最大的意義，就是為公平做了一份妥帖的技術保障。

睿法官是一個整合了大數據、雲端運算和人工智慧技術的智慧輔助判案系統。睿法官系統主要依託北京法院智匯雲，利用先進的技術手段，為法官提供全面的審理支援。該系統自 2016 年 12 月在北京高級人民法院上線以來，已經成為法官辦案的重要輔助工具。它的出現標誌著司法領域人工智慧應用的一大進步，有望在未來進一步推動司法公正和效率的提升。

針對一些簡單案件，睿法官系統能夠根據歷史裁量規律進行預判，並自動生成裁判文書，這有助於法官在處理類似案件時減少工作量並提高效率。在事實校準覆核方面，系統輔助法官進行事實的校準和覆核，確保案件審理的準確性。在量刑階段，睿法官能夠提供資料分析支援，協助法官做出更科學合理的判斷。在庭審前，系統還能夠自動梳理待審事實，生成庭審提綱，並推送到庭審系統中，為法官提供案件審理的指導。可以說，睿法官透過自動化流程和標準化指引，提升了司法過程的透明度和公信力。

系統透過智慧型機器學習，該系統能夠不斷優化其性能和準確性。它能夠為案情「畫像」，即透過分析案件的多個維度，為法官提供一個全面

的案件分析結果。睿法官系統與審判業務系統深度融合,實現了與法官日常辦案的無縫對接,提高了工作效率。該系統的使用,有助於統一裁判尺度,增強司法權威和公信力。

目前的機器人法官,雖然還沒有到達強人工智慧的階段,但它們的重要價值,在於大大縮減了法官從事這些事務的時間,大幅度提高了工作效率。機器人法官系統的開發和應用,是司法領域對現代資訊技術的一次創新,它不僅提升了法官的工作效率,還有助於保障司法公正性,並且將成為智慧法院建設的重要組成部分。

5.5 ╱ 人形機器人助力未來養老

社會的高齡化問題,是一個全球化的困境。人口高齡化的加劇,將會對經濟、社會等方面帶來不同程度的挑戰。其中一個,就是老年人的養老問題。在家庭結構發生重大變化的今天,老年人的照看問題成了子女和社會的難題。未來,養老危機還將持續成為世界範圍內的那難題。解決這一難題的關鍵,或許還需要藉助於科技。

5.5.1 照護機器人的出現

照護機器人是一類專為老年人、殘疾人和需要特殊照顧的人群設計的智慧型機器人。它們具有多種功能,可以幫助用戶完成日常生活中的一些基本任務,如搬運物品、打掃衛生、提醒用藥等。照護機器人的出現,旨在減輕家庭和社會的照護壓力,提高被照顧者的生活品質。

在中國,隨著人口高齡化的加速,照護機器人的需求逐漸增加。為了應對這一挑戰,中國政府和企業正積極投入研發和生產照護機器人。目

前，照護機器人已經從傳統的護理床發展到了人型機器人，它們的功能更加多元化，不僅包括臨床護理、生活照料，還涵蓋了排泄洗浴、安全監護和健康管理等領域。這表明照護機器人正在變得更加全面，能夠滿足老年人在日常生活中的各種需求。

但是對於老年人來說，情感方面的需求可能有時超過了物質上的需求。隨著家庭結構的變化，現在很多家庭都是一個孩子，子女因為工作繁忙不能陪伴在老人左右已經成為了普遍的社會現象。這意謂著未來的照護機器人除了具備實際的照護功能外，還應考慮如何提供情感上的陪伴和支援。

2014 年，由卡內基梅隆大學的研究團隊發起一個名為 CuraBot 的養老機器人項目，旨在透過技術創新來加強老年人與親人朋友之間的互動。該專案的核心在於滿足老年群體的情感需求，特別是他們對於面對面交流的偏好。CuraBot 的設計包括了用於語音辨識的螢幕、螢幕介面互動以及基於 iRobot 改裝的底座，這些設計都考慮到了老年人在移動和視力上可能遇到的挑戰。此外，CuraBot 還提供了社交功能，允許使用者發佈動態，以便與家人保持更緊密的聯繫。

目前，這些護理機器人主要用於輔助失能、半失能、殘疾或無家屬照料的老年患者，以半自主工作或全自主工作的形式提供護理服務，提升老人的生活品質和自主能動性。雖然有些設計宣稱能給老人陪伴，滿足他們的情感需求。但是，這些護理機器人還是只能被定義為機器，而非「人」。

5.5.2 不斷進化的照護機器人

目前，護理機器人雖然已經實現了功能的多樣性，但是距離能夠在多方面給予老年人類似人類的關心、照顧的人形機器人，還有很長一段路程

要走。究其原因，首先一定是技術的限制。一直以來，受制於智慧大腦和物理軀體，人形護理機器人都難以得到真正「類人」的突破。並且，照護機器人在護理老人方面還缺少人性化理念，無法真正滿足老年人的精神需求與生理需求。

但是，對於不可逆的高齡化趨勢，護理機器人一定是化解全球養老危機的關鍵。只有設計出真正「類人」的護理機器人，才能有效解決老年人的護理剛需，使我們有效化解未來社會的養老危機。

隨著技術的不斷發展，未來，護理機器人還將朝著更類人、更智慧的方向發展。它們將不僅僅是具有單一功能的機器人，還具備了老年人護理所需要的各項功能，是集合醫療護理、生活照料、心理支援、社交陪伴等功能為一體的綜合的護理機器人。

在醫療護理方面，未來護理機器人將不僅限於簡單的生命體征監測，如測量體溫、血壓、心跳以及藥物提醒。它們可能具備更先進的醫療技術，能夠進行更為複雜的健康檢查。比如，當老人感覺身體不適時，護理機器人會透過感測器及時檢測他們的生理指標，如果發現異常，它們就會向醫療系統彙報。如果腿腳不方便，護理機器人還可以協助進行康復訓練，監測康復過程，提供專業的康復建議。

在心理支持方面，護理機器人可以透過語音辨識或者面部識別感知老年人的情感狀態，以便提供及時的心理支援和安慰。當老人情緒低落時，護理機器人會主動陪伴在老人身邊陪他們說話，它們還可以為老人唱歌、跳舞、講笑話，以分散老人的注意力，排解他們的低落情緒。更重要的是，這種陪伴不僅僅是機械的回應。當護理機器人發展到強智慧化的水準時，他們會模仿人類的語言，進行有效回應。通過更深入地理解老年群體的情感需求，成為他們真正可以依賴和信任的朋友，甚至是家人。

　　另一方面，也是今天大多數護理機器人所忽略的關鍵問題，就是機器人的外觀。目前的機器人，很多還是以比較笨拙或者機械感的外貌為主，這將給用戶造成很大的心理排斥。未來的護理機器人一定是類人形態的護理機器人，可能難以做到跟真人一模一樣，但至少看上去、摸上去極像。這並不是僅僅追求外觀上的逼真和美觀，而是出於對人性化關懷和互動效果的提升。在外觀上更接近人類，具有和人類一樣的外貌、身形、步態等，會使得機器人更容易被老年人接受和信任。同樣，也方便機器人更好地適應人類環境，從而讓護理機器人更好地融入老年人的生活、更好地服務和陪伴老年人。

　　通過科技解放人力，是未來養老的必然趨勢。未來，不斷進化的護理機器人，將會助我們實現真正的「老有所依」。

5.6 ／ 人形機器人在教育領域的運用

　　對於教育行業來說，除了通訊技術外，另一項改變教育的技術，就是人工智慧。特別是人工智慧技術和機器人技術的結合，更是成為了當前教育領域的一大熱點。而其中，人形機器人在教育領域的應用受到了更多關注。

5.6.1 教育機器人能做什麼？

　　未來，教育機器人可以應用於各個教育階段，包括學前、小學、國中、高中等，在各大教育場景中發揮巨大的作用。

　　教育機器人將會成為老師的助手，它們能夠將教師從煩瑣的教學任務中解放出來，取代教師的一部分工作。這樣一來，教師就可以更多地關注

學生的情感發展以及品德的養成。但它們並非試圖取代人類教師,也無法取代人類教師。相反,人形機器人可以作為輔助工具和教育技術,為課堂上的參與和互動創造新的可能性。

在具體的教育場景中,教育機器人可以成為互動學習促進者。人形機器人可以吸引學生參與課堂互動,從而促進學習。比如,它們可以進行遊戲、測驗或模擬,並為學生提供回饋和鼓勵。它們還可以引導小組活動,鼓勵團隊合作,促進學生之間的交流。它們將真正成為學生學習的促進者,為小組活動分配角色、調節討論、促進參與,從而增強協作學習體驗。在課堂中需要進行概念演示時,人形機器人可以作為視覺輔助工具,演示一些僅透過文字或圖像難以解釋的概念。例如,它們可以透過肢體語言進行演示,使知識更加有形、不易忘記。

在個性化輔助方面,或許教育機器人能夠比人類教師做得更好。它們可以評估個別學生的學習需求,追蹤進度,提供針對性的支援和指導,讓學生能夠按照自己的節奏進行學習。整合了生成式人工智慧的人形機器人可以更好地分析學生反應,評估他們的進步,並生成具體的回饋或改進建議。這種個性化的回饋可以促進自主學習,幫助學生有效解決個人學習需求。更重要的是,人形機器人還可以幫助有特殊需求的學生。對於有社交障礙的學生,它們可以提供持續互動、重複練習、個性化回饋,並創造一個安全、不評判的環境來支援他們的社交技能發展。但是,教育機器人在教育領域的運用遠遠不止這些。

對於很多父母來說,人形機器人具有很重要的教育和陪伴價值。在家庭中,父母因為工作原因無法時刻陪伴在孩子左右,此時教育機器人便可以通過聊天、講故事等方式陪伴孩子。類人的教育機器人在和孩子聊天時,並非只會機械性地回答問題。藉助於強大的語音辨識、表情識別和大

數據處理系統，機器人就可以根據孩子的表情、語氣等，主動發起互動式聊天，回答孩子的很多問題。雖然無法完全代替父母的角色，但是能夠彌補父母的一部分角色。

教育機器人可以回答孩子的各種疑問，對孩子進行語言教學，同時透過互動式教學，提供 STEAM 教育、程式設計學習，提升孩子的動手能力與學習興趣。此外，教育機器人還能夠透過拍照、錄製影片等功能，記錄孩子的興趣愛好、生活習慣、學習成長過程等，並協助家長遠端監控孩子的安全狀況。

與其他缺乏類人特徵的機器人或者智慧產品相比，人形機器人能夠以更自然直觀的方式與人互動。人形機器人可以支援現實空間中的學習，用面部表情、肢體語言、聲音和語音與人類交流，使互動更具吸引力。人們也可以透過程式設計來促進機器人與人類的互動，例如在基於群體或基於專案的協作學習場景中。此外，人形機器人具有被視為社會實體的優勢，能與學習者建立情感聯繫，有助於激勵學習。

隨著人工智慧的進步，人形機器人的能力會進一步提高，更好地理解個體學習者的行為和需求，追蹤學習進度，提供定制的指導回饋。同時，它們將可能更好地理解和回應學生的情緒狀態，提供共情支援和社交訓練。此外，未來的人形機器人在外形方面也會越來越類人，可以讓學生在學習時有更好的互動體驗，讓學生將其視為真正的朋友、同學、老師，而不僅僅是一個機器。

5.6.2　真正改變未來教育

當教育機器人越來越「類人」時，當其在教育場景中的運用越來越普及時，會讓未來的教育發生怎樣的變化？

　　人形機器人給教育帶來的變化，主要表現在兩方面。一方面，人形教育機器人將改變傳統教學模式。今天的教育，主要還是依託人類老師，即便是我們遠端上課時，螢幕上看到的，也還是人類老師。但未來，隨著類人形態的教育機器人的引入，這些教育機器人將會在許多地方部分取代老師的角色。比如，教育機器人可以走進課堂給學生授課，在課堂上積極與學生互動，甚至能根據不同學生的特點，為不同學生打造個性化的學習方案。

　　在某些方面，教育機器人做的，一點也不會比今天的教師們差，甚至會比人類老師更適合某項教育任務。畢竟，教育機器人具有強大的「智慧大腦」。藉助於大數據的知識庫，它們擁有我們人類老師一輩子也學不完的海量知識。並且，藉助於強大的演算法和深度學習系統，它們還可以實現個性化的學習支援。要知道，每個學生在學習上都是有著獨特的需求和學習風格，而人形教育機器人能做的，就是根據每位學生的個體差異提供定制化的教育服務，但這恰恰是今天教育難以實現的。

　　此外，與人類老師相比，人形教育機器人還有一大優勢，就是不受時間和空間的限制。從時間上來看，只要我們需要，教育機器人就可以 24 小時不間斷地教學和使用；從空間上來看，我們也可以在需要的地方配置相應數量的人形教育機器人，這將會在很大程度上解決教育資源不公的問題。這有助於縮小不同地區、不同社會背景學生之間的學習差距，提高教育的公平性。

　　另一方面，因為教育人形機器人的加入，傳統的師生關係將會受到挑戰。現今的老師，在學生面前還是權威者的角色。雖然我們的教育主張，所有教師應該與學生交流，成為學生的朋友，很多教師已經在實踐這樣的教育理念。但是，幾千年的教育傳統，師生之間的關係不會在一朝之間改

變。更重要的是，教師不是機器人，在教學過程中，在和學生相處時，在
對學生進行評價時，很難不帶有個人情感。

　　但是，當人形的教育機器人進入教育場景後，傳統教師與學生的情感
模式與角色關係可能會發生改變。畢竟，教育機器人可能不會發火，不會
批評學生，不會對學生進行過於主觀的評價，更不會將自己視為講臺上的
唯一。這樣的對比之下，我們人類教師就需要進一步調整與學生之間的角
色關係。只有這樣，才能更好地適應教育機器人的到來。至於教師角色如
何調整，在下面章節我們會詳細討論。

　　未來的教育一定是多元、豐富、靈活和精彩的，它會呈現出與現在完
全不一樣的教育形態。如果問我對未來教育最期待的是什麼，我一定會回
答人形教育機器人。未來的教育將會發生很大的改變，而人形教育機器人
在其中一定充當著重要的角色。

量子技術

6.1 / 走進量子技術

6.1.1　量子是什麼

　　量子，英文為「quantum」，意思為「有多少」，代表的意思就是「相當數量的某種物質」。還存在量子最初是物理學的專有名詞，指的是參與基本相互作用的任何物理實體的最小量。這一概念，就涉及到一個不可分割的基本個體。這樣的解釋或許還是很抽象，或許結合我們這個物理世界來理解會簡單一些。我們眼睛所能看到和山川河流等構成了自然世界，自然世界中存在兩種物質形態：一種叫做粒子，像是把一塊石頭磨碎，會看到一顆顆非常小的、大小又不一的粒子。粒子在自然界總遵循牛頓力學的一套規律。另一種物質形態就是波，像聲波、光波、電磁波等。粒子和波兩種物質形態具有很大的不同，粒子一般存在於空間動能中一個局限的地方，它實際上是局部一個地方時空點，但是波其實卻是彌散在整個空間中的。我們的世界，要麼是粒子，要麼是波，它們遵循不一樣的運動規律，所有的這些規律就構成了經典物理，粒子和波就是經典物理研究的重點內容。

　　100 年前，科學家發現自然界除了粒子和波兩種物質形態，還存在一種特殊的微觀粒子。這種粒子的最大特點就是同時具備了粒子和波的屬性，這一種不可想像的粒子就被成為「量子」。量子是完全不同於經典世界的粒子和波，它是同時具備波粒二象性的客體，也就是具有波動性和粒子性兩種屬性。那麼，具有這種屬性的所有客體都可以叫做量子。

　　20 世紀，普朗克發表了《關於正常光譜的能量分佈定律的理論》的文章，量子這一概念第一次被提出，但是此時的量子還只是一個虛擬的存在。人類也從這個時候開始邁入量子探索的世界。之後，很多著名的科學家如愛因斯坦、德布羅意、波爾、海森堡、薛丁格、玻恩等也對量子進行

了深入的研究。20 世紀前半葉，量子力學理論初步建立。不僅僅是微觀世界的粒子，宏觀世界也有量子特性，比如宏觀量子電腦，為什麼可以稱為量子，就是因為它遵從量子力學的波粒二象性的理論。凡是按照這一理論來指導和描述的客體，不管是粒子還是系統，都可以稱為量子。

6.1.2　量子技術

　　量子技術是 21 世紀才出現的一個新興的關於物理和工程概念，這一概念是基於量子力學的種種特性，比如我們經常聽到的量子疊加、量子糾纏等。要瞭解量子技術，就必須要理解什麼是「量子糾纏」。用擬人化的修辭來解釋，就是兩個粒子之間所形成的某種「心靈感應」的狀態。具體來說，就是具有波粒二象性的兩個粒子，這兩個粒子可以被看作是一個特殊的量子系統，這個系統可以把它們自閉到一種特殊的狀態，這個狀態又可以使這兩個粒子具有內在的關聯性，這種關聯性就是一種糾纏。

　　按照量子力學的原理，如果我們對其中一個粒子施加某種作用，另一個處於關聯狀態（糾纏狀態）的粒子就可以馬上以某種變化或者呈現另一種狀態。即使兩個粒子相隔十萬八千里，處於糾纏狀態的粒子也可以馬上發生相應的變化。這種變化甚至是不需要時間的。後來的實驗也證明了事實確實如此。所以，糾纏到底是什麼，該如何來理解呢？其實，糾纏就是某種關聯，也就是內在關聯的兩個粒子，或者是更多的粒子，不管空間相隔有多遠，它們中一個發生了變化，另一個或者幾個也會立馬發生變化，這種變化就是它們之間的某種內在關聯（糾纏）引起的。用一個生活中的例子來做比方：遠在美國的妻子誕下了一個嬰兒，那個處在大洋彼岸的丈夫就變成了父親。不用別人告知這一消息，在嬰兒誕生的那一刻，丈夫其實就已經發生了這種變化。妻子生孩子可以看作是一種變化，丈夫變成父親是另一種變化，為什麼一種變化會即時引發另一種變化呢，原因就在於

丈夫和妻子在身份上的關聯，這類比到量子糾纏這一概念上或許就好理解一些了。丈夫和妻子分別就是一個量子，身份上的關聯促成了他們之間的「糾纏」。所以妻子生下孩子後，發生了身份上的變化，相隔萬里的丈夫什麼都不用做也會相應發生變化，這一變化是在不同時空同時進行的。

這種奇妙的關聯（糾纏），也就是量子力學的某種特質，成為了量子技術的重要物理基礎。未來，量子技術可以廣泛應用於量子計算、量子密碼學、量子測量、量子傳感、量子成像等多個領域，我們生活的各個方面也會因為量子技術的加持而變得效率且精準。

6.2 / 量子通訊

生活在 21 世紀，我們會為便捷的通訊技術而自豪。因為我們不用再像古人一樣將資訊綁在鴿子腿上進行「飛鴿傳書」；再也不用因彙報一條重要消息而策馬奔騰數月；更不用為了引發大範圍警惕和關注而燃起熊熊烽火……但是作為普通人，在日常的資訊傳遞中，我們經常會遇到這樣的問題：資訊太大無法傳遞，或者是資訊都是語音、圖片，要傳遞資訊必須先花費大量的時間對這些圖片和語音進行處理。作為商業人士或者政要，每一次傳遞重要的資訊時都害怕資訊被不法分子攔截或者竊取。目前的通訊技術，還是存在著不少問題。不久的將來，量子通訊就要給我們的通訊帶來新的變化了。這種全新的加密通訊技術，有望解決我們目前對通訊的絕大部分擔心。

量子通訊，又可以稱為「量子隱形傳態」，是一種非常重要的安全技術，利用量子態作為資訊的主要載體來進行一系列資訊交互的通訊活動。它主要是借用單個光量子牢固不可分割的和量子不可複製的重要特性，來

保證非授權一方無法盜取和複製量子資訊通道內部的各種資訊，憑藉此來確保資訊安全傳遞。和傳統的通訊技術相比較，量子通訊最大的特點就在於其安全性和超強保密性，這也是這項技術被稱之為「隱形傳態」的原因。除此之外，量子通訊還具有大容量、支援遠端傳輸等優點。

量子通訊主要基於四個主要原理：金鑰分配、隱形傳態、量子糾纏和量子不可複製定理。在量子通訊技術中，量子糾纏依舊起到很大的作用。量子通訊的過程是將攜帶資訊糾纏的兩個粒子分開，這兩顆粒子一顆稱為攜帶資訊的粒子，另一顆稱為金鑰粒子。在需要進行資訊傳遞之前，將其中攜帶資訊的粒子遠距離傳輸到一個指定的位置。憑藉粒子的狀態，我們就能準確獲取到攜帶的資訊內容。接受一方如果想要獲取資訊，就需要讓攜帶資訊的那顆粒子和金鑰粒子再次構成糾纏狀態。這樣一來，資訊傳遞的過程就順利完成了。

量子通訊技術是一像複雜的技術，包含了量子金鑰分配、量子隱形傳態、量子安全直接通訊以及量子機密共用四個核心技術。對其中只要有一項技術出現了細小的問題，量子通訊就難以完成。

量子通訊是一種多節點的資訊傳輸，利用量子金鑰分發進行安全通訊。各個節點可以語音、文字、圖像等進行加密和解密處理。在量子通訊中，通訊線路無法被掛接旁路從新進行接通，也無法被攔截。一旦出現掛斷或者攔截的現象，量子態就會發生變化，那麼通訊的內容就會隨之發生改變。如此一來，安全隱患就被全部解決了。未來，我們再也不用擔心資訊量太大傳輸不了或者傳送速率太慢的問題。更為重要的是，我們在於不用因為資訊被竊取或者被攔截而惶惶不安。資訊的安全傳輸、快速傳輸，已經成為現實。未來這項技術將會為金融、軍事、國際交往等提供安全的通訊保障。量子通訊將帶領我們邁向更美好的明天！

6.3 / 量子醫學

　　量子技術因為其高效性和安全性而被多領域運用，這一項重要技術未來也將廣泛應用於醫療領域。或許你會產生疑問，量子和醫學是如何產生關聯的呢？其實，量子可以憑藉自身微弱的磁場能力來測量生物體中微弱的、無法用現代醫療設備觀測到的細微磁場變化，並對這些變化進行進一步的分析和診斷。人體內部因為磁場變化而會產生不同的振動頻率，藉助量子感知技術，就可以收集這些振動頻率，再藉助於量子影像處理技術，對它們進行統一的量化分析，得出關於人體各方面的健康資料報告。

　　未來社會，健康將成為所有人關注的頭等大事。快節奏的生活、日益變化的環境、不斷出現的食品安全問題，無時無刻不在威脅著我們的健康。對於很多人來說，很多疾病的出現時是沒有太多明顯的徵兆的，所以沒有辦法進行實際的干預和治療。心理健康問題也是目前被大家忽略的一個健康問題，因為似乎現代醫療很難檢測和進行有限的治療。但是未來一旦量子醫學發展到一定階段，目前的很多醫學難題都會得到解決。量子醫學將會以物理性的電磁波比對方式，來全方位瞭解我們的身、心、靈各方面的健康問題。藉助於量子醫學技術，我們可以先期知曉身體中的各項功能系統的「疾病傾向」，並精準找出誘發這項疾病的「病灶」。如此一來，所有人都可以提前為自己的健康問題做好準備，該調節的調節、該治療的治療。

　　我們的身體很多部位都是沒有神經細胞分佈的，所以並不是所有疾病出現時我們都能準確地感受得到，這也是很多時候癌症已經發展到了晚期才被發現的原因。而未來，量子醫學將會以自然醫學的方式，提高人體的自愈功能。它會為我們做好「預防保健」的重要工作。

或許很多人會擔心，量子醫療是不是也會對人體產生某種健康影響呢？就像現在的 X 光一樣，過多的強輻射反而會誘發身體中的癌細胞。目前西醫很多治療方式屬於生化性檢驗或者對抗性治療，要遏制或者殺死特定細胞的同時也是在摧毀自我健康系統，可謂是「殺敵一千自損八百」。量子醫學會不會同樣存在這樣的健康隱患呢？其實完全不用擔心量子醫療的安全問題。未來量子醫療發展到一定階段，會是一種安全高效率的檢測和治療。藉助於最新的量子物理技術和量子檢測技術，以非侵入式的方式，簡單、快速、準確地多達幾千項的健康指標，並且藉助量子計算快速將其資料化，給與身體全方位的保護。

未來，量子醫學將會為人類健康保駕護航。區別於傳統西醫的對抗病症，這項全新的健康技術將更多地關注病因解決。對於中醫、西醫都無法檢測到的疾病，量子醫學可以藉助超音速檢測系統，幫助您精準找到病源，並給出全方位的治療建議。但你不想繼續接受中醫或者西醫的某項治療時，或許量子醫學可以根據你的監測資料，幫你找到適合你的無毒、無任何副作用的健康藥物。但是，這些技術的最終實踐落地，還需要現代醫學和現代科技的不斷發展。

6.4 ／ 量子計算

科幻電影《流浪地球 2》中出現的超級智慧的量子電腦 MOSS 顛覆了我們的傳統認知。影片中，MOSS 這台具有超能力的電腦可以說是無所不能的存在：它可以作為最強大腦協同全球幾萬台行星發動機一起工作。如今，量子電腦已經不是科幻。

2023 年，兩顆量子顆粒在相隔數百萬英里的情況下實現了相互的關聯。同時，這兩顆粒子的行為還出現了神奇的鏡像表現。這兩顆粒子的出人意料的神奇表現讓所有研究人員驚喜不已，量子顆粒的這一特性也被研究人員用來研究和開發具有更強大計算能力的量子電腦。

　　量子電腦的開發其實是利用了亞原子粒子的怪異特性。也就是量子波粒能夠同時存在於兩個地方，即使分隔地很遙遠，它們彼此之間仍舊能夠保持某種密切的聯繫。基於這種特性，研究人員就可以將關聯的晶片連接在一起，電腦就可以以全所未有的高速和準確性在晶片之間進行量子傳輸和計算。然而，量子計算晶片之間的成功傳輸卻不是一件簡單的事情。一個實際操作中的障礙就是需要在晶片之間快速和可靠地傳送量子資訊，資訊一旦受損就會產生資料和計算誤差。所以，量子計算晶片需要在足夠清潔的空間中放在真空容器中進行操作，否則任何細小的污染都有可能使得晶片的傳輸效率和準確性受到降低和破壞。可喜的是，目前，這一技術難題已經得到了很好地解決，美國的研究團隊已經取得了成功的突破。

　　目前的電腦技術雖然已經經歷了幾十年的更新和發展了，相比於第一代電腦已經擁有了更快的計算、傳送速率和更加準確的運算能力，但是目前的電腦仍然只能以較為簡單的線性方式處理各種問題。影響電腦性能的最主要因素就是運算能力，然而運算能力的不足正是目前電腦需要提高的最主要方面。未了提高電腦在運算能力和演算法上的不足問題，20 多年來，電腦研究人員一直在努力研究製造高速的量子電腦。例如 IBM、Google 和微軟公司目前已經研究並開發出了簡單的量子電腦器。未來，隨著研究的不斷深入，一個新的量子計算系統將會出現，並且能夠解決現有的最先進的電腦也無法解決的現實世界中的問題。

美國的一個研究團隊目前開發了一個強大的量子計算系統，該系統可以實現以創世紀的速度從一個晶片向另一個晶片快速地傳遞資訊，傳送的可靠率竟然可以達到驚人的 99.999993%。未來，量子計算系統一定會給我們的世界帶來全新的顛覆性變化。在量子領域，粒子能夠同時出現和存在於兩個地方。藉助於這一特性，未來的研究人員只需要把餐盤大小的東西相連接，形成一個可靠、穩定的系統，然後把機器做大。這個神奇的機器，就可以進行有實際意義的、更快速地傳輸和運算。量子電腦可以憑藉現在電腦無法實現的超快速度完成各種計算，而這個計算過程即使目前最先進的電腦也可能需要幾個月甚至幾年才能完成。這一偉大的技術未來會運用於航太、高密機械製作等領域，還可以應用到藥品設計研發。它甚至還能精準模擬藥品的化學反應，這些計算任務在當下都是無法解決的計算難題。

量子電腦是新一輪科技革命的戰略制高點，能夠在很多重要的科技和技術領域提供超越經典電腦極限的超快運算能力。可以預料，量子計算將在不久的將來在各個領域發揮及其重要的作用。除了在醫療、教育、通訊和計算方面的運用，未來量子計算還將發揮出自身無限可能的潛力，如在生物、測量、模擬、傳感、能源，金融、地質勘探、環境監測等領域的實際運用能力。未來，就讓我們拭目以待量子技術的無限可能。

6.5 / 量子時代的教育

6.5.1　量子教育正在到來

量子教育（Quantum Education），顧名思義就是與量子相關的科學以及技術的教育，未來，特別是在 STEM（科學、技術、工程和數學）領

域。量子教育將會適用於各個階層的學生。量子教育的核心內容將會以量子資訊學和量子物理學為主，而這些內容對於理解和實踐於現代科技的發展起至關重要的作用。因為量子技術的蓬勃發展，未來的量子教育會是一個涵蓋從基礎教育、到高等教育，再到繼續教育的廣泛領域。量子教育的最終目的，就是培養新時代擁有專業的量子知識和技能的專業化人才。

量子教育時代，隨著量子科技成為熱門，相關的課程和內容也必將逐漸引入高等教育，甚至是中小學的相關課程和科目中。未來的量子教育出現量子理論的相關知識、量子計算原理、量子通訊原理、量子技術發展、量子科技倫理……為適用於量子教育的發展，未來一些量子電腦也一定會出現在學校的實驗室

目前，隨著量子技術的發展，各國也在積極推動量子教育的發展。IBM 早前就宣佈，之後將會積極推動與日本慶應大學、東京大學韓國延世大學、首爾大學以及美國的幾所大學的合作，並計畫在未來十年內培養四萬名量子方面的專業人才，以支持日本、韓國和美國的量子運算教育以及量子計算的發展。量子運算技術可以說是量子技術發展的核心，該技術提供了與現代計算完全不同的計算方式，未來將能解決很多當下無法處理的難題。所以，未來社會具備了量子運算專業技術的人才，將會對量子產業的乃至整個社會的發展產生巨大的影響。為搶占科技高地，各國將會加緊對於量子專業人才的培養。通過培養新的計算領域的科學家，熟悉利用量子電腦進行科學發展和產業運用，滿足正在加速到來的量子運算的運用時代，以及不久的將來量子主導的超級運算需求。在這一方面，先遠見的國家總是走在最前列。IBM 就聯合了美日韓五所大學，一起合作並開發了量子運算方面的專業教材。這一套教材就涵蓋了生命科學、數學、電腦科學、物理等學科領域，全方面培養量子領域的專業人才。

　　臺灣科技部目前也致力於積極推動量子教育的發展。他們有意識地將人才培訓導向量子領域。可以說，一個研究走進產業，才能成為可推動國家經濟力量的專案，而人才是一切科技發展的基礎。開創一個新的產業，需要有足夠人才進行研發、創新，開發能解決實際需求的產品，因此人才不能只留在學術領域，更需要從學校走進業界，參與推進產業升級的過程，才能將學術知識轉化為實質應用，進而對國家經濟產生實質性影響。在這樣的認知下，2021 年中興大學與成功大學都舉辦了量子暑期學校。在課堂之外，又組織了專題競賽促進學生彼此的知識與技能的交流和探討。藉助於競賽的方式，學生能夠參與到量子技術的相關項目中來，直接參與了關於量子的相關學習與研討，這將為他們更好地邁向量子世界打下堅實的基礎。

　　目前。關於量子的相關教育和研究大多存在於大學，並且集中於物理、化學這一類學科。未來，量子教育將會包括對普通大眾的量子知識科普教育。量子科普將更加注重對於量子知識的普及和啟發，它將與量子教育相輔相成，共同促進量子時代的量子科學技術大發展。

6.5.2　量子技術助力未來教育

　　未來，因為量子科學與技術的蓬勃發展，首先會使得各國的教育轉向對量子技術相關人才的培養。這些人才的培養，又會反過來使得量子技術的發展更上一個臺階。可以預料，未來的幾十年，將迎來量子技術的巔峰發展，這之後，相關的量子技術就是逐漸落地實踐。這些高新的量子科技，將會廣泛運用於教育，是得使得我們的教育展現出全新的、可信的面貌。現在教育存在的很多問題將會在未來因為量子技術的助力得到很好的解決。

首先要提到的就是教育領域量子電腦的運用。量子電腦因為使用量子比特作為計算基礎，這就使得量子電腦在處理教育中的複雜問題時更加快速、有效，尤其是在處理相當複雜的大數據時。同時，量子電腦利用量子疊加和量子糾纏等量子力學現象，使得未來的計算能夠實現在多個計算路徑上進行。目前教育領域的大數據分析與處理技術受制於運算能力，其實還有很大的進步空間，只能進行一些簡單或者稍微有些複雜的資料處理。但是未來，量子電腦的這種史無前例的運算效率將會使得教育領域的複雜資料處理實現質的飛躍。例如，可以利用量子電腦來處理和分析學生的學習資料。這些資料可以包含每一個學習者十年、二十年甚至一生的學習資料。這一舉動是在當下無法實現和無法想像的。因為所有的學習者所形成的各個方面的學習資料構成一個及其龐大和複雜的教育資料網，要對這些資料進行收集、處理和分析，將是一個讓人頭疼的難題。而藉助於量子電腦，或許就能將包含每一位學習者學習行為、學習內容、學習模式的教育大數據進行分析和比對，就能精準描繪出每一位學習者的「教育畫像」。

如果未來在教育領域能夠憑藉量子計算實現人人有屬於自己的「教育畫像」那麼未來社會的教育個性化將會得到很好的實現和發展。根據大數據分析得出的個人「教育畫像」將會更準確地體現一個人的學習興趣、學習特點和學習特長。在這樣的精準分析之下，每個人都在找到最適合自己的學習內容和學習方式，教師也可以根據這些分析出來的教育大數據，給予每一位學生不一樣的教育，這樣的區別化和個性化的教育將會使得每個人找到屬於自己的學習方式，最終實現每一位學習者的個性化發展。

其次是量子通訊在教育資料安全中的巨大作用。量子通訊依託於物理學知識和密碼學技術原理，主要藉助量子態來實現通訊加密，通過量子通道在用戶之間傳輸金鑰，實現資訊的安全傳遞。量子通訊將在軍事外

交、政府行政、商業往來以及國際交往等方面存在巨大的應用潛力。但是未來在教育領域，量子通訊技術也將發揮重要作用。它將以安全、高效率的量子手段來為學習者提供更安全的學習環境。隨著網路教育的發展，未來 5G 加持下的遠端線上教育將會成為一個教育常態，而保護教育資訊的安全性就會變得越來越重要。在這種情況下，量子通訊技術運用於遠端教育，將會大大確保教育資源的安全傳輸，防止敏感教育資源或者資料被竊取或者被篡改。同時，在學術研究領域，研究人員經常要進行一些絕密或者敏感教育資料或者教育成果的交流和分享。這些學術資料一旦被洩露，將會產生很大的教育研究問題。而量子通訊技術則可以很好地解決這個問題，它將使得教育資料的安全傳輸成為可能。未來量子通訊將會大大促進國際間的學術研究和交流。當下，線上考試和認證還是存在一些無法杜絕的作弊問題。當量子通訊技術發展到一定高度之後，線上考試和認證中存在的作弊和資料洩露問題將會從根本上得到解決。量子通訊可以為線上考試和認證提供更安全的環境，從而確保線上考試和認證的公平性和安全性。除此之外，教育領域的智慧財產權，例如教材、學術論文等的保護也將在量子通訊的保駕護航之下獲得相對的安全。

可以預測，量子通訊技術未來在教育領域的運用可以大幅提高教育資料傳輸的安全性和高效性。這一項技術在促進學術交流和研討、線上考試和認證以及為教育機構提供更多新的培訓和教學機會方面將會發揮巨大作用。而量子計算超強的計算能力，將讓人工智慧與虛擬實境可以即時驅動生成個性化的教學內容，以滿足不同學生的認知能力。

Note

元宇宙

7.1 / 走近元宇宙

7.1.1 電影中的元宇宙

元宇宙（Metaverse）是近兩年一個非常火爆的概念，但其實，這一概念早在 1992 年就出現在了科幻小說作家尼爾・史蒂文森 1992 年的著作《潰雪》（Snow Crash）中。

小說《潰雪》就改編自尼爾・史蒂文森的著作。故事的背景設定在 21 世紀中後期的美國，那時的美國儼然成了全世界經濟最糟糕的地方之一。在小說構想的未來世界中，人們利用虛擬實境技術創造出了一個名為「超元域」的虛擬世界一個只存在於電腦中的虛擬空間。很多年前，「電腦協會全球多媒體協定組織」中一些繪製圖形的高手們共同制定的「大街協議」確定了超元域大街的規模和長度。這個比地球還龐大的空間，就是超元域世界。和現實世界一樣，大街也需要開發和建設，在這裡，開發者可以按照協議購買臨街的土地、建造自己的房屋和街巷。

接入超元域的方式也很簡單，只需要一套性能極佳的電腦設備和一隻目鏡就可以了。書中是這樣描繪的：

他的電腦上有一隻凸出在外的廣角鏡頭，鏡頭可以發散出三色光，當目鏡接觸到這些光芒時，便會在目鏡上組成各類三維畫面，當這幅三維動態圖像呈現出來時，它已經如同肉眼所能看到的畫面一樣清晰、真實。再加上耳機的音效，就彷彿置身於現實中一樣了。

小說的主角阿弘就是一半時間生活在現實世界，一半時間生活在這個虛擬空間。雖然現實生活中他買不了房子，但是在虛擬空間中，它也擁有一套豪宅。在這裡，開發者可以修建一切，不用考慮現實的一些物理法

則，如懸浮於半空的燈光展示、高達幾公里的大樓等等。人們可以在格鬥地帶和影音社區自由遊戲或者獵殺。人們在超元域中的形象被稱為化身，用戶就是透過各自的化身進行交流。

後來，由於加入這個虛擬世界中的人越來越多，全世界各地的都有，位置切換成了一個難題。後來，沿著赤道的班車系統成了人們可以隨意切換位置的裝置，這就讓國家成為了區域的代名詞。在這裡，用戶可以藉助班車切換到任何想去的地方。

這個虛擬世界和現實世界截然不同：它擁有一套自己的規則和經濟系統。這也是一個網路空間和現實世界相結合的地方，用戶可以在這裡體驗完全不同於現實世界的生活。「超元域」已經不是一個簡單的網際網路概念，而是一個複雜的社會結構，它允許使用者透過各自的數位化身在這個空間中進行交流和娛樂。

在近期關於元宇宙的一次採訪中，原著作者尼爾‧史蒂芬森就表示，元宇宙的關鍵特點似乎是一個三維宇宙，類似於一個大規模的多人遊戲，用它做什麼取決於你的商業模式，就像在小說中超元域不僅可以用來娛樂，大部分時間是用來工作的。

超元域就這樣運作了十多年，直到「潰雪」的出現。「潰雪」實際上是一種電腦病毒，這種病毒與五千多年前的蘇美爾文化有著密切關係。

《潰雪》作為賽博龐克文學的代表作之一，其對元宇宙的描述在當時是頗具前瞻性的。小說中的元宇宙概念以及對未來世界的想像，對後來的科幻作品產生了深遠的影響。《潰雪》以後，眾多知名影視作品則把人們對於元宇宙的解讀和想像搬到了大銀幕上。

2009 年的《阿凡達》（Avatar），講述了通過與外星生物的連接，人類能夠在另一個世界中體驗生活的故事，其實也在某種程度上反應了元宇宙的概念。

2018 年的《一級玩家》（Ready Player One），以 2045 年為背景，專注於 OASIS 這個虛擬平台。當現實世界淪為廢墟時，人們轉向虛擬世界尋找希望和逃避。這部電影透過一個豐富的虛擬遊戲宇宙，展示了元宇宙的概念和可能性。

2021 年上映的《脫稿玩家》（Free Guy），講述了一個銀行櫃員發現自己是一個虛擬遊戲世界中的 NPC 後，揭露遊戲廠商老闆的陰謀，拯救所處的遊戲世界的故事。雖然片中的自由城並不是一個真正的元宇宙，但它展現了元宇宙應具備的雛形和元素，如沉浸式遊戲體驗和去中心化的重要性。

這些電影不僅提供了對元宇宙的視覺和故事上的想像，還引發了關於技術、社會和倫理問題的討論。它們透過各種增強現實技術、人工智慧形態以及虛擬遊戲世界的刻畫，激發了我們對未來元宇宙的想像力，並拓展了我們對這一概念的認識。

電影中的元宇宙世界，是一個平行於現實世界的虛擬空間，這裡有規則、有系統。在這裡，你可以實現現實生活中實現不了的夢想。無論你是誰，在現實世界中是平凡還是偉大，在元宇宙中，你都可以重拾全新的自我。

7.1.2 什麼是元宇宙

元宇宙真正走進現實則是 2021 年的 3 月 10 日，沙盒遊戲平台 Roblox 成為第一個將「元宇宙」概念寫進招股書的公司，引爆了科技和資本圈。自此，關於「元宇宙」的概念迅速升溫，引發科技界、資本界、企業界和文化界，甚至政府部門的關注。但是，究竟什麼是元宇宙？

理解一個新概念的具體意義，從其名稱上或許可以窺見一二。名稱構成上，Metaverse 一詞由 Meta 和 Verse 組成，Meta 表示超越，Verse 代表宇宙（universe），合起來通常表示「超越宇宙」的概念。元宇宙其實是一個極為廣泛且尚未完全實現的概念，它指的並不僅僅是一個虛擬世界，而是將整個現實世界虛擬化，實現現實與虛擬世界的無縫連接，使兩者之間的界線變得相當模糊。也就是虛擬世界複製了現實世界中的一切，但是在這個虛擬世界中我們又能夠找到現實世界中沒有的以及不可能發生的事物。

實際上，元宇宙串聯了眾多數位技術，是一系列數位技術創新的總和。運算能力重構搭建了元宇宙，5G 為元宇宙的基石通訊網路的底座，人工智慧成就了元宇宙的「大腦」，擔任著元宇宙未來管理者的角色，數位孿生成為元宇宙從未來伸過來的一根觸角，區塊鏈打造了元宇宙的經濟系統，VR/AR/MR 為代表的虛擬技術則是走向元宇宙的關鍵路徑……元宇宙就是這樣連點成線，連線成面，從科幻走向現實。

2021 年，Meta 創辦人就公開宣佈了一個重大消息，公司將全力發展元宇宙概念，並描述了近代對於元宇宙最貼切的想像之一：透過 VR、AR 等實體設備，進入幾乎與現實生活相同的虛擬空間。在這個以元宇宙為基礎的世界裡，購物、娛樂、社交、教育學習等各種活動都將完全在虛擬世界中完成，這一切都讓虛擬世界更加貼近現實。其實，元宇宙中人們的生活，就是現實世界的一個投射。

目前，元宇宙的概念已漸漸清晰，即一個脫胎於現實世界，又與現實世界平行、相互影響，並且始終在線的虛擬世界。我們也可以從電影中預料未來元宇宙世界的大致模樣。電影中，那些主角們似乎已經完全沉浸於虛擬世界，難以辨別現實世界與虛擬世界的差別，甚至某種程度上已經將大腦和虛擬世界連結，實際用「感官」去感受虛擬世界。就比如在電影《一級玩家》裡，對於劇中角色來說，虛擬世界「綠洲」似乎才是他們真正存活的世界，他們在虛擬世界中賽車、狂歡、遊戲，體驗豐富、精彩又刺激的人生。對比之下，現實世界反而更像是虛擬的。

未來，元宇宙將連接虛擬和現實，豐富人的感知，增強人的體驗，激發人的創造力，創造出更多的可能性。元宇宙這一虛擬世界，將會從物理世界的模擬、復刻，變成物理世界真正的延伸和拓展。之後，再反作用於我們的物理世界，那時，虛擬世界和現實世界之間的界限或許就會變得非常模糊以至於不存在。元宇宙，將成為人類未來生活方式的重要願景。就讓我們共同期待這一偉大又美好的願景的實現。

7.1.3　VR 與元宇宙

為實現元宇宙概念的「沉浸式虛擬世界」體驗，目前 VR（Virtual Reality）虛擬實境是元宇宙發展的主要面向之一。

VR 與 AR（Augmented Reality）及 MR（Mixed Reality）之間的差別在於，VR 更強調完全沉浸的虛擬世界體驗，比如 Meta 公司所開發的 Oculus VR 頭戴式裝置系列，能讓使用者 360 度無死角完全沉浸於虛擬世界的畫面，雖然目前 VR 裝置仍有許多挑戰有待克服，但其帶來的沉浸式元宇宙體驗是其他技術難以達成的！

　　沉浸式虛擬世界體驗是元宇宙概念能否實現的關鍵，比如 VR 技術能協助元宇宙內的商家提供更真實的商品展示及用戶體驗，通過 3D 建模還能幫助商家降低店鋪租用成本、提高顧客滿意度，將可能藉此開創全新的用戶消費習慣。不僅如此，Meta 目前也致力於開發元宇宙辦公應用程式 Meta Horizon Workrooms，讓人們可以在虛擬世界中透過 VR 來面對面開會、報告簡報等，或許未來我們工作、學習、社交，都會在 VR 設備中的元宇宙裡進行也說不定呢！

　　此外元宇宙將能透過 VR 技術，重現如同現實一般的互動體驗，用戶可以在 360 度 VR 場景中和其他用戶互動、聊天、欣賞影片，甚至一起寫作、繪畫。為了帶來更進一步的沉浸式元宇宙體驗，目前 VR 虛擬實境相關設備開發商也是卯足全力。

　　VR 頭戴式顯示器（VR Headset）的競爭可謂是百家爭鳴，目前以元宇宙概念推廣者 Meta 所開發的 Oculus Quest 系列、臺灣開發的 HTC Vive 系列為大宗，是目前元宇宙 VR 體驗的必備基礎設備。此外，VR 設備會嘗試在顯示器外側增設攝影機，以定位、捕捉使用者的全身動作（Full Body Tracking），讓元宇宙互動更加真實、自然。更重要的是，用戶也可以直接透過切換攝影機來看到現實世界的場景，才不用找個東西、喝個水就必須重新配戴 VR 頭戴顯示器，大幅增加了元宇宙 VR 設備的便利性。

　　接著就是元宇宙 VR 萬向跑步機。目前元宇宙 VR 的移動方式仍有諸多限制，畢竟不是每個人家裡都有寬大的活動空間，且 VR 設備無法靈活地感知所有下半活動。如果能自己確確實實腳踏實地移動，豈不是有更加真實的元宇宙體驗嗎？元宇宙 VR 萬向跑步機就是能夠讓人 360 度前進、奔跑、後退、蹲下和小幅度跳躍的 VR 跑步機，其搭配 VR 設備及支援此技術的遊戲、應用程式後，就能做到彷彿身歷其境的體驗，而且不會佔據太多空間！

最後一項重要產品就是元宇宙 VR 觸覺套裝。元宇宙講求宛如真實般的虛擬世界體驗，因此有些 VR 開發商試圖用 VR 觸覺套裝（VR Haptic Suit）這項設備，來讓我們更加直觀、真實地「感受」和「體驗」元宇宙。還有元宇宙 VR 觸覺手套。VR 頭戴式顯示器所搭配的手把，並不能夠帶來最真實的抓握手感，而元宇宙 VR 觸覺手套（Haptic Gloves）設備，則可以滿足元宇宙愛好者所追求的極致真實體驗。元宇宙 VR 觸覺手套的原理與 VR 觸覺套裝類似，但更多的是透過手部動作捕捉技術來模擬元宇宙世界中的手部細節控制。

在虛實結合大趨勢下，基於 VR 基礎之上的各種設備在擬真度上的突破將給沉浸式體驗帶來質的飛躍。當然，VR 僅僅只是一方面。作為底層硬體，它能夠為使用者帶來立竿見影的體驗提升。除了 VR 以外，5G、雲端運算及邊緣計算解決了運算能力限制及資訊傳輸的速率品質，其大規模應用滲透將為用戶提供隨時隨地聯通虛擬世界的支援；基於深度學習的人工智慧提升資料獲取和處理效率，並能夠增強個性化的服務能力及助力內容豐富，能將廣泛的為數位化生活的資料獲取處理內容生產提供助力。在這些技術支持下，人類生活的數位化程度將進一步提升，加速通往元宇宙。

7.2 ╱ 元宇宙教育

7.2.1　元宇宙教育未來研究

作為一個新興項目，元宇宙教育在現實的教育場景中的實際應用還不是很普遍。新興技術的不斷發展，可以為元宇宙教育應用提供各種機會。可以預期，元宇宙教育一定會給未來的教育帶來全新的、顛覆性的影響。

現有研究很少從教育的角度討論元宇宙，但在未來，元宇宙教育相關課題研究，會成為新的研究熱點。

7.2.1.1　對學習者影響的研究

隨著元宇宙教育的不斷運用，其對現在的教育模式會產生很大的影響，教育的形態也會發生相應的變化。由於與元宇宙有關的教育實施和範式可能與目前的教育有很大的不同，因此需要進行探索性研究，以比較不同性格和年齡的學習者在元宇宙教育和傳統教育技術下的不同學術性表現。這是元宇宙教育發展下教育者首先需要思考和研究的問題。

同時，在這樣一個具有高度沉浸感、存在感和自由度的創新環境下，也值得研究元宇宙對學習者的認知因素（如注意力、記憶力）和非認知因素（如學習態度、學習動機）的影響。此外，透過觀察和分析，深入瞭解學習者在融合了虛擬世界和現實世界的智慧環境中的行為，有助於教育者瞭解元宇宙的社會影響，為學習者制定更有效的學習策略。

7.2.1.2　對教師、家長等的態度研究

元宇宙在未來教育場景中可能會產生顛覆性的影響，也可能會重構教育形態或者範式，其對學習者的學習方式以及教育者的教育方式，甚至對教育的管理方式都會產生全新的衝擊。在這樣的背景之下，需要對教育管理者、學校、教師、家長甚至整個社會進行元宇宙教育下的態度調研，在此基礎上為未來元宇宙教育的設計、實踐和管理指明方向。

7.2.1.3　對教師專業發展的研究

人們普遍認為，教師在成功的教育帶來的教育改革中起著根本的作用。作為一種新興的教育技術，元宇宙可以為教師提供各種機遇。為此，

如何透過採用元宇宙為教師的教學做好準備，是一項複雜而繁多的工作。因此，教師教育和專業發展可能成為有關元宇宙的教育研究中不可或缺的課題。

7.2.1.4　對規則和原則的研究

儘管元宇宙是一個可能的數位教育空間，具有豐富的好處，但仍有大家關心的隱私、安全和道德方面的潛在挑戰。學習者，尤其是青少年，正處於身心發展的關鍵時期。目前學習活動中的問題可能會對他們的未來生活產生深遠的影響。因此，在元宇宙教育環境中建立和採用嚴格的規則應該是有迫切需要的。

7.2.1.5　為教育目的、方法、模式的研究

到目前為止，元宇宙還在建設中，它要求基礎設施具有高標準，適應普通實踐。元宇宙的設計和框架，包括硬體和軟體，都是教育實踐的基礎。如可行性、安全性、人性化、信任、教育能力和學習者的認知特點。由於其特殊性，元宇宙可以被看作是未來教育的一個理想空間，傳統的教學模式將從靜態變為動態，表示學習者逐漸成為教學過程的中心。在這個意義上，傳統教育的範式將被打破。考慮到這點，探索能夠適應元宇宙的新的方法論和教學模式就顯得非常重要。

7.2.1.6　對評估方式的研究

在任何一種教育形態下，教育者都需要對學習者進行相應的教育評估，以期更好地對教學做出調整和改進。在元宇宙教育模式下，教育評估依舊不可忽視。作為一種全新的教育模式，元宇宙教育究竟產生了怎樣的影響和效果，教育者對學習者的學習結果而不是他們在學習過程中的學習表現給予了很大關注。

在元宇宙中，藉助人工智慧、計算、儲存等技術，學習者在學習過程中的表現可以被準確記錄和分析。因此，可以產生各種形式的評估結果，例如，一份包含形成性和總結性資料的學習分析報告。這表明元宇宙可以一種系統、無偏見的方式提供另一種評估。從這個角度來看，應該制定一個組織良好的評估框架，因為隨著元宇宙的應用，一些指標需要被添加或調整。

7.2.2 打造教育新模態

新冠疫情期間，線上教育一時成為了教育的主要形式。線上教育模式使得我們的教育在特殊時期不至於停擺。疫情之後，線上教育也逐漸成為了現代教育體系的重要組成部分。現階段的線上教育雖然說是一種全新的嘗試，也在不斷地更新升級，但確實還存在著一些問題，例如教學方法和手段單一化，使得課堂的形式單一，物理空間的阻隔感造成了學生學習和課堂的參與度不高。同時，在網路的虛擬空間中，教育者缺乏培養相應的教育技能。一些需要實際操作或者活動的教學活動，例如化學、物理、體育等操作性更強的學科，目前仍舊是線上教育的一大難點。未來，元宇宙助力教育將給線上、線下教育帶來全新的改變。

元宇宙教育，簡單理解就是雲端智慧教育的統合。這種教育模態下，教師和學生將會擺脫物理實體，以數位身份參與課堂，在虛擬教學場所中進行多種互動與交流。元宇宙課堂中，VR 設備的引入能夠充分重塑教學內容的展現形式，讓學生進行完全沉浸式的學習體驗。此外，虛擬空間的可塑性也必將催生各種虛擬場景。這些虛擬場景將元宇宙從課堂延伸至課後活動。

經濟學家朱嘉明教授在談到元宇宙的應用時曾表示，元宇宙應用最大的潛在領域其實是教育。元宇宙和教育之間，具有天然的平行性和覆蓋率。遊戲的終極意義是讓大家學習。現在，人類進入到「生活就是學習，學習就是生活」的歷史階段，學習變成了終生的、全天候的內容。元宇宙為這樣的學習提供了最大空間和最好的技術基礎

未來，元宇宙教育的應用會非常廣泛，包括虛擬世界中的語言學習、歷史考察、科學實驗等。例如在語言學習方面，學生可以透過虛擬世界中的場景和角色來學習語言知識及技能。學習英語時，學生可以進入虛擬的英語環境中，與虛擬角色對話、閱讀英語文章、聽取英語音樂等，從而提高學生的語言交際能力和聽說讀寫能力，和對語言文化的認識。

在歷史教育方面，學生可以透過虛擬世界中的歷史場景和角色來體驗和學習歷史知識。舉例在學習中國古代歷史時，可以進入虛擬古代城市中，體驗古代文化、建築和生活方式。這種學習方式可以提高學生對歷史事件和文化的理解，激發學習興趣和熱情。

至於在科學教育方面，可透過虛擬世界中的實驗和模擬來學習科學知識和技能。例如進入虛擬實驗室中做各種物理實驗，包括測量物體的運動、探究物理定律等。未來，學生甚至可以在元宇宙空間裡學駕駛飛機練習做手術。

除此之外，元宇宙教育還可以應用於職業教育和培訓，學員透過虛擬世界中的模擬和訓練來學習職業技能和知識。例如在學習飛行員培訓時，可以進入虛擬飛機模擬器中訓練，模擬各種飛行場景和情境，有助提高學生的飛行技能和能力。在建築行業中則透過虛擬實境技術建築設計和模擬，幫助學員更好理解和掌握建築知識和技能。醫科生則可透過虛擬實境技術模擬和訓練做手術，更好地掌握手術技巧。

7.2.3　元宇宙教育案例

美國科技公司 Meta 在先前發佈的元宇宙概念影片中，向世界展現了元宇宙與教育結合的可能性：戴上智慧眼鏡，揮一揮手，就能將太陽系從宇宙中拉到眼前。想要寫一篇關於土星的報告，將土星拉到眼前，再放大，就會出現關於土星的細分知識體系，包括小行星、重力、大氣層、土星環等，可以透過手勢調出它們的資訊，或者將圖像進一步放大來仔細觀察。概念影片一出，所有人都震驚了。這些教育場景在當時看來或許還是一種令人難以置信的美好想像。如今看來，裡面的很多場景已經成為了教育現實。

7.2.3.1　「Gather.town」

2021 年 11 月，韓國首爾市政府發佈了《元宇宙首爾五年計劃》，宣佈從 2022 年起分三個階段在經濟、文化、旅遊、教育、信訪（人民來信來訪）等市政府所有業務領域打造元宇宙行政服務生態。其中，「元宇宙＋教育」目前在韓國各校已有實際落地案例。

Gather.town 是一個具備教學功能的元宇宙平台，學生能夠自主的創作虛擬形象參與教學活動。為滿足不同的教學活動需求，Gather.town 提供了多種虛擬教學場景，如課堂空間、項目空間、自由空間、出席空間等模組。

該平台能夠根據使用者的需求佈置教學場景。教師可根據教學需要，自由選擇場景道具並任意擺放，例如，平台提供如花盆、桌椅等裝飾道具，滿足對虛擬教學場景的空間設計。此外，平台還支援將電視、電腦、投影機、遊戲機等連結位址嵌入虛擬場景中，且支援播放功能。學生靠近某個被嵌入連結的圖示時，可打開觀看。此外，虛擬課堂空間可以實現教

師授課型的單音訊聲音傳播和討論發言型的多音訊聲音傳播，支持多種授課形式。例如，教師可透過畫面共用功能，對教材中與韓國傳統文化相關的主題如扇子舞、面具舞、民間遊戲等的截圖內容進行介紹和講解。之後，學生可透過音訊、影片等資源進一步深入理解並掌握所學內容。這種教學方式與教師統一向全體學生展示特定的音訊、影片不同，學生們可以像在博物館參觀見學一樣，瀏覽自己感興趣的文化資源，

該平台還支持各類互動式虛擬活動，休息空間能夠為學生提供與其他組員或同學互動交流的機會。例如，學生可以自主創建並共用地圖，角色之間在彼此靠近時將自動彈開影片畫面進行可視對話。學生還可以通過獨自玩遊戲或與他人一起玩遊戲的方法緩解學習疲勞。此外，許多線下活動都能夠被「搬」上該平台。

7.2.3.2 「Metaverse Students」

最近，日本一家名為 Aomine Next 的公司計畫為 Yuushi Kokusai 國際高中開發一套名為 Metaverse Students 的元宇宙課程。消息一出，立即在教育界引發了一場關於元宇宙教育的關注和討論。

Yuushi Kokusai 國際高中是一所提供元宇宙課程的教育機構。作為一所廣域函授高中，在這所學校，學生的地域和學習時間都是不受任何限制的。並且它面向所有的學生開放。這也就意謂著，只要學生有意願，都可以申請上學。

學校創新性地引入了元宇宙的概念。不同於傳統的教學模式，學生必須要在實體教室中學習。在元宇宙教育打造的課堂上，學生可以透過自己的虛擬形象參與課堂學習。這種創新型的教學模式打破了傳統的時間和空間對學生的束縛，為學生提供了一個全新的學習環境。

同時，學生在學生都可以在課堂上體驗到沉浸式的交流和互動，因為學校為所有學生準備了可借用的 VR 設備，以支援他們在虛擬空間中的學習。此外，學生還可以使用 Zoom 等線上工具進行課程學習以及彼此之間的交流、互動。學生的學習方式非常的靈活，藉助於學習軟體「you-net DX」，學生實現的「我的學習我做主」。他們不僅可以選擇直播課，還可以按照自己的興趣、時間安排、學習能力或者進度選擇點播課。為了滿足學生在元宇宙空間中的人際交往的需求，學校為學生們打造了 SNS 工具「key」。藉助於這一交流工具，學生們就可以在元宇宙中建立屬於自己的社交天地。

學生不僅可以在元宇宙課堂學習到豐富的知識，還可以在這裡學到很多關於元宇宙的操作經驗。因為學校不僅教授他們如何使用 Metaverse 作為交流工具，還教授他們如何創建和管理 Metaverse/VR 空間本身，這些都為學生提供了實際操作經驗。

為了促進學生的全面發展，學校還為所有學生精心準備了一系列精彩的年度活動，包括文化節「禦史節」和電子競技錦標賽，這些活動旨在培養學生的策劃、執行和合作能力。

此外，學校還準備根據每位學生的不同職業發展路徑，在元宇宙空間中為學生準備小組討論或者時演講指導，滿足學生的未來職業需求，幫助他們提前適應未來的工作環境。

Yuushi Kokusai 國際高中透過結合最新的虛擬技術與教育理念，為學生搭建了一個全新的學習平台這不僅能夠打破傳統教育中時間和空間的束縛，還給了學生更多的自由選擇。這項計畫，不僅能夠提升學生的學習體驗，還能夠為他們的未來職業生涯打下堅實的基礎。

7.2.3.3　ClassMonitor

位於印度的元宇宙教育科技平台 ClassMonitor，為了讓兒童獲得更身臨其境的學習體驗，選擇為其提供基於元宇宙的學習服務。ClassMonitor 是一個屢獲殊榮的教育技術組織，該公司打造了全球最優秀的幼兒家庭學習平台，專為 0-8 歲幼兒學習者的全面發展而設計優質課程。ClassMonitor 將高品質的學習工具包與基於元宇宙的體驗式學習相結合，該公司的願景是讓所有孩子都能快樂、輕鬆地學習，透過線上線下教育無縫融合的方法，試圖打造全球頂尖的元宇宙學前教育學習平台。

ClassMonitor 當下主要提供三款產品，包括年度學習工具包、技能加強包以及直播課。年度學習工具包由 250 多張工作表、抽認卡（Flash Card）、AR 卡、海報、故事卡、遊戲台、活動表等構成，涵蓋超過 14 個主題，受到了超過 20 萬家長的信賴，寓教於樂，幫助不同年齡段的孩子培養良好的學習習慣、語言能力、邏輯思維、感覺和運動技能、認知能力和創造力。

技能加強包更加具有針對性，透過豐富有趣的活動，將識字、算術、科學和環保意識等關鍵概念與藝術、手工、角色扮演、木偶戲、音樂、行動力等技能相結合，培養孩子語言、邏輯等多種綜合性能力。

直播課主要藉助遠端線上教學的方式，培養孩子的人際交往能力、領導能力、演講技巧。讓孩子有正確的肢體語言，並且能夠清楚的表達他們的觀點和想法，在學習體驗中培養正確的價值觀。

疫情期間，ClassMonitor 大量採用了 AR 技術和線上直播。AR 技術使得知識變得具象化，單詞和物體不再是簡單的字母組合，而是豐富立體的 3D 畫面。這種新穎的教學形式，很好地激發了孩子的好奇心和探索欲。

課程在增加趣味性的同時，讓孩子對各個知識點有了更加深刻的記憶。線上直播課一般是由具有經驗的專家及老師教授和引導。這樣的高品質線上課程，讓來自全球同年齡段的兒童齊聚一堂，在發現問題、解決問題、交流討論中健康、快樂地成長。

7.2.3.4 更多案例

美國的莫爾豪斯學院提供的 VR 課程中，學生可以在生物課中打開虛擬人的心臟並走進內部研究，可以在歷史課上行走在戰場中，從上帝視角俯瞰戰爭，在科學課上目睹周圍旋轉的原子。史丹福大學開設的「虛擬人物」課程，將課堂搬到虛擬場景中，每一位入選課程的學生，可以領到一部 VR 頭盔及配套的雙手把，在世界的不同地方、同時間在虛擬課堂上出現。學生體驗到各種 VR 場景，有博物館、實驗室、海底、火山口，甚至自己設計場景。其中有節課讓學生在虛擬空間內扮演黑人，體驗黑人日常受到的各種歧視。有學生認為，VR 適合打造身臨其境的體驗，幫助人們建立同理心，而同理心對於無障礙技術的開發非常重要。

在香港亦有小學開始將虛擬實境技術引入教學。位於天水圍的中華基督教青年會小學在校內建設 5G 元宇宙智慧教室，透過 VR 設備，讓學生猶如置身於世界不同地方，包括肯亞的草原、印尼的水底世界、馬來西亞的森林等；學生亦可化成太空人，完成操縱機械臂及太空漫步等任務。學生更可於學校指定的平台上設計出屬於自己的虛擬空間，發揮想像力和非凡創意。

7.3 ╱ 實現真正的「遊戲人生」

科幻電影為我們提供了很多關於元宇宙的影視模型，不論是《一級玩家》中的「綠洲」，還是《脫稿玩家》中的「自由城」，都讓我們感受到了遊戲帶來的自由與刺激。如今，很多年輕人都將遊戲當作了生活的一部分，遊戲不僅僅是一種消遣方式，更是日常生活的重要組成部分。「遊戲人生」成了很多人的追求。這種追求，或許是一種對現實的逃避，但是也包含著他們的成就需求、社交滿足。自我認同和創造性表達。隨著元宇宙這一概念的不斷發展，遊戲人生這一想像也會經歷新的發展和演變。未來，我們或將實現真正的「遊戲人生」。

在元宇宙的遊戲世界，用戶可以藉助一系列先進的技術，如 AR、VR、5G、雲端運算和區塊鏈技術，進行沉浸式的遊戲體驗。元宇宙最主要的一個特點就是複製現實世界，但是又對現實世界進行了改造和創新。在元宇宙中，遊戲玩家可以將自由發揮到極致。

遊戲平台專門為玩家提供了創造發展的無限可能性。以系統內世界中的「土地」作為遊戲的起點，玩家購買土地後，就可以自我決定後續的一切發展。他們可以按照自己的要求搭建不同的遊戲場景，建築場景如街道、樓房、公園等等，遊戲場景如戰場、格鬥場、未來都市、幻想世界等等。

在元宇宙中，遊戲玩家們無所不能，無疑已經擁有了創世的超能力。只要你有想像力和創造力，你就可以在元宇宙世界中創造一個全新的、只屬於你的遊戲世界。當然，遊戲平台也會為玩家提供各種完善的工具，以降低玩家的遊戲操作門檻。畢竟，不是所有的玩家都熱衷於在遊戲中搭房

子、建戰場。玩家們不用花費很長時間和精力，也不用冥思苦想如何搭建，元宇宙中的現有工具就可以輕鬆幫助你完成所有。

元宇宙中的遊戲透過科學與技術對現實中的遊戲進行模擬，方便人們在現實遊戲條件不足的情況下可以獲得更加真實和刺激的遊戲體驗。所以，元宇宙中的遊戲，是一場真實又安全的冒險。完全沉浸式的體驗、高度擬真的畫面、操控的實感、近乎真實的聲音，會讓每一位沉浸於遊戲中的玩家，在不知不覺中認同自己透過遊戲中的替身，親身在遊戲的世界中生存。

相較於傳統的角色扮演遊戲，元宇宙概念遊戲所呈現的世界是一個更加真實的虛擬空間。這裡沒有任何的腳本，沒有設定好的重點，購買的玩家就是這塊土地上的唯一決定者。從建房屋、修道路，再到後期的玩法，全部由玩家自己決定和設計。

玩家還可以在遊戲中打造自己的遊戲形象。藉助這一虛擬身份，玩家實現遊戲中的全部冒險。這一虛擬身份，成為了遊戲玩家在元宇宙中的「自我畫像」，基於這一身份他們就可以進行娛樂、社交、交易等一系列操作並形成穩定、真實的遊戲社交關係。

如果對自己的虛擬形象不滿意，玩家還可以在再一次搭建新場景的時候重新選擇自己的新身份。每一個畫像，都對應著一種新的身份，每一個身份，都會帶來一個全新的遊戲體驗。這大概就是「遊戲人生的」真正意義。元宇宙將會打破「人只能活一次，不能修正，不能準備」的現實世界定論。在這個世界中，一切可以重來，一切可以重塑。正是這種未知和刺激，充滿了誘人的吸引力。

7.4 / 元宇宙旅遊

　　元宇宙是一個複雜且強大的結合體，它將 VR、AR、MR 等技術完美融合於一體。其中，VR 技術的加持。更是使得 360°沉浸式體驗成為可能。沉浸式體驗是元宇宙實現的關鍵，也是元宇宙最大的特徵。未來，當元宇宙發展到一定階段的時候，我們的生活或將成為虛擬和現實的混合體。當元宇宙誕生開始，人們對其與遊戲的結合寄予了很大的希望。可以說，元宇宙是對線上遊戲的一種延伸。其實，元宇宙運用於未來旅遊業，也將成為未來的現實。

　　曾幾何時，環遊世界是不少人的夢想。但是因為現實的原因，大部分人其實很難實現這一願望。或許是時間的問題，或許是語言的問題，又或許是資金的問題，種種阻礙都使得這一夢想被現實扼殺。但在未來，元宇宙或許可以讓你足不出戶實現環遊世界的夢想。你將在元宇宙搭建的數位世界中自由遨遊，體驗和感受那些你從來未見過的景觀、文明和文化。

　　如果你是一個「南方小土豆」，或許在人生的前幾十年沒有見到過雪，但是卻渴望體驗夢幻的冰雪世界。那麼，你只要選擇一個空閒的時間段，躺在柔軟的沙發或者床上，然後你就可以進入元宇宙世界，體驗零下 20°的美麗與浪漫。你可以進入夢幻的冰雪大世界，在這充滿燈光與色彩的世界裡進行另一種不同的旅遊體驗。你可以在數位城堡中漫步，一邊觀賞一邊感嘆人類的偉大智慧。看到那些栩栩如生的冰雕，或許你會懷疑，這些真的是用冰雪堆砌而成的嗎？沒關係，戴上 VR 觸覺手套，你就可以真實地感受寒冷帶給你的身體感官上的真實刺激。漫步完之後，你還可以去冒險樂園瘋狂一下。爬一爬雪山索道，順便欣賞一下白雪皚皚的世界；和三五好友來一場雪地足球賽或者雪地摩托車，重新找回自己年少時的激情和快樂。如果感覺太冷了，切換一下場景，你就可以來到休息的暖房。

穿上時尚的碎花大棉襖，盤坐在熱氣騰騰的炕上，一邊圍爐煮茶，一邊和另一些數位驢友（背包客）暢談人生。

當你在元宇宙世界中已經暢遊了整個中國，那就可以考慮來一場異國旅遊，元宇宙可以讓你實現真正的說走就走的旅遊。第一站就去參觀非洲大草原吧，在廣闊無垠的沙漠中抓起一把沙子，讓那些沙礫慢慢從指縫中漏下。感受綠洲與黃沙相伴的奇幻景象，聽駝鈴叮鈴，看飛鳥自由翱翔。你還可以見到早已消失在地球上的古老生物——恐龍，與它們進行近距離接觸，聆聽它們在地球上的古來故事。你還可以再去熱帶雨林，來一場驚心動魄的探險。你或許會迷失在那無邊的熱帶灌木中，也會看到各種五顏六色的毒蛇。當然，還會遇到隨時將你吞噬的沼澤。但是不用害怕，你可以讓自己的虛擬數位人在熱帶雨林上空飛翔，先遊覽完整個叢林景觀，當你覺得你有足夠的勇氣進行叢林進行探索時，再切換一下人物運動模式，進入叢林內部細細觀察。

元宇宙還可以帶領你去那些讓人心馳神往的「禁忌之地」。如果你對埃及金字塔很感興趣，那麼也可以進入元宇宙世界，再進入金字塔內部進行探索和考察。未來，元宇宙還可以帶我們真實體驗一把那些已經消失了的著名景觀。你可以參觀古巴比倫的空中花園，來到神秘的龐貝古城和凱撒城……

未來，元宇宙旅遊將會讓所有人興奮不已。但是我們也要知道，元宇宙不是一個我們可以隨意進出，任意瀏覽的虛擬世界，你還是要有操作的知識和技能。需要對你的旅遊進行設計和安排，就像現在的旅遊需要做好各種攻略一樣。你需要事先確定旅遊地點，搭建旅遊場景，選擇自己的虛擬形象，確定自己的運動模式，準備好合適的工具。做好一切準備，你就可以沉浸式享受和體驗每一次「完美旅行」

第三篇

教育走向未來

未來教育

8.1 ╱ 未來教育培養什麼樣的人？

透過前面的這些前沿技術，以及對社會與教育所帶來的變革與影響，我們幾乎可以非常肯定的得出一個結論，那就是未來社會跟今天完全不同，這也就意謂著教育將要做出根本性的調整。任何一個時代，在描繪教育藍圖之前，都需要深刻考慮一個問題：教育培養什麼樣的人。這是關於教育的最深刻的問題，也是決定教育最終可能走向何處的關鍵。只有先回答了這個問題，我們才能繼續探討教育應該怎樣改革和創新的問題。立足當下的科技發展，我們可以預見，當一切的知識性記憶已經變得不再重要，當我們即將進入一個人與機器人協同的時代，人類的社會價值、角色、分工都將面臨重塑。未來的教育最重要的事情，就是注重培養學生的創造力、思辨能力、自主學習能力、品格力以及同理心。

8.1.1 創新力

創新力是一種重要的能力，它關乎到給資源賦予一種新的價值。創新力的形成和發展受到多種因素的影響：個人天賦、教育背景、家庭背景、社會環境等等。我們通常認為，這種能力是區分人才和平庸者的關鍵。實際上，創新能力不是完全天生的，它可以通過後天的學習、訓練和實踐來培養和提高，但是傳統的填鴨式的教育正在扼殺孩子們創新能力。

填鴨式的傳統教育還停留在以分數決定成敗的階段。在這樣的教育之下，孩子的所有想法都圍繞著「怎樣考個高分」這一個問題進行。這種教育不注重創新，因為對於大多數孩子、甚至所有的孩子，教育的內容和方式都是一樣的，每一個人所接受到的知識都是相同的，久而久之，思考問題的方式也將趨於一致。填鴨式的教育是工業革命時期的教育產物，在當

時的社會能夠滿足快速、大規模培養人才的需求。這種教育下，學校其實就是製造工廠，學生是流水線上的產品，按照統一標準來生產一批產品。標準統一，才能保證生產出來的產品具有同一性，無差別就是最大的生產力。很長一段時間，這樣的培養方式被全世界各國推崇，因為確實可以滿足社會化生產的需要。

但是如今，乃至未來，我們的社會已經變化了。人工智慧不斷發展，社會生產力的提高，已經不必完全依靠人力了。更可怕的是，在不久的將來，越來越多的職位將會被機器取代。過去的知識和經驗再也沒辦法解決未來的問題，過去的教育方式也終將培養不出未來需要的人才。我們不需要統一思維的「人才」，而是需要能夠獨立思考，能夠賦予知識全新價值的新人類。

我們的教育，或許不再需要注重教會孩子如何背誦，如何仿寫。雖然人工智慧沒有自我意識或者情感，但是在智力方面遠超人類。人類需要用十年甚至更長時間才能學習完的知識，或許人工智慧只需要幾個小時就能全部學完，並且永遠也不會忘記。所以，如果還是比記憶、拼模仿，在機器面前人類將會輸得一敗塗地。這時候，我們就必須擁有機器無法具備的某項能力，那就是創新力。

諾貝爾生理學獎獲得者大衛‧休伯爾以及醫學獎獲得者托斯坦‧威澤爾的研究證明，人類一般技能的掌握，靠的是低階腦細胞的相關活動，主要負責具體資訊的加工整理。高階腦細胞活動負責的，則是類似於審美、創新、共情等功能。高階腦細胞活動越多，人類的智慧程度就越高。低階腦細胞的相關功能，機器可以比我們做得更好，這時候我們就需要培養高階腦細胞活動，創新力就算其中一項。

　　與簡單的資訊整理加工不同，高階腦細胞活動下的創新能力能夠發現問題、分析問題、解決問題，進而創造出新概念、新事物，能夠幫助孩子想像未來，規劃未來。未來社會，將會出現很多當下我們不曾遇到的難題，而創新能力，就能幫助人們以創造性的方法，順利解決問題。創新能力是人類特有的一項能力，也是人類在創造性地解決問題時所表現出來的一種個性心理特徵，而這正是機器所不具備的特質。未來，具有創新能力的孩子，可以運用一切他們自身所掌握地資訊，用創造力思維來解決問題。下一代想要在人機協同地時代展現自己的獨特價值，就必須具備機器所不具備的創新能力。

　　人類在解決了生存的問題之後，一定會建立起對於世界的好奇，這種好奇，就體現在參與感以及學習上。參與世界，就是透過與這世上的萬事萬物產生直接或者間接的聯繫，從而連成自己的某種期待。學習則是為了更好地實現這種期待而必須要進行的個體技能、經驗的累積，這也是學習的起源。人類要與世界產生某種聯繫，獲得參與感和完成自己的學習目標，就必須要用到自己的創新力。這是一種外顯的行為偏好，也是人類參與世界和改變世界的基礎能力和核心能力。縱觀歷史上那些能夠改變世界的人，像牛頓、愛因斯坦等，都是具有創新力和創造力的人。他們可以敏銳洞察到事物背後的本質，可以看到我們看不到的東西。他們可以提出一個想法，然後通過自己的無數次實踐去檢驗、推翻、重建。

　　可以說，創新能力推動了世界發展的巨輪。未來，擁有創新能力的孩子得以擁抱整個世界。或許有的家長會說，我不需要我的孩子成為牛頓、愛因斯坦那樣的時代偉人，他們不需要成為科學家、教育家，也不必做出轟轟烈烈的大事，只需要每天開心、快樂地當個普通人就好了。但是，需要強調的是，日常生活中開心、快樂地生活和工作，同樣也需要有創造力，特別是當我們的生活中出現了智慧型機器的時候。如果說，成為時代

偉人需要具備「大創新力」。那麼開心、快樂地生活就需要「小創新力」。擁有「大創新力」的人,能夠先於常人洞察社會,做出足以影響整個人類的某些創新和貢獻。他們改變了世界,成為時代的里程碑。而作為一個普通人,「小創新力」,能夠當我們學習或者工作中遇到一些挑戰性的任務或者是全新的任務的時候,能夠賦予我們創造性的思維和能力,讓我們更好地應對和解決問題。

未來,我們的孩子將會在不斷發現新問題、解決新問題中度過一生。舊有許多東西或許已經毫無意義。唯有那些可以不斷產生新想法,並將新想法付諸於行動的人,才能創造出全新的人生,創造出全新的世界!

8.1.2 批判性思維

最終,我們需要保留人類的批判性能力,來判斷和確定我們看到的是否是我們正在尋找或者最終想要到達的方向。

批判性思維涉及到對資訊和觀點的分析、評估和重建,是一種重要的思維能力,強調理性、邏輯性、反思性。在美國的大學教育中,教師非常強調培養學生的批判性思維能力。因為這種能力可以幫助學生在學術研究中提出獨到的見解,能夠讓學生以全新的思維和方法解決問題,並在未來的職業生涯中做出明智的決策。

相比之下,傳統的應試教育不利於培養學生的批判性思維。最主要的原因在於,傳統的應試教育是一種唯分數論的教育。評價一個孩子的好與壞主要在於考試的分數,而分數的獲得又是藉助一種充滿應試色彩的評價方式。在這樣的考試中,我們其實已經在考試前為孩子們準備好了一套「滿分答卷」,那麼孩子在考試中越接近於完美答案,他的分數也就越高。

我們傳統的考試，其實注重的是最後呈現出來的結果，而不在於你答題的過程。就好比考試中出現了「1+1」這樣的問題，你只需要告訴閱卷老師答案是「2」就可以得到滿分，而不需要在試卷上提問為什麼「1+1」不可以等於「3」，並給出你自己的推理過程。一定程度上說，傳統的教育不太需要這樣的質疑，你只要記住「1+1=2」就足夠了。

教學中，老師通常會聽到很多學生的疑問，「為什麼是這樣？」「為什麼不可以是那樣？」負責任且具備一定知識儲備的教師會詳細給學生解釋「為什麼會這樣」的原理，從而真正解答學生的疑惑。但是我們的教育中也會有一些老師，不僅給出了「約定俗成」這樣的敷衍回答，還會對孩子進行責備。也許在老師看來幼稚的無意義的一個問題，一句無心的責備，就使得孩子們正在生長的批判性思維的小芽被無情掐斷。閱卷時，我相信大多數教師都很怕批改到沒有標準答案的主觀題。如果認真細緻地進行批改，或許要比批改客觀題多花費幾倍的時間。老師之所以害怕批改主觀題，是因為這些開放的題目沒有標準答案。一旦沒有標準答案，那答案就勢必五花八門、應有盡有。

然而，卻正是因為這些沒有標準答案的主觀題，可以清楚得看到學生之間實際存在的巨大差距。可以表現在知識的累積上，可以表現在知識的選擇上。學生會給出怎樣的答案，本質上是由他自己的一套知識儲備決定的，也是由他內心對於所接受的全部知識的真假性決定的。也就是說，在作答沒有標準答案的主觀題時，學生就需要動用那些可能是學校老師沒有教授過的知識。在他們內心，只有經過一番篩選，那些之前所積累的知識才會以答案的形式出現在試卷上。這一過程，就需要學生的批判性思維的加入。

　　同時，批判性思維與創新能力的培養也是息息相關的。批判性思維，鼓勵和幫助孩子超越傳統思維模式，未來，可能時機器模式和思維，重新激發人的新的、獨特的想法和視角，從而促進創新力和創造力的發展。

　　心理學認為，「只尋找正確答案」的教育方式極容易給孩子的心理認知造成很大的局限性，其中最典型的就是考試焦慮、創造能力和批判性思維能力的下降。不太擅長考試的孩子很容易在「答案唯一」的教育體系中受挫。他們很容易懷疑自己的能力，對考試之外的優點缺乏信心。這樣一來，一些本來具有創新能力、喜歡質疑的孩子就會被忽略。並且，由於一而再、再而三地在成績上遭受打擊，他們很可能就會放棄自己本身具有的某種不一樣的能力，來更好地適應應試教育。這將是教育的悲哀，也是時代的悲哀。

　　未來的社會，人工智慧支持下的機器將會越來越強大。我們的孩子，將會面臨海量的知識。知識唾手可得的時代，似乎一切都變得理所應當。因為人類不必自己再去尋找，長期拿來主義的人就容易喪失對事物本來面目的探尋。機器擁有人類無法比擬的計算大腦，但是他們卻沒有批判性選擇的能力。經過了大量的資料投喂，當輸入一條指令的時候，機器或許會給你提供無數條可能的答案。但是，機器沒辦法幫你辨別哪些可能是真的，哪些可能是假的。在無法量化的思維方面，機器的工作效率就沒辦法讓我們那麼滿意了。

　　網際網路時代，你永遠不知道你能相信什麼。或許，一台機器能很容易幫你收集到海量資訊，但是在衡量它們的價值以及真偽性方面，機器就失去了它們的優勢。但是擁有批判性能力的人，或許就更根據以往的經驗，或者通過某種情境，找出事情的真相，還原事件的本來面目。這就是機器和人的差別。

作為教育工作者或者父母，我們需要瞭解和掌握 AI 可以執行的任務，確定哪些是人類獨有的、不可替代的學習特質，給予學生正向的價值引導，保有人類獨有的批判性能力，才能培育出具有獨特能力的 AI 世代。

同時，也是更重要的，我們需要珍視孩子的每一次提問。通常，孩子是在感到疑惑、好奇或者想對事物進行更深一步的瞭解時才會提出自己的問題。所以，提問其實是培養批判性思維的第一步。正是這一次次的提問，讓他們學會探索，也讓他們學會質疑和創新，從而學會以批判的視角來看待這個世界。我們要教會他們不要無腦地接受一些知識和資訊，而是要學會辨別和篩選。只有具備了敢於質疑、批判和選擇的勇氣，他們才有可能在面臨下一個全新的選擇時能做出更明智、更合理的決策。在遇到棘手的問題的時候，才能快速找到識別問題的核心，探索多種可能的解決方案。

8.1.3　自主學習能力

未來教育，學生應該成為學習的主人。

每一個孩子的興趣和愛好都是不同的。教學中老師們可能會發現，即使使用再新穎的教學手段，企圖調動全班學生的好奇心和興趣，一定時間之後，學生也會因為新鮮感的消失、缺乏屬於自己的探索過程無法使最初的新鮮感、好奇心和興趣維持更長的時間。所以，很多學生就因此成為了課堂中的「游離者」，淪為了被動的學習者。

如果想要保持長時間的學習興趣和好奇心，就必須讓學生具備自主學習的能力。自主學習能力是學生再沒有外部的指導和壓力的情況下依舊能夠做到自我管理和規劃，以及監控和評價自己學習過程的能力。然而，現在很多學生的，學習的動機都是來自於外部，如家長或者老師。如果學生

對於學生的動機無法由「要我學」轉變為「我要學」，那麼學習的效率將很難在短時間內提高。

美國國家訓練實驗室的研究表明，採用不同的學習方式，學生的學習效率會產生很大的差異性，這就是著名的學習金字塔實驗。

學習金字塔　資料來源：國家訓練實驗室 美國緬因州（國家培訓實驗室）

這一實驗將學習分為主動學習和被動學習兩大類，被動學習主要包括聽講、閱讀、試聽和演示，而與之相對應的兩周後學習內容的平均留存率分別是 5%、10%、20% 和 30%。主動學習則包括討論、事件和教授他人，分別對應的數字則是相差巨大的 50%、75% 和 90%。可以發現，在被動學習模式之下，最最傳統的教師傳遞知識模式之下，學習效率是最低的。而多媒體技術支援下的被動學習有讓學生的學習效率提高，但是相比於主動學習，效果還是微乎其微。這就給我們所有教育者一個道理，與其在課堂上想盡辦法讓課堂看起來生動有趣，不如轉變教學方式，如學生的被動學習轉變為主動學習。所有的學習者也應該明白，與其花費大量的時間和精力來被動聽講、記筆記和背誦，不如培養自己的自主學習能力。

科技的不斷發展，使得網路上知識呈現爆量的現象。但正是這些爆量的知識，使得我們的世界變得「知易行難」。所以，現在的學習，乃至未來的學習，更加看中的是「自學」與「跨域」的能力。如果學生還是僅僅靠著老師的課堂 40 分鐘，或者只是簡單記好筆記回家背誦，那麼就無法在任何行為、思考都將會被機器記載，並且知識都是由機器產生的時代中更好地生存。

未來社會，技術不斷發展，網際網路提供的教育資源日益豐富。網路上具有大量的國際、國內外的免費選修課程和選修資源。如果你是文學專業的學生，你完全可以藉助線上課程再輔修一門歷史或者哲學的課程。並且，因為學分銀行的建立，不論你選修的是國內學校的課程，還是國外學校的課程，只要通過最終的考試評估，你都可以獲得相應的學位證明。所以未來，只要你有時間、有精力，有足夠強的自主學習能力，你可以擁有很多個學位。但是如果不具備自主學習的能力，那麼就無法有效利用如此多的教育資源。

當下，學生寒窗苦讀幾十載，可能就是為了那一紙文憑。不論是就職還是繼續發展，那張學歷證書都對你有著重要的作用。它可能是你進入某所機構、某個公司的敲門磚。所以一定程度上對於很多人來說，當你拿到那張學歷證書的時候，也意謂著學習生涯的終結。但是未來社會，我們的「學歷」似乎已經沒有那麼重要，因為那將是一個終身學習的時代，也是一個能者為師的時代。真正區別人與人的是「學力」，也就是每個人的學習能力。不具有自主學習能力的學生，未來只能在海量的知識海洋中漫無目的地漂流。

擁有自主學習能力的孩子，他們在課堂中會堅信「我是在和老師一起努力學習」。這樣，即使遇到了一些難題，他們也會更有信心去克服。

有研究表明，具有自主學習能力的孩子，只要是出於自己的興趣和愛好，再加上合適的學習目標，即使是藉助一點點從旁觀察或者協助，他們就能獲得更好的學習效果，自我效能也會提高，從而更加相信自己具備發現問題、解決問題以及修正問題的學習能力。擁有了自主學習能力，他們就會「愛屋及烏」，從一個感興趣的知識點出發，去挖掘和探索更多的知識。

只有當一種知識和能力被學習者堅信是真正需要的，是他發自內心覺得重要的，對他將來更好地生活和工作是能發揮作用的，這種知識才是有意義的。所以，對於未來的孩子來說，要學習、會學習，將會是一種非常重要的能力。

8.1.4 品格力

一定程度上來說，教育就是一場投資。但是，我們很少有人不關注投資的短期收益。未來教育，無論是教師，還是家長、政府，都應該在教育方面做一個眼光長遠的長線投資人。這也就意謂著，我們不能只關注孩子一時的學業表現，而更應該注重孩子的長遠發展。未來，能夠支持孩子獲得長足發展的重要品質就是「品格力」，這也是我們未來教育應該培養的品質。

《紐約時報雜誌》的記者就曾進對美國的多所學校進行過調查，需要能夠通過廣泛的調查回答「為什麼某些孩子更容易獲得成功」這個問題。經過兩年多的調查他發現，比起學科教育關注的「認知能力」，孩子的「非認知能力」對他們未來的表現影響更大。「認知能力」和「非認知能力」之間的區別就類似於我們所說的 IQ 和 EQ。但是與 EQ 相比，「非認知能力」的內涵還要更加寬泛，包括好奇心、毅力、自我察覺、自我控制與信心等內容，這些能力就是所謂的「品格力」。

　　擁有良好的品格力的孩子，會更加容易融入集體活動、團隊合作、社會交往。即使是在獨處的時候，他們也能夠辨識困擾自己的情緒，之後也能慢慢從負面情緒中掙脫出來。很多家長和老師都會發現這樣的問題，一段時間內孩子會突然出現某種行為上的偏差，變得厭學、焦慮、易怒等。其實，就是因為孩子一段時間的負面情緒沒有找到合適的宣洩出口，長時間累積之後就外顯為不恰當的行為。如果能夠有能力關注自己的情緒發展，那麼孩子就不會在負面的情緒中困擾太久，更能專注於發揮自己的熱情和潛力，並將其運用於學習、交往等方面。

　　除了保證情緒穩定之外，品格力的發展對學生的學業成績也會有提升作用。一項研究就曾經證明，學生的讀寫與計算方面的認知能力，與他們社會交往與同理心的非認知能力存在正相關。未來社會中，人將會越來越多與機器共處，自己獨處的時間也會大大增加。那麼，懂得化解人際衝突或者排解自我內心的壞情緒將會是一項重要的能力。這項能力能夠使得學生安頓好自己的身心，以更強大的內心以及更積極的人生態度，投入到學習和生活中來。

　　松村亞裡在《AI 時代長大的孩子——別用千篇一律的教養》一書中就曾就「什麼叫不被世界潮流淘汰的孩子」這個問題發表過自己的觀點。最終，他給出的答案是那些無論身處於哪裡都能感覺到幸福，並且能發揮自身的優勢，讓其他人也幸福地生活。這樣的孩子，無論處於什麼時代，他們都不會成為被時代拋棄的那類人。很顯然，這一類孩子，就是擁有了強大的品格力。擁有良好品格力的孩子，將會更加自信、樂觀、適應力和抗挫力也會更強，這些品質都是他們能夠迎接未來的成功關鍵。

8.1.5　同理心

　　未來社會，科技不斷發展，人類的很多工作將會被機器部分取代或者完全取代。智慧化時代，人們始終關注的一個核心問題就是「未來哪些工作不會消失」。關於問題的答案，沒法進行精確地列舉，但是可以肯定的是，未來那些只有人才能做到的工作一定不會被機器取代或者消失。具體來說，就是那些需要人情味、溫暖和同理心的工作無法被機器取代。

　　科技的不斷發展，縮小了世界的距離，但卻在一定程度上拉大了人心的距離。每個人都躲在屬於自己的「數位孤島」中，關注自己的事情而忽略了人與人之間的溝通。社交媒體上，互動都是表面化的，甚至帶有表演的性質。網際網路提供了大量的資訊，同時也帶來了資訊超載的問題。人們每時每刻都在接受資訊的轟炸，形形色色、真真假假的資訊逐漸讓人變得麻木。長時間沉浸在虛擬實境的空間中，導致對現實世界他人情感和經歷感知的減弱。或許，未來的孩子們再也不願再花費更多的時間和精力去關注每一個資訊背後的深層含義和情感。科技帶來了高效率和便捷，但也逐漸帶走了人性的諸多特點，其中就包括同理心。因此，如何在學習和生活中培養和維持同理心，將成為未來教育的關注點之一。

　　同理心是一種重要的能力，擁有同理心的人能夠更好地理解並感受他人的情感和觀點。同理心一般包括情感同理心、認知同理心以及同理關懷。這三個層面就包含了對他人情緒狀態的直接感受、理解他人觀點和心理狀態、採取行動幫助或者慰藉他人。同理心是一種帶有人類經驗和情感的參與理解，是對事物發生現象、規律的總結與反思，也是對事物的發生價值與意義的評判，是一種原理性的、人類獨有的思考。這就意謂著，當我們從最初的單純地認識這個世界、簡單地參與世界到一定的階段後，一定會對這個世界的本質構成、運行規律、人在這個世界的身份定位、人與

世界應該具備何種關係等產生新的好奇。這種好奇心如果想要完整地連接而成，靠的就是人類的同理心。

由於同理心的存在，我們會為自己憑經驗認知的世界重新賦予一種確定性。為我們的經驗到達不了但意義可以到達的不確定賦予某種邏輯。甚至，它可以為我們不論是經驗還是意義都無法到達但是又特別渴望確定的未知賦予某種強烈的信仰。這種信仰，能夠在那不斷變化、日益更新的未來，給予我們的心靈強大的力量，讓我們看到這個社會、這個世界的美好。

同理心是人與生俱來的一種本能。當一個嬰兒還很小的時候，聽到其他嬰兒的哭聲，他們也會馬上感受到對方的情緒，並以自己的哭泣來作為回應。當一個孩子很小的時候，還不知道什麼叫做「分享」。當他在吃美味的冰淇淋時，看到旁邊的父母，他可能也會將自己的霜淇淋放到父母的跟前，讓他們也來嘗一嘗。這些都是同理心的表現。別看這只是一個小小的舉動，但卻是人類同理心發展的里程碑，也是強大的人工智慧學不會的。智慧教師或許可以 24 小時線上為學生耐心、細緻地解答疑惑，但是卻沒有辦法在他們學業壓力過大是給予一句簡單的安慰；虛擬教室中的同學可以隨時出現和你一起學習或者討論，但是卻沒有辦法在你取得學業進步時給你一句由衷的讚美……

未來社會，人與機器協同生存將會成為一個常態。智慧型機器之所以強大，是因為它們具備強大的學習和模仿能力。機器學習的是海量的資料，這些資料是沒有溫度的。但是這些資料背後，記錄的是一個個有溫度的人類個體。我們通過不斷地資料投喂和馴服，使得智慧型機器朝著我們的理想化發展。這種理想化的範本，其實就是人類自己。所以，只有我們有溫度，「馴化」出來的機器才是有溫度的，因為機器複製的正是我們人

類自身。如果我們用充滿暴力色彩、種族歧視色彩的資料來餵養和馴服智慧型機器，這些機器最終呈現出來的模樣一定也是暴力的，帶有種族歧視的。未來社會，我們的孩子應該領導這些智慧型機器更好地服務自己、造福社會進而造福全球。所以，只有他們有溫度、有同理心，才能使得機器具備更多的人性光輝，從而更好地服務人類。

同時，未來社會的教育中，全球合作化的趨勢或更加突顯。在全球教育視角下，或許同理心能夠淡化或者消除性別歧視、種族歧視、地域歧視以及文化歧視，使得全球教育朝向公平和和諧方向發展。

同理心是人類的一項獨一無二的本領，也是我們在未來需要呼喚的人性。大量的正向心理學研究證明，同理心對我們的社會關係的建設、情感的強化以及整體的幸福感等等，都有特別重要的意義。

8.2 / 未來教育的特點

8.2.1　個性化

愛因斯坦曾經說過一句話：其實每個人都是天才，但如果你用爬樹的能力去評價一條魚，它將終其一生都覺得自己是一個笨蛋。這句話，就精準地表達了「個性化教育」的意義。個性化教育，也有人稱之為「適性化教育」，也就是適應人的本性發展的教育。這種教育真正做到了以學生為中心，強調將每一位學生的特點、興趣和發展需要放在首位，並以此為依據來進行教育活動。

每個人從出生的那一刻開始，就成為了這個世界上獨一無二的個體。這種獨一無二就體現在每個人潛能、愛好、性格、需求、經驗、文化等方

面。只有認識到每一位學生的個性所在，讓他們自己也清楚知道自己的特質和潛能，才有可能藉助教育的方式讓他們在屬於自己的領域裡發光發熱。

對於追求教育個性化的目標自古以來就有所提倡。兩千多年前，大教育家孔子就提出過「因材施教」和「有教無類」的著名教育思想，這一思想也成了幾千年來教育家們追求的終極教育目標，也是全人類最美好的教育期待。然而，將這一教育理念應用到實際的教育場景中，卻會讓我們理想與現實之間產生落差。

傳統時空下的整班授課制度中，因為學生人數眾多且每位學生之間差異甚大，一位教師很難在短短的 40 分鐘內關注到每一位學生。並且，課堂的教學是按有限，教師需要在有限的時間內完成自己的教學目標和教學計畫，就很難在教學活動進行過程中瞭解和掌握每一位學生的情況，並即時進行調整，找到適合所有孩子教學進度的教學方法和教學節奏。同時，我們目前的教學評估手段也是相對標準化的，統一的教學時間內完成統一的教學內容，之後再進行統一的考試。這些因素決定了個性化教學實踐過程的不現實性。

一定程度上來說，傳統大班課教學模式下的個性化教育是不公平的，因為它勢必要犧牲一部分孩子的時間來遷就另一部分孩子。我們假設一個班級的孩子按照學習能力的高低分為高、中、低三個部分。如果教師在課堂上講授較難的知識點，那麼理想的狀態可能是高水準和中等水準的學生能夠跟得上節奏，而較低學習能力的那一部分可能就沒辦法跟得上了。如果換成教授簡單一些的知識，那麼就是在浪費高水準和一部分中等水準的孩子寶貴的學習時間和精力。在這兩種較為極端的情況下，如果實現個性化的教育，無論怎樣操作都會犧牲一部分孩子的時間、精力。

　　所以，現在的教育為了實現最大程度上的「公平」和「效率」，可能會採取折中的形式。在教學活動一開始教授相對簡單的知識，滿意低水準學生的需要，接下來就是中等水準和更高水準的知識，滿足另外兩部分學生的需要。但就是這樣相對理想化的狀態，還是會出現一部分學生「陪跑」，另一部分孩子「撐死」的現象，處於「剛剛好」狀態的可能只有一小部分。

　　值得一提的是，隨著科技的發展，很多新出現的繁瑣、重複的工作讓老師們叫苦不迭。個性化教育需要教師對每一位學生的需求和個性有著深入細緻的瞭解，然後在此基礎上採用不同的教學方法和教學模式。這不僅增加了教師的工作量，也對教師的專業素養提出了更高的要求。由此，我們就可以看到目前的教育現實之下實行個性化教育的重重困境。但在未來，藉助於「智適應」教學大模型，實現大規模的個性化教育將會成為可能。

　　未來的個性化教育，不是單純的個別教育、差異教育或者是特長教育。教育最終指向的是「人」，所以個性化教育最終也是為了突出學生的主體價值，促進學生的全面發展。個性化教育立足於「個性」，但是這裡的個性其實是共性和特徵的總和。個性化教育是在尊重個體價值的基礎上，充分挖掘個體的潛能，培養學生獨立人格和個性，由此來促進每一位學生的自由發展，全面發展。它不以個體個性的某一方面作為教育的目標點，而是以全部個性為基礎，以人的理想個性為最終的教育目標，對個體的全部個性進行整體的、和諧的教育。

　　科技的進一步發展，將會打破很多當下班級授課制下實行個性化教育的障礙。智慧時代中，具有個性化特徵的自我調整學習系統將會使得較大規模的個性化教學成為教育現實，這也將成為未來教育的一個新的技術範式和特點。

「智適應」學習系統是傳統自我調整學習的進一步升級和再發展，將會打造一種全新的學習方式。多樣化、個性化、定制化和精準化是這一智慧系統的重要特點。藉助於「測、學、練、評、輔」六個主要環節，這一系統將會形成一個完整的學習閉環。在這個閉環的支持下，個性化的學習就能實現。

落地到真實的教育場景中，「智適應」學習系統可以藉助圖像識別、語音辨識和大數據，即時收集並整理分析學生的個性特點、學習行為和學習效果。之後可以藉助課前和課後測試的資料，確定薄弱知識點和有待加強知識點，在藉助最佳學習效果路徑的電腦演算法，將學習資源精準投送給目標學生。再加上配套練習、學習輔導等，實現精準化的個性化學習。同時，學生在之後的學習過程中產生的一系列表現性資料將會再次被收集，用於修正和調整之前的學習者模型。這一系統憑藉著一次又一次的調整和變化，最終形成一個最適合個體個性特徵、科學的、有效的指導系統。

未來課堂中教育機器人的加入，將會解決傳統課堂中因師資不足而造成的對學生不同的個性和需求的忽略，會讓每一個學生獲得不一樣的關注、陪伴和輔導。此外，虛擬實境、增強現實和 5G 的深度融合，將會重構傳統的教育場景。可選擇的線上學習將會給學生更多的權利和自由去選擇適合自己的課程；沉浸式虛擬學習藉助於更加真實、更加直觀的現實體驗，為學生構建個性化的學習空間。

8.2.2　定制化

傳統的教育方式仍舊是當下教育體系的主流形態。標準化、一致化和去個性化的傳統教育，一定程度上是對人性的泯滅，它模糊了人作為一個獨立、獨特的個體的價值，將人視為了流水線上的產品。

資訊時代之前，人們的工作大多是無趣、單調和受嚴格監管的，所以那時的教育目標可能呈現出一致性特點，突出背誦，強調知識量的累積。AI 時代，我們的工作將會是自由的、具有創造性的，也是複雜有趣的，這使得教育目標越來越強調多樣性、協調性和主體性。

因此，我們必須明白，填鴨式的教育是過去工業會時代的產物，這樣的方式在未來一定不適用，也培養不出能夠應對未來的孩子。教育不應該是罐頭式的填鴨，學生更不該是一批批地送入生產線、灌入填裝物、再一批批地送入社會中繼續製造更多的罐頭。教育應該讓每一位孩子成為他們自己，成為更好的自己。所以，未來教育應該充分發現和挖掘每一個孩子的獨特之處，尊重他們的需求，激發他們的興趣和潛能，讓他們獨一無二、不可替代的個體，這已經要比灌輸知識本身要重要得多。

每一位學生，他們的人生軌跡都是不一樣的，未來從事的職業也不會完全相同。所以，教育應該能提供給每一位學生不一樣的東西。未來，人們將會越來越呼喚教育定制化，這也將成為未來教育的另一大特點。

教育的定制化和教育個性化是未來教育的兩大重要特點，二者緊密聯繫，不可分割。不論是個性化教育還是定制化教育，都強調尊重學生的主體性地位，滿足學生的個別差異和需求。

教育個性化其實可以說是一種教學策略，它充分考慮到每一位學生的興趣、能力、學習進度和學習風格，在教學環境中對教學進行調整，可能包括調整教學方法、課程內容、評估標準等等，以適應不同學生的需求。個性化教育的目的，就是為了讓學生能在適合自己的教育環境中，實現其潛能的最大開發和發展。

教育定制化則是更前進了一步，不僅是以學生的個體差異為基礎，還在此基礎上提供特定的、針對個別學習的教育計畫方案。這種計畫方案是一種高度個性化的學習方案，可以是一對一的輔導或者特別設計的課程，以滿足學生的特定教育需求。這是一種更加精細和具體的教育。

未來，「線上課堂」將會成為一種更加廣泛和經濟的選擇，也將成為「定制化教育」的重要支持。藉助於網際網路技術和虛擬技術，「線上課堂」將會允許學生在任何時間、任何地點透過網路進行自主學習。功能強大的「線上課堂」不僅可以提供全球優質的教育資源，可以滿足學生任意學科的學習要求。同時，它也具有靈活的學習方式，學生可以根據自己的時間進行安排，直播、錄播、互動、考試等多種學習方式使得學習更加靈活多樣。「線上課堂」的便捷性、靈活性和可選擇性，將會讓學生和家長真正體會到定制化教育的魅力。

或許在未來，藉助於人工智慧和虛擬技術，大量的個性化互動環境將會取代今天的物理環境，如學校、教室等。「個人學校」、「個人專屬教室」、「個人專屬導師」等等都會成為可能。未來學生真正需要什麼，不再完全由老師或者一到兩次的考試成績決定。透過對互動環境中學習過程性資料的持續性收集、整理和分析，可以完成對每一位學習者的無感評估與回饋。這些更加精確的數字讓學生的定制化教育選擇更加科學和高效率。

在教育實現定制化的時候，我們也需要解決資源配置、教師培訓、資料隱私、技術支援、評估方法等一系列可能存在的挑戰和問題。未來，這可能需要政府、學校、教師、家長和學生共同努力。

8.2.3 自由化

現在的學生，不論是中小學生還是高中生，週一到週五基本上都是按照相同的模式過著幾乎和昨天一樣的生活：六點半起床，收拾好去學校。大約七點半，先進行 15 分鐘的晨讀，上午再按照課表進行每節 35-40 分鐘的課程。上午一共四節課，每節課之間有十分鐘的休息時間。中午十二點左右，在學校吃個午飯，簡單的休息或者集體勞動之後，又開始以上午的模式開始下午的課程。終於到了下午五點，所有孩子歡呼雀躍，背著沉重的書包走出教室。至此，一天的學校生活算是結束了。

這樣的場景大概是我們絕大部分孩子約 12 年的學習生活的真實畫面。每年 9 月，一批批新生進入校園，每年 7 月，又是一批批畢業生離開熟悉的校園。大概就是所謂的鐵打的教室，流水的學生吧！沒有人覺得這樣的生活有什麼奇怪或者不妥，也不會有人問為什麼要這樣，彷彿這一切都是天經地義的。所有學生，包括教師和家長都在自覺遵守這一規則。因為大家都是這樣過來的，好像學習和教育就應該是這樣的。並且很多人可能還會堅信，自己的下一代，甚至下下一代，應該還是會以這樣的模式繼續他們的學習。

但是，未來這一切，可能會不復存在。或者說，不是所有的孩子都必須按照這樣的模式來接受他們的教育。他們可以不用早上八點前進校門，不用坐在固定的教室和座位上進行兩個學期的學習，不用按照學校為每個班級安排好的課表來上每一節課。甚至，他們可以不用從六歲開始，就進入爸爸媽媽為他們選擇好的學校。

因為，未來的教育是自由的！

　　教育的自由化是未來教育的新特點，它不僅僅是學生的自由，更是家長和學校的自由。從學生層面上來看，他們不必再完全遵守學校制度的那一套來接受教育，統一的時間、統一的課表、統一的教室、統一的內容和考試等等。他們將會有更多的自由選擇的權利，參與課程的決策，決定該學習什麼和如何學習。

　　同時，學生也參與民主決策，決定民主管理與尊重人權。學生將或是學習內容的自主決定者、學習體系的建構者。學生可以基於自己的興趣、愛好和特長決定自己的節奏，而不必跟隨著大家一起。他們可以自己創造只屬於自己的那套獨一無二的學習內容和框架，也可以通過自己的學習活動以及與其他成員的合作來豐富和拓展學習社群。這種自由如果運用得好，將會進一步推動個性化教育和定制化教育的發展，有利於將學生培養成為具有創新精神和批判性思維的人。

　　從家長層面來看，他們對孩子的教育將會擁有更多選擇和決定權，包括是去公立學校還是私立學校，孩子是接受國際教育還是國內教育。

　　對於學校來說，他們也會擁有更多的自主權，包括課程的設置、教學方法的選擇、教學內容的選擇、教育資源的分配等等各個方面。學校完全可以根據自己的特色、學生的個性和需求，來設計、優化自己的教育。

　　教育自由化背景之下，政府或許也會由直接管理教育轉變為制定教育政策、提供教育資源和支持教育改革與創新。

　　未來的教育和學習，沒有天經地義和本來如此，一切以學生的多元化、自由化、個性化發展為主要目標。一個更加開放、自由和多元的教育環境將會出現。

自由，是人類的永恆追求。教育，也應通向自由。教育就是為了實現各種自由：學習的自由、思想的自由、選擇的自由、人生的自由。自由是一種權利，一種自我抉擇的權利；自由也是一種能力，一種思考和行動的能力。

教育自由化雖然有諸多優點，可以提高教育的品質，培養學生的綜合能力。但是，自由不是無界限的。自由化的教育勢必也會面臨一些問題和挑戰，如教育公平問題以及學生自主學習能力的問題等等。因此，未來在實現教育自由化的同時，也要處理好教育公平和教育整體品質的問題。廣大學習者也要培養自己的自主學習能力，來迎接更加自由的未來教育。

8.2.4　終身化

終身教育思想早在古代社會就已經萌發了。20 世紀前半葉，西方的教育家就已經認識到終身教育的重要性。1996 年，國際 21 世界教育委員會向聯合國教科文組織提交的報告，就明確指出終身教育將是進入 21 世紀的關鍵所在。未來社會，終身教育也將是人類面對不斷變化的現代社會中各種挑戰的需要。

在不遠的將來，人類面臨的這些全新的挑戰首先就是科學技術的飛速更新和迭代以及科技發展帶來的環境、食品、技術失控、道德倫理、教育技能差距。其次，就是人口高齡化問題。最後，可能就是全球性政治極化以及健康和衝突問題。這些來自於科技發展以及人類生存環境的變化，向社會和國家提出了全新的教育挑戰和教育需要。未來的人類，面對的是更加複雜，更加廣泛化和複雜化的全新問題，全人類需要在智力、情感等方面做好充分的準備。因為，這些全新的挑戰將會撼動我們以往堅持的教學

方法和教學觀念。無疑，能夠使人類做好充分的準備以迎接新時代挑戰的最好教育理念和模式，就是全人類的終身教育。

終身教育從人出生時開始，到人死亡那一刻結束，這是一個不間斷的發展過程。同時，這一過程也包括了在教育發展的各階段之間的緊密的聯繫。終身教育，不應該僅僅只停留在少年或者是青年時期的。為了應對未來社會的新挑戰和需求，教育應該是貫穿我們的一生。未來的終身教育，應當藉助教育，來實現人的充分且全面的發展。這樣的終身教育，不僅僅在時間上貫穿人的一生，同時也做到教育教育過程的統一性和完整性。同時，新時代的終身教育應該做到逐漸擺脫固定、陳舊的教育內容和教育方法，突出和強調人的個性化發展。

社會發展到蒸汽時代，因為工廠和機器生產的出現，人們需要在短時間內統一學習一門知識或者技術，用來滿足當時的機器生產的社會需求。那時的學習方式是一種被動式的、短時間的學習。這種短時間內的填鴨式教育，最終是要把學生培養成未來能夠在工廠中熟練操作機器的人。所以，每個學生最終只要能夠保證有一項熟練的技術就足以讓他們在那樣的社會存活一輩子了。

未來，我們不再需要在流水線上按照統一的標準進行工作了，面對的也不再是單一的、重複的工作，我們面對的是日新月異的人機協同的社會。很多簡單的，甚至有些複雜的工作都可以交給機器來完成。所以，在未來社會，我們將充分體會到「技多不壓身」以及「活到老學到老」的含義。因為今天是人類的工作，可能很多時間內，就會被機器所代替。或許那時，馬車車夫也堅信地認為，只要自己駕駛馬車的技術足夠好，或者可以一輩子不失業。

但是隨著電氣時代的帶來，馬車車夫成為了一個被記入歷史的職業。雖然這一職業永久消失，但是一個全新的職業——汽車司機也應運而生了。或許未來的某一天，因為某種新的技術的出現，汽車司機也成為了人類的歷史。但是那時，一定還會衍生出一個全新的職業。只要你的知識和技能可以跟上時代的發展步伐，你就永遠不用害怕失業。所以，未來不必太過於擔心沒有職業或者職業或被機器取代，只要我們具備了終身教育的理念和能力，不斷更新自己的知識和技能，以足夠強大的知識和技能系統來面對未來的社會，我們一定不會被取代，或者還能「創造」新的職業，以造福更多人類。

未來的終身教育，將會不分年齡、不分性別、不分地域給予人們真正需要的教育。因為我們正在迎來科幻時代，我們進入了一個不斷推陳出新的時代。未來正在路上，而我們需要做的，就是更新自己的觀念和認知，做好充分的學習準備，來迎接終身教育時代。

8.3 / 未來學校

8.3.1　學校的出現，是社會發展的結果

關於未來的教育，大家首先想到的一定是學校這個物理實體是不是還會存在。如果還存在，是否意謂著學生還是要來學校學習。如果不存在的話，那麼會由什麼來代替呢？

未來，學校這一物理實體還會存在。但是，卻不是學生唯一的學習場所。

今天，學校作為我們現代社會不可或缺的一部分，不僅僅是傳授知識和技能的重要場所，也是學生個人成長和社會交往的一個重要的平台。作為重要的教育機構，如今的學校除了傳授知識、技能，還培養學生的價值觀、社會觀念和社會責任感。可以說，我們對學校培養全面發展的人的期望一直存在。但是，今天的學校，是過去的學校嗎？未來的學校，還會是今天學校的定格嗎？一定不是的！

學校，並不是隨著人類的出現而馬上出現的。作為人類教育和學習的重要場所，它是隨著社會的發展而不斷發展的。因此，學校與人類社會的發展和文明進步緊密相關。

最早的學校被認為是出現的古埃及、巴比倫和古希臘等文明中。古希臘的教育主要在神廟中進行。年輕的僧侶在那裡學習數學、寫作和宗教儀式、這些神廟學校可以視為早期學校的原型。

巴比倫的「泥板書屋」是學校的早期形式。巴比倫文明使用泥板作為書寫材料，學習者在學習數學和寫作知識時，會用到這些泥板。

在古希臘，教育被視為是公民責任的重要部分。當時，學校被分為了初級學校和高級學校。初級學校主要負責教學字母和一些基本的技能，而高級學校則主要教授哲學、政治和修辭等。古希臘是西方教育的搖籃，早期的哲學家蘇格拉底和柏拉圖，亞里斯多德等，他們的教學活動形成了不同的學派，例如柏拉圖的學院就是早期高等教育機構的雛形。

羅馬的教育也受到古希臘的影響，但卻更加注重實用技能的教授。學校主要分為基礎教育和進階教育。基礎教育教學讀和寫，進階學校教學文學、哲學和辯論。

古印度的教育系統非常複雜，包含了家庭教育和叢林學校等。叢林學校是一種寄宿學校，學生可以在那裡學習哲學、宗教、藝術和科學。

到了中世紀，教會成為了教育的中心，擁有了對教育的控制權。當時，一些教堂學校和修道院學校教授宗教知識和一些經典的神學文獻。這時候，也出現了大學，如博洛尼亞大學、牛津大學等。

文藝復興時期，教育受到人文主義思潮的影響。學校開始重視個人的潛能發展以及科學知識的傳播。

啟蒙運動時期，教育的作用進一步被放大，被視為社會進步的催化劑。學校開始在這時候注重對學生批判性思維、科學方法和公民權利等方面的培養。

直到工業革命的到來，現代學校才開始真正出現。這一階段，為了滿足機器生產對新一批勞動力的需求，教育變得更加普及和實用，學校開始為工業革命培養所需要的技術和管理人才。這一時期，大教育家康米紐斯的班級授課制開始在學校建構並不斷發展，這種授課制度下，學生的學習需要遵循統一的上課時間、上課內容、教材和教學大綱等。這一班級授課制度至今還在沿用。

在中國，學校的發展也是隨著社會發展而發展的。古代中國，學校的設立一般是和宗教祭祀活動有著密切的關聯。最初的學校更多的時候與祭祀活動相結合，而不僅僅是教授知識的專門場所。

我們最早的學校大概可以追溯到夏朝時期。在夏朝，國家設立了以「序」為主要形式的官學。這也是中國文獻中可考的最早的學校形式。「序」是建立在王都的學校形式，是貴族子弟習射的主要場所。這時，還有「校」這一學校形式。與「序」對應，「校」一般建立在地方，屬於鄉

學，主要作為軍事訓練的主要地方。所以，古籍有「序者，射也；校者，教也」的記載。

到了商朝，出現了新的學校形式，稱為「瞽宗」，是當時主要的音樂教育機構。這一時期，學校的形式有所發展，不同年齡階段的學校也開始出現。

西周形成了一整套較為完善的學校系統，分為國學和鄉學。國學又分大學和小學。大學由天子和諸侯設立，其中天子設立的學校分為「成均」、「上庠」、「辟雍」和「瞽宗」，諸侯設立的學校則稱為「泮宮」。而鄉學也分為「塾」、「庠」、「序」和「校」。

古代中國，學校主要是以私塾或者書院的形式存在。私塾是中國古代教育的基本單位，一般是由學者或者教師創辦的，私塾一般教授四書五經等傳統儒家經典。唐朝時出現了書院這一新的形式，是中國古代高等教育機構，也是學術研究和文化交流的中心。

學校的發展，經歷了漫長的歷史。所以，我們今天見到的學校，熟悉的學校生活，並不是本就有之，它是社會的發展而不斷演化出來的。所以，隨著社會的繼續發展，學校在不久的將來也一定會發展成新的形態。或許，還會擁有新的名稱。

8.3.2 學習中心或將取代今天的學校

未來的學校，或許不叫「學校」，它是一種新型的學校，可以稱之為「學習中心」或者是「學習社群」。我們可以預見的是，當前基於物理實體建築的學校將會逐步退出教學的核心，取而代之的是各種基於資訊技術的學習方式，隨時隨地藉助於通訊就能實現學習的新模式。如果說，傳統

的教育注重知識傳遞，當下教育強調自主學習。那麼，未來的教育，就是探索型的學習中心。

雖然在未來，會出現新型的學校，但是當下我們所熟悉的這個物理實體學校還是會存在，包括學校裡的操場、升旗台、教室、電腦房、圖書館等等還是校園的標配，甚至連門衛老大爺還是會存在。只不過，現在的學校，不再會是所有孩子每天七點進來，五點出去，週一到週五必須要呆的地方。

我們目前的學校，看似是進行校際之間的流通、交流和學習，但實際上，每所學校都是一座相對獨立的教育實體。因為每一所學校幾乎都是獨立自主地辦學，有著自己的一套規章制度，屬於這所學校的所有學生和教職人員都要遵守這所學校的規則很少進行教學資源、教學設備的共用。本質上，一所學校不太需要和外部的其他學校進行更廣泛的互動。並且，對於學生來說，他們是沒有權利和自由可以往返與幾所學校之間進行學習的。

關於未來的學校，會是一個結合最新的教育理念、學習方式、網際網路＋技術，以及社會教育流程再造的集大成者。同時，未來的學校還具有很強的自主性，可以根據不同的學習物件，不同層面的教育情況，實事求是、因地制宜地設計教育方案並進行實施。

未來的學校，存在形式可以多樣。或許它是一個物理的實體，但有可能，它是一個網路型的。作為物理實體的學習中心，可能是目前的學校轉型而來，也有可能是幾所學校整合而來，或者是其他的一些教育或者培訓、輔導機構發展而來的。

未來的學校，可能不再是一座座由堅硬的水泥牆分割開來的孤島，而是彼此緊密連接、互通共聯的環島。這是一個更加自由和開放的體系。學生根據自己的興趣和能力，可以選擇在幾個學習中心之間進行往返學習。在這個學習中心選擇數學課，在那個學習中心上語文課，再到另一個學習中心去上體育課，這些全新的學習形式就類似於現在的「跑班課」，也被稱為「走班制」或者「選課制」。

與傳統的教育教學形式不同，跑班制讓學生可以根據自己的興趣、特長和學習需求選擇不同的課程和教師。跑班制下，學生不再被固定在一個教室內，而是根據自己的選擇在不同學校、不同班級之間「跑」，可以是線下實體的教室，也可能是線上的虛擬教室。每個學生都有一張個性化的課表，這樣它們他們就可以和不同的教師和同學互動，學習不一樣的知識和技能。

上海、北京等一些城市目前不少學校實行跑班制，這是一種新的教學組織形式。2021 年開辦的文來學校是由上海市閔行區教育局、七寶鎮人民政府和上海市文來中學（國中部）三方合作創辦的公辦九年制一貫學校，目前由文來中學（國中部）委託承辦管理。在文來國中「四層七級」動態分科分層走班教學體系的實踐基礎上，七寶汶萊學校建立了「三層六級」的動態分層走班教學體系的精準教學體系，對語文、數學、英語三門學科進行 ABC 三層單科分層走班制的教學，每學期每學科流動一次。雖然這一走班制教學與我們上面所談的學習中心還有一些差距，但是已經具備了一些雛形。

網際網路形態的學習中心就更加開放和多元化了。如果說物理實體形式的學習中心還會有地理環境之間的顧慮，畢竟學生不太可能上完一節課再跑到十公里外的另一個學習中心上課，之後再跑幾公里趕往下一個學習中心。網際網路時代的學習中心可以完美解決這個問題。

　　某個大學生可以選擇在一個學習中心註冊入學，之後可以在全世界的學校、不同的學習中心選擇他自己感興趣的大學課程進行學習。不用擔心最終成績會無效，因為經過權威的教育認證機構認證或者去全球教育學習中心的許可之後，各區域。各國之間的學分都是互相承認並且終身有效的。

　　那如果物理實體空間的學習中心的學生想要選擇跨省或者異國的優質教育課程要怎麼辦呢？其實還是依託於強大的網際網路科技。這時候，同一學習需求的孩子可以被安排在一個教室，由專門的老師來負責為他們接入學習資源，透過線上學習的形式開始他們的學習。這有點像慕課的形式，但是比慕課要更加靈活和多元。線上的教師可以透過網路選擇一個教師的學生進行即時互動，活動遇到不懂的問題可以線上詢問，也可以尋求教師裡的人類教師或者「機器教師」的幫助。

　　未來的學習中心，可以不受時間、空間、教師數量和教師品質的限制，只要你願意，只要你需要，你可以全天 24 消失 24 小時進行學習未來，或許考上清北不再是遙不可及的夢想，而在當下，牛津、哈佛這樣的頂級學府大部分的課程都已經線上開放。只要你有足夠強的自主學習能力，藉助網際網路的學習方式，我們就能夠實現理想中的學術目標，線上，將會滿足你所有的學術夢想！

8.3.3　成為學習中心的標準

　　上面我們說到，學習中心可能在未來取代我們目前的學校，讓教育和學習變得更加具有選擇性和自由性。那是否就意謂著，所有的學校、輔導班和機構都可以成為未來的學習中心，不論是線上的虛擬平台中心，還是線下的物理實體學習中心，包括各種公共學習中心，比如市民中心、圖書館之類的，都將為所有人提供需要的、高品質的終生教育。

　　去校園化與去標準化的學習中心將會是未來學校的一個新形式，但其本質上還是要為教育服務，要為人機協同時代人的存在與價值塑造而服務。那什麼樣的學校或者教育機構可能成為這樣的學習中心。回答這個問題之前，我們還是要先思考一下未來社會，教育的最終目標是什麼。

　　未來社會，可以已經發展到我們無法想像的程度，新一代將會面臨全球性的新問題和新挑戰。人來將會和機器一起生活，一起工作。所以未來的教育，不能僅僅停留在知識的傳遞上，這主要是兩方面：一方面是可預見的時代，人類社會的知識生產已經遠超人類自身大腦能處理的範疇；另外一方面是人工智慧與腦機介面技術的實現，讓一切資料化的知識獲取變得異常簡單與方便，大腦對於知識的記憶功能將被腦機介面技術所取代。

　　很顯然，此時的知識性灌輸教育已經失去了意義，教育的重點將轉向於教會學生如何識別機器的能力，能夠在人機協同的社會中發現問題並處理問題，如何更好地利用科技助力學習、發展自身、推動社會進步以及共建美好世界。未來教育是為了讓人成為人，成為更加自由、更加幸福的人。從這一層面來看，未來教育的重點不再是傳授知識，更是突顯、挖掘、培養人的獨特性了育人的目標，圍繞人獨有的想像力與創造力，這也是時代的要求。

　　因此我們可以看到，無論我們的社會如何進步，教育如何發展，學校的形態發生怎樣的變化。教育的本質還在一段時期內圍繞「教書育人」，只不過隨著時代的變遷，教的「書」和育的「人」的具體內涵和內容有了新的變化。

　　未來，不論是公立學校，私立學校還是教育機構，不論是虛擬的線上學校，還是物理實體的線下學校，只要滿足了「教書育人」這個基本的門檻，就有可能發展成為學習中心。具體來說，這樣的教育機構不僅能夠

為學習者提供教育服務，而且是優質的教育服務，能夠滿足不同學習者的個性化和終生化的學習需求。這些教育服務的提供者可能只提供自身所擅長的一門課，或者一個方向，比如適合於中小學的化學課、物理課、科學課、數學課等，也可能是為大學生提供特點技能的大數據採擷、大數據商業價值課等，任何人都可以根據自身的興趣愛好選擇特點的課程與學習中心。教育將因為技術的發展而打破傳統入學年齡、物理空間等限制條件。

　　未來的教育重點將側重人的溫度教育，讓人從演算法的驅動下走出來，人類不是在演算法的統治下而只把學生教成隻會學習的冰冷的人，那就成了未來的機器了。學習中心育人價值的實現，將有助於挖掘和發展學生身上這些「人性」，讓人成為有溫度，例如同理心、品格力、創造力等等。

8.3.4　更具彈性的學習中心

8.3.4.1　形式更自由

　　未來的學習中心，沒有特定的形式和地點。可以說類似於今天的學校，但是卻是更加開放的，與外界具有更加緊密的聯繫和交流。同時，它也可以是沒有物理實體的網路空間，全世界各地的學習者都可以在同一個虛擬空間中學習同一門課程。

　　未來的學習中心，可以是類似今天的中小學或者是大學，當然，它也可以是社區裡的圖書館、市中心的科技館、博物館等等。原則上來說，只要能夠提供優質豐富的學習資源，讓學生不僅能在良好的環境中學到知識，還能藉助課程培養他們的某種能力，這些地方都課程成為學習中心。

未來，當新型學校的形式更加自由之後，社會上的一切資源都將得到合理、充分地運用。

與之相對應的，傳統的伴隨物理實體學校而來的一些概念，例如年級、班級、校區、教室等概念將會被重新定義。

8.3.4.2　選擇更自由

學習中心中的選擇自由性，體現在多個方面。

學生可以選擇自己感興趣的課程和內容，從而為自己制定一張私人的課程表。學生可以根據自身需要和興趣選擇多個學習中心來學習，比如，一名大學生不僅可以選擇清華大學的電腦學科，還可以選擇北京大學的現代文學。甚至，他還可以選擇哈佛大學的哲學專業。此外，如果學生自主學習能力夠強，又喜歡相對安靜一些的學習氛圍，那麼他可以選擇線上課程，在虛擬空間中進行學習。如果學生喜歡面多面與老師、同學進行交流，他就可以選擇線下的課程。和同學坐在一起，進行討論式學習。

學生還可以自由選擇自己的老師。嚴格意義上來說，未來學習空間中老師和學生是雙向互選的。教師和學生都有著自我發展的核心需要，所以雙方的選擇是建立在兩者的自我意願之上的。未來的教學將會呈現出「多個中心」的特點。就是以一位優秀教師或者一個優質課程為中心，組成一個學習小組。這個學習小組由學生自我進行管理，教師主要起指導作用。

當然，學習中心的學習時間的選擇也是自由的。現在，我們的學校教育制度在時間上是非常嚴格的。早晨八點之前進教室早讀，晚一分鐘也算遲到。下午五點放學，早一分鐘出校門都不被允許，課堂四十分鐘早跑一分鐘那也是不遵守課堂記錄。對於教師來說，上不滿 40 分鐘或者超過 40 分鐘，其實都算是一種教學事故。

　　未來，學生背著沉重的書包，為了趕在上課鈴聲響起之前趕到教室而狂奔的畫面可能將會消失。因為學習中心是全天候開放的，學生完全可以按照自己的時間安排決定什麼時間段上什麼課程。他們不用在寒冷的冬天一早從溫暖的被窩裡爬起來，再在一個溫暖的春天的下午強撐著要闔上的眼皮去聽老師講那聽不懂的化學方程式。未來，這種為了學習而學習的畫面可能會大大減少。

　　在學習中心，學生的上學和放學的時間完全可以有自己來定。當然，學習中心也是沒有週末和節假日以及寒暑假的，這就給學生的時間選擇提供了更大的彈性。

8.3.4.3　年齡更自由

　　在學習中心中，對於學習年齡的限制也會更具彈性。現在學生都要求6歲整才能上小學，早一天也不行。為了孩子能夠早一些上學，現在的不少家長算好時間，在最合適的時候剖腹產讓孩子來到這個世界，只是為了將來孩子能上學不耽誤。其實，這本身就是一種對生命規律的藐視。

　　並且，年齡所對應的數字，並不真正代表一個孩子真實的生理和心理發展水準。相同年齡的孩子並不是在各方面發展都是呈現出一樣的水準的，最簡單的低齡段的男孩和女孩在各方面的發展差異還是很明顯的。未來的學習中心，可能就取消了入校年齡的限制，出現「混齡學習」的新畫面。這樣的「混齡學習」模式，正好也對應了「終身學習」的理念。只要你想學習，你就可以學習。

　　未來，只要學生符合學習中心的要求，那麼10歲和60歲的學生是完全可能在同一個學習中心進行學習的。想像一下，未來學習中心年幼的小孩和白髮蒼蒼的老人坐在一起上手工課，小的教老的，老的協助小的，畫

面是不是和諧又溫馨。但是在很長一段時間內，我們將還是以現在的同齡人坐在一個教室裡學習的方式為主。

可能有人會問，學習內容、學習時間什麼的都彈性了，那這樣是不是助長了那些懶惰孩子的不良風氣，他們可以睡一天不去學習，不愛數學的一節課也不學。當然不會，學習中心既然出現了，國家的教育法規一定也是同步跟上的，我們有最低的學習要求，也有學分銀行和學習資料的記錄。每一位學習者每一科目都要在相應的時間期限內到達一定的學分。今天不學那明天就要多花時間補上，這在於個人的安排。自由，一旦失去了界限和控制就失去了它的意義了。所以未來，面對更具選擇性和彈性的學習方式，學習者的自律性和自主性學習能力將會成為重要的個人能力。

8.4 未來學習

8.4.1 教材不統一

如今的教育模式，還是一個年級的各學科教材都是一樣的。教材是教師進行教學活動，學生進行學習活動的重要依據。教材目前是最基本的教學用書，也是課程標準的具體化。它為學生提供了系統的知識和學習方法，也成為了教師進行教學和評估的重要依據。

現在的學校，在開學前一周都會組織各科目的教研組會議，對新學期的教材進行集體的解讀，之後再制定本學習的教學計畫。之後的每一周，都要花費一個下午再進行教研組的細緻研討，對某一單元的單元要素進行解析和教學實踐上的落實討論。現在的學校，一位好的老師應該是能夠吃透教材的。而學生，只有讀透教材之後，才能掌握好書上的知識點，自如地應對考試。

教材，是教學過程中不可或缺的重要部分。它給教師的課堂教學提供了一套基本的規範，也為學生提供了學習的主要內容和指導。無疑，現在以知識為中心的學習，已經逐漸演變為以教材為中心了。

無疑，教材不論是對於教師的教，還是學生的學，都有著非常重要的作用。教材是根據教學大綱來編寫的，具有一定的科學性。教材規定了學生在一學期中學什麼，也規定了教師教什麼，更是限定了最後考試考什麼。目前各學習階段的統一教材，在我們以知識為中心，以最終的考試作為評價標準的教育體制下還是很有必要的。

未來的學習，我們當然也會有教材，教材規定了大概的學習內容。但是未來的教材，不會是統一的教材。因為目前統一的教材衡量的是學生有沒有在相應的時間內掌握基本的知識與基礎的能力，但是統一的教材卻不利於培養學生的創新精神和探索精神，對於學生的個性化發展是不利的。同時，統一的教材也限定了某一些有創新力的教師。未來的教育，將會注重對教師和學生創造力和創新力的培養，鼓勵個性化發展。未來的學習，不僅僅是掌握課本上基礎的學科知識，更是要學得開心、學得豐富、學得更踏實。教師的教學也是一樣，不僅僅是教會學生書本上的基礎知識，更是要創新地教、有趣地教。所以在教材的選擇和使用上，將會允許教師和學生選擇適合自己的教材。

但是另一方面，教材選擇的自由性就對教材品質提出了更高的要求。為了避免出現低品質的教材出現，國家就需要對未來的教材編寫採取原則性把關，會藉助於科技的手段，比如人工智慧技術對教授的內容進行原則性的審查。當然，教師的自由度將更高，不論是教學中心還是教師，都可以根據各自課程的教學方式與目標編寫與製作相應的教材，而教育管理部門更多的是側重於內容的原則性審查。

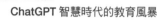

8.4.2　學習內容和現在差別很大

現在，很多孩子在畢業後走上工作崗位之後都會抱怨自己學生時代學習的一些知識都是無用的。至少，在他們解決工作上的一些問題時是無用的。寒窗苦讀十幾載，但是到了工作崗位上，以往老師教的所有知識似乎好像都起不到解決工作中實際問題的效果。於是，社會上就引發了「知識無用論」的爭論。學習知識好像就是為了獲得那一張文憑證書，其餘的作用微乎其微。

這一爭論也讓我們思考，什麼樣的知識才是未來真正有用的知識呢？現在的教育到底在為什麼做準備？學生到底應該學習哪些知識呢？我想，這個問題很難有人給出讓所有人都滿意的答案。因為事物的價值本身就是一個具有主觀性的評價，每個學生未來的職業不相同，對知識的「價值」的考量標準也是不一樣的。

這樣一看，似乎就無解了，但是我們要明確，學習知識的目的不是只在於為之後的職業服務。當然，這也是一個很現實的目的。未來的職業，和現在的職業將會有很多的不同。或許在未來，不是你去某一家單位應聘，之後過著朝九晚五的打工人生活，而是你自己創造職業。

未來，我們對於知識的「價值」的考量或許要從只為日後的職業服務轉變為促進人的全面、自由、幸福的發展方面。

現在的同齡孩子，在學習的內容上基本是相似的。一個班的學生課表是一模一樣的。小學學語文、數學、英語、美術、音樂、體育、道德與法治，到了中學就會增加了地理、政治、歷史、物理、化學、生物等。大學就更加專業化了，直接採取分專業教學，選擇你自己喜歡和擅長的知識來學習就可以了。未來，教育講究個人化和私人化，我們每個學生的課表可

能都是不一樣的，學習的內容也會有很大的差異性。這也就意謂著我們當前的教育方式，依然還是延續著第二次工業革命所建構的工業化、流水線的批量化技能人才培養模式。

同時我們發現一個普遍的現象，現在孩子學習的知識越來越多、越來越難了。很多家長在跟我交流的時候都在抱怨，自己也是大學畢業、研究生畢業，但是在輔導孩子三四年級的題目時，竟然也被難住了。他們都非常疑惑，自己國中時候才接觸到的知識，現在小學就已經在教了，孩子能學會嗎？但是這些知識難度的增加卻沒有跟創新力的培養同步。

其實，如果一個國家的教育一直在做加法，根本無法讓孩子適應未來社會的發展。因為知識是無限的，但是學生的學習卻是有限的。人類知識的總量正在以爆炸式的速度在增加，隨著網際網路的發展，未來的速度一定比現在還要快。有生之年學完所有的知識似乎已經是不可能、也是沒必要的，但是如何在有限的生命中學習到需要的、能夠促進自己更好發展的、能夠應對未來的知識，是我們應該為自己，也是為我們的下一代，必須要考慮的問題。

現在學生的學習，一定程度上來說知識和實踐是分開的。這也就是很多接受了良好教育的學生無法解決稍微複雜的現實問題的原因。對於很多家長和學生來說，學習知識很大程度上是為了考試、為了文憑、為了更好的工作。將來的學習，將會從目的走向手段，學習知識不是為了讓我們成為百科全書、考試機器，而是為了能夠運用它去創造新知識，解決新問題。同時，我們的分科教學將在未來受到很大的挑戰，學科之間的融合將會成為新的趨勢。

未來學生學什麼，一定是和現在學習的內容有很大不同的。不僅要學習語文、數學、英語、歷史、物理、化學等這些傳統的學科，還需要瞭解

社會最新的科技發展。但這些基礎學科的學習不會成為單獨的課程，而是融入探索性的科技課程中完成數學、語文、歷史、化學、物理、藝術等知識的教與學。現在看來是高等教育中某一專業的學科，未來可能會變成面向中小學生的通識教育，例如資訊科技、醫學常識等等。同時，未來學習的內容中還要包括生命教育、審美教育、社會倫理、反思機器等方面的內容，這都是目前的傳統教育中極度缺乏的。

8.4.3　面向未來、以人為本的課程體系

未來學生要學什麼，其實從本質上來說還是由我們的教育目標決定的。未來教育，我們要培養有創造力、想像力、批判能力、品格力的人，突顯人生命中那些獨特的價值。同時，人機協同時代，也要培養學生具備領導人工智慧，使用最新技術、識別機器創造、與機器和諧相處的能力。所以，未來學生學習什麼，單純的知識傳遞是不夠的，必須要打造一個面向未來的、以人為本的課程體系。

未來的課程體系，我們要對一些課程進行整合，課程內容大致上會建構圍繞前沿科技與基礎科學為核心的教育體系，包含大科學、大藝術、大人文、大德育和大生命。這樣的課程，是以生命教育為根基，以智識教育、公民教育和藝術教育為主，最後還要補充一些特色課程。這些課程的出發點和落腳點是不一樣的，但都是未來教育的重要組成部分。

生命教育課程是以生命為核心，以生命價值為主要內容的教育。這種教育旨在引導學生認識生命、尊重生命、熱愛生命、培養學生形成正確的生命觀和人生觀。現在的教育，很少談到「生命」、「人生」的問題。所以我們很多學生直到大學畢業對自己的人生還是很迷茫的。甚至，有些人一

輩子也沒想過這個深奧的問題。這就忽略了教育最基本的問題,就是滋養生命。

　　充盈的個體,一定是先認識生命、尊重生命,再學會欣賞生命,在此基礎上主動探索生命的意義和價值,最後發揮生命的力量。生命教育,正是在於透過教育的形式,幫助學生獲得更加充盈的生命。生命教育課程可以包括生命認知、生命倫理、情感社交、心理健康、死亡教育、生涯規劃、環境教育等多個方面。這一課程將會全方位關注學生的生命全過程,從心理、生理、社會、倫理等多個方面出發,幫助學生形成對生命的深刻理解和珍視。未來,生命不僅指人的生命,更包括人類周圍的所有生命,當然也包括我們的「機器朋友」。

　　智識教育課程注重培養和發展學生的智力、知識和技能。這種教育有些接近與我們平常所說的文理教育,包括了語文、數學、外語、物理、化學、生物、歷史、地理等核心課程。這些課程也是我們目前教育的主體課程。智識教育課程包含了兩大課程系統,一是以文學、歷史、哲學、社會等構成的人文系統,二是以數學、物理、化學、生物等構成的科學系統。人文系統課程注重綜合人文素養的培養,旨在通過跨學科的學習和探究,幫助學生樹立全面、多元的世界觀和價值觀,幫助學生更好地理解人、理解文化、理解價值。科學系統課程以科學素養提升為目標,強調跨學科整合和探究學習,培養學生的科學思維、實驗技能、問題解決能力以及對科學的興趣和態度。智識教育課程通過全面提升學生的智力水準和應用能力,使得他們在不斷變化的未來具備整合知識的智慧和運用知識的能力。

　　公民教育課程,在於培養學生社會責任感、法制意識和民主參與能力。這種教育注重培養學生的公民身份認同,對國家法律、社會責任、道

德規範以及公共事務的理解和支援。未來的孩子，生活在一個更加開放的世界，公民教育將顯得更加重要。這一課程將有助於培養未來具有全球視野、法制意識、社會責任感和民事參與能力的公民。這種教育不僅有助於學生個人的成長，也對構建和諧社會以及推動未來國家的文明進步具有深遠意義。

藝術教育課程不是我們現在的美術和音樂課程，而是一種融合了音樂、繪畫、舞蹈、戲劇、雕塑、書法等在內的融合課程。這一課程旨在培養學生的藝術素養和審美能力。藝術教育課程不是單純為了培養未來能夠戰勝機器的藝術家，而是透過讓學生學習藝術知識、欣賞藝術作品，進而具備藝術思想和品味，能夠傳承人類藝術，創造新的藝術。通過藝術教育課程，希望未來學生能夠在藝術的世界中得到滋養和個性的發展，不斷提高自己的審美能力和藝術表達能力。至少在未來欣賞人類和機器創造的作品時，能夠有所察覺、有所評論，當然也能更好的使用人工智慧的藝術創作工具來提升藝術的數位化創作能力。

未來的課程體系中，有一部分是全球的教育都必須囊括的，這是各國教育在知識選擇上的共性。而另一部分，則是具有各國特色、甚至是各個學習中心特色的「特色課程」。未來教育講究個性化教育，特色課程突顯的，正是「個性化」。未來，特色化課程將會使學生有更多的機會建構屬於自己的知識體系和能力系統。

以智識教育、藝術教育、公民教育、生命教育、特色教育為主要內容的課程教育體系，將會充分喚醒和發掘學生身上的真、善、美等人性獨有的特質，以課程教育拓寬學生生命的長寬高，保留學生身上的個性，推動學生的全方位發展。

8.4.4 學習結果如何評？

我們現在的教育，有學習就會有評價。要評價就必須要考試。如今，考試在我們的教育評價系統中佔據著不可撼動的重要地位。一個學生當他進入學校的那一天起，不管願意不願意，他的一生都基本上和各類大大小小的考試分不開了。考試已經成了目前檢驗學習成效、選拔人才的標準。

在中國對所有學生來說最重要的考試大概就是高考（台灣稱為學測）了。高考這一天，全國上下都被緊張嚴肅的氣氛包圍著。路上有大批員警站崗，學校門口被一群焦急的父母擠得水泄不通。這一天，學校區域禁止鳴笛，忘記帶准考證、考試來不及警車幫忙……這足以看出舉國上下對高考這場決定人生走向的考試的重視程度。如果說平時的考試是一次日後還能翻盤的檢測，那高考就是「一考定終身」。

高考成績，將會決定你是繼續接受大學的高等教育，還是接受職業教育，或者是終止學習生涯。由此，每個高考生都會因為高考成績的不同，日後就相應地被貼上不同的標籤。高考放榜的這一天，將會是幾家歡喜幾家愁。考上的光宗耀祖，考不上的另謀出路。雖說如今可能一次高考也不能決定終身，但是對於幾乎所有的中國父母而言，孩子高考考個高分，上個好大學，就意謂著這一生有了希望。有人說，高考是一個孩子一生中最公平的一次競爭，也有人說它毀了很多家庭、很多孩子。於是，教育評價的科學性和公平性問題，一直是人們長久討論，但是難以解決的教育問題。我們的評價體系，一直被詬病的地方，主要表現在「形式單一」、「主體單一」、「模式單一」等方面。

考試與評價的問題，不僅僅是中國教育的難題，也是全球教育的難題。以考試為主要評價手段的教育評價體系，是目前教育的主要手段。隨

著時代的進步，國家也在不斷進行教育評價手段的改革。但是，這不是一天兩天就能呈現全新面貌的改革，教育的改革牽一髮而動全身，因此必定是一個循序漸進、不斷完善的過程。但是今天的問題，也給了我們未來改變的方向。

未來，技術的不斷發展，將會改變整個教育生態。學生將不再將學校視為唯一的教育場所，他們可以在家裡、在學習中心、線上虛擬空間進行學習。教師將不再是唯一的知識傳播者，也不再為學生提供完整的知識結構。學生可以通過自主學習、個性化學習以及私人定制學習，重建自己的知識結構。藉助於教育技術和網際網路的線上學習模式，學生的個人學習資料將會自動被記錄並保存，以此作為之後教育評價的主要依據。

基於網際網路的教育評價技術將會成為未來教育評價的重要方式。這樣的變化，是建立在大數據分析技術、網際網路教育評價技術、人機互動技術等技術之上的。這樣的評價方式，建立在「學分銀行」的基礎之上。

8.4.5　學分銀行

近年來，學分銀行這一新名詞頻繁出現在一系列文件中。2019 年《中國教育現代化 2035》提出「建立健全國家學分銀行制度」，2022 年，中國的《職業教育法》強調「建立職業教育國家學分銀行制度」。在執教改革、執教高考、老年群體終身學習等方面，學分銀行都在不斷發展創新。但是目前，學分銀行的使用物件和範圍有限，並且學分的認證和兌換還存在一定的問題。未來，一個面向所有學習者的系統完備的學分銀行系統將會成為教育的新生態。

學分銀行，就是模仿商業銀行零存整取的儲蓄方式，學習者平日裡的學習可以獲取相應的學分。這些學分能像貨幣那樣被自動儲存於國家相應

部分授權的機構，並且基於區塊鏈技術就能對學分實現不可篡改的唯一性保護。當達到一定的標準之後，就可以進行相應的兌換，如學歷或者非學歷證書。

一個銀行如果沒有相應的利率標準和兌換標準，那儲戶的儲存就沒有價值了。所以，對於未來的學生來說，學分銀行也不是開個戶然後將學分儲存記錄進去那麼簡單，重要的是要進行學習成果的認定轉換。當學習者的學習成果轉換為相應的學分之後，需要按照一定的標準有序儲存在學分銀行。之後，還要與學分銀行中的其他成果進行對比，以此分析出學習者學習成果的真正價值。這個價值，就是一個學習者與其他學習者相比表現出來的個人學習能力和職業發展能力。這將是學分銀行的真正價值所在。

學分銀行的各項標準和規則制度，如認定學分的規則、一學分對應的課時和學習目標等，都是由專門的管理部門統一制定的，這一規則適用於所有的學習者。因此，學分銀行是標準、規範、公平、權威的面向未來學習者的專門機構和系統。

未來的學分銀行中，每位學習者都將會有一個學習的帳戶，不論是線上學習還是線下學習的學習資料，都會被完整記錄下來。在這所銀行中，學分是基本的計量單位。之後，透過對學分的儲存、轉換以及兌換等，實現優質資源分享和學習者對學習內容、學習時間和學習地點的自主管理。學分銀行，將會成為未來教育評價的重要媒介，它將跨越目前教育中的鴻溝，如國際和國內教育、學歷教育和非學歷教育、各教育階級、知識學習和能力培養等等，真正實現教育的公平、效率以及教育的終身化。學分銀行將真正實現不同類型學習成果之間的橫向和縱向的銜接，推動優質教育資源的共用，為全民搭建終身學習的橋樑。

未來，學生不是通過考試成績選擇學校，而是通過學分銀行的學分進行學生和學校之間的雙向互選。一個學生的學習能力以及未來的潛力如何，一次考試的分數將無法決定。學分銀行的學習記錄以及學分資料將是最有力的證明，這也將大大減少簡單粗暴的結果性評價造成的問題。未來孩子們碰面，或許將不會再問「你考試考了多少分」，而是相互之間詢問「你目前的學分銀行有多少學分」。

一場關於教育評價的改革已經來臨。或許未來，「一考定終身」的說法將會不復存在。未來，教育評價將會朝著科學化、公平化和人性化的方向發展。但是，學分銀行的發展，將還有很長一段路要走。

8.5 / 未來教學

8.5.1　教師會不會失業？

教師這一職業的出現，可以追溯到古代社會。原始社會中，人們主要透過模仿和實踐來學習生存技能，而隨著社會的發展和文明的進步，這種簡單的學習方式已經不能滿足人們的需求。於是，就出現了專門傳授知識的人，也就是我們今天所說的「教師」。

在中國，教師這一職業的起源可以追溯到夏商時期，當時的學校被稱為「庠序」，教師被稱為「師」。春秋戰國時期，諸子百家興起，教育成為了社會發展的重要部分，教師職業得到了空前的發展。在西方，教師職業出現在古希臘時期，「智者學派」被認為是最早的教師形式。當時的哲學家蘇格拉底、柏拉圖和亞里斯多德等，也都是通過講授和辯論的形式來傳授知識。他們的學生遍佈古希臘，對後世產生了很深的影響。

　　教師這一職業的出現是人類文明和社會發展的產物，它伴隨著教育的發展而逐漸發展。《禮記‧學記》中的「師者，傳道授業解惑也」是中國古代儒家經典對教師職責和角色的深刻詮釋。現代社會，人們又用「教書育人」來描述教師職業。作為傳授知識、培養人才的重要角色，對於社會的發展和進步起著不可替代的作用。就是這一個古老而又重要的職業，卻在科技不斷發展的今天，其職能和作用遭到了來自機器的挑戰。

　　2017 年河南的人機教育大賽，是中國教育領域首次進行的人機對決。這場比賽是在河南舉行的，參加比賽的一方是 3 名擁有 17 年教齡，並且曾經在多項教學大賽中獲得獎勵的高級教師，另一方則是一個智慧型機器人。這次比賽的內容，主要是對 78 名國中生進行為期 4 天的數學課程輔導。學生們首先進行了摸底測試（基礎測試），然後根據成績平均分成兩組，一組接受教學機器人的輔導，另一組則由真人高級教師授課。經過四天的集中輔導，評委通過前後測試比較兩組學生的學習效果。最終，智慧型機器人教師在平均分數、最大分數和最小分數三個指標上都超過了人類教師。這樣的結果讓所有人震驚。

　　2018 年 12 月，瀋陽的人機教育大賽中松鼠 AI 教學機器人對壘兩名優秀的數學教師。這次大賽是在遼寧省瀋陽市南昌新世界學校舉行，比賽持續了三天。此次比賽的目的，就是讓師生近距離感受人工智慧對教育的挑戰和改變。

　　這些人機教育大賽，透過比較人類教師和教學機器人在教學效果上的差異，來評估人工智慧在教育領域應用的有效性。它不僅展示了人工智慧在教育領域的應用，其結果也讓我們深思：未來，教師這一古老的職業會被取代嗎？

其實，機器人是否會取代教師，就跟我們之前討論過的 AI 會不會取代藝術家一樣。從教師這個職業來看，完全的取代不大可能。但是，機器人或許會取代教師的一部分工作。與其說是「取代」，不如說是「協助」。

教師的職責和角色主要分成兩個部分：一是教書，二是育人。教書強調教師在知識傳授方面的作用。教師在教學活動中需要教授學生專業知識和技能，為學生將來的職業生涯打下堅實的基礎。在教授知識這一方面，智慧型機器人因為有著強大的知識儲備，未來的智慧型機器人將會在教授一些結構化程度高、易於標準化和批量化傳授的知識方面展示其能力。另一方面，智慧型機器有著比人類教師更適應長時間專注工作和重複工作的能力，所有將會在重複性任務如批改作業、評分和資料分析、回饋，以及提供個性化學習和輔導教學方面發揮巨大的作用。

但是，人類教師還有一個重要任務，就是「育人」。教師透過和學生建立情感的連結，在教學和交往環節中滲透育人理念。他們需要為學生提供價值觀和道德倫理方面的培養，幫助學生成為有責任感和有良好道德的人。智慧型機器人雖然很強大，但是它不具備人類教師的情感交流和人文關懷，更不具備人的獨特性與創造性。而這兩個方面，恰好是教育中非常重要的方面。教育不是將冰冷的知識一股腦塞進學生的腦袋，更需要有溫度的引導、啟發和讚美。有溫度的教師應該眼裡有學生，關注學生的個性化需求和情感需要，這一方面，機器是無法代替的。即使是再智慧的機器，也無法精準捕捉到學生學習過程中的一次失落、一次疑惑、一次喜悅，再有「人情味」地給予回饋。

除此之外，教學的各個環節並不是可預設、線性的，很多突發事件時常會出現。智慧型機器人雖然有著強大的資料處理能力和邏輯思維，但是它們也只能按照設定好的程式完成一些教學上的任務。對於它們程式設定

之外的突發事件，它們很難有人類教師的處理能力，這就是人類教師獨有的「教學智慧」。

所以，未來教師職業不會被智慧型機器取代。但教師的教學內容與角色將會發生變化，教師將從當前大量的知識性教學事務中被解放出來，大量的知識性教學工作都將交給機器人完成。儘管智慧型機器會越來越強大，能夠承擔的教學任務也會越來越多，但是教育是一項有溫度的人類事業，而不是簡單的知識的傳遞。這也就決定了，現在，將來，包括未來的未來，只要教育還追求溫度，機器永遠不會取代人。

8.5.2 什麼樣的教師不會失業？

教師職業不會消失，並不意謂著所有的教師都不會失業，這二者之間沒有必然的關係。隨著智慧型機器的發展，其在教育領域的運用會空前廣泛，一部分教師勢必將會面臨失業的局面。但是取代與否，關鍵不在於智慧型機器的發展水準，而在於教師本身所具備的能力。這也讓我們思考，未來什麼樣的教師不會被取代？

在科技不斷發展的當下和未來，教師想要不失業或者被智慧型機器取代，必須要滿足以下兩點：一是在教育中能做到智慧型機器做不到的，二是讓智慧型機器成為自己教學活動中的得力助手，與智慧型機器和諧共處。

在科技不斷發展的當下和未來，我們需要看到哪些是智慧型機器人可以勝任並且做得比我們人類教師要好的，這樣才能更好地發揮機器和人各自的優勢。智慧型機器人可以提供更具個性化的教學，它們能夠根據學生的學習進度、能力等，提供個性化的學習計畫和教學內容，以適應每一位學生的獨特學習要求，其次，智慧型機器人可以為學生提供學習上的支

援，不受時間、地點等的限制。除此之外，智慧型機器人具備人類無法達到的知識儲備，它們可以整合大量的教學資源，為學生提供更加豐富和多樣化的學習材料，如教材、題庫、教學影片等。最後，智慧型機器人能夠即時監測學生的學習情況，並即使給出回饋和建議。它們還可以透過資料分析和挖掘，幫助讓學生更好地瞭解自己在學習方面的進展和不足。

　　儘管智慧型機器人依託先進的人工智慧技術、大數據技術和雲端運算技術，擁有強大的計算和分析能力，提供更智慧、更高效率的教育服務。但是，教育活動中也有它們的能力達不到的地方，就是牽涉到情感、人文關懷、創造性和獨特性的部分。未來的教師想要充分發揮自身的優勢，就需要在這些方面做得更好。他們需要在教育活動中加強和學生的情感交流，將學生看作是一個個有血有肉的獨特的個體，尊重學生、關愛學生、眼裡有學生。未來教師更要重新審視教師和學生的關係，增強自己的親和力，做學生的陪伴者和傾聽者。同時，未來教師也要更加具有教育智慧，能夠在課堂突發事件發生時，力求有智慧地處理好每一件事情，為所有學生打造一個有愛、有人性、有溫度的學習環境。

　　其次，就是能夠做到將智慧型機器人為我所用，與機器和諧共處。

　　未來，人機協同將是各行各業呈現出來的新面貌。教育行業當然也會呈現出人機協同的模式：智慧型機器人和人類教師各自發揮自身的優勢，共同為學生提供更加優質的教育服務。未來，人類藉助於科技的發展將會成為一個新型的人機結合體。我們會藉助於智慧型機器，變得更加智慧、更加強大。

　　智慧型機器人，將教師從很多繁瑣、單調、重複的教學工作中解放出來，他們不用再熬夜批改作業；不用在課堂上一遍又一遍地進行知識性傳授，再一遍又一遍地檢查每一位學生的背誦；不用在課後帶領學生一遍一

遍地刷題……強大的搜尋引擎，能夠在短短幾秒鐘解答學生所有的知識性疑惑；智慧的機器，可以在幾分鐘之內完成人類教師幾天也完成不了的教學任務。

很多教育家都在猜測，或許未來的課堂，我們再也不用教授動動手指就能搜索到的知識了，學生也再也不用死記硬背了。這也就意謂著，傳統的以知識傳授為主要內容的教學也將受到顛覆，這就對教師提出了更高的要求。如何藉助於強大的智慧型機器，對知識進行篩選；如何設計課堂，讓教學更加有趣、更加生動；如何對機器分析出來的結果進行二次分析和處理；如何更好的引導和啟發學生……這將是未來教師的難題。能夠解決上述問題，並且更能夠在使用智慧型機器時做到「以我為主、為我所用」的教師，相信在未來的教育中可以做到遊刃有餘。

「做到智慧型機器做不到的」、「能夠更好地使用智慧型機器」是未來教師不失業的兩點關鍵。但是，如果教師在漫長的職業生涯中失去了終身學習的動力，不能不斷發展自我、充實自我，即使躲過了一時的人工智慧浪潮的衝擊，最終還是會逐漸被這股浪潮淹沒。

8.5.3　教師角色的轉變

人工智慧、虛擬教學空間、元宇宙、創客空間、實景教學體驗……科技的發展，將會帶來教育模態的變化。教師的角色，也會因科技而進行新的重構。未來的教師角色，將會由曾經講臺上的唯一權威者變成陪伴者、引導者和支持者。

智慧型機器、線上教育以及學習中心等的出現，將會大大削弱傳統課堂上教師的權威性。曾經，甚至是現在的課堂，教師都是唯一的權威者。他們掌握著課堂上知識的傳遞，支配一切教學活動：教學內容的選擇、教

學方法的使用、教學進度的安排、學生的課堂交流和回饋，通通由老師說了算。課堂上，甚至是老師沒講清楚的一個知識，學生也不敢詢問或者質疑。但是在未來，智慧型機器人或者智慧教學助理的加入，課堂可能就不是現在一對多的局面了。學習中心中，學生能夠自己組建學習小組，進行自主管理和安排。未來，面對更加多樣的學習途徑，對於教師教授的知識，學生可以大膽進行質疑。

面對這樣的挑戰，教師需要轉變自己的固有認知，清楚看到新的教育模態下師生關係的變化。將學習的主動權還給學生，讓他們自己成為學習的主人，而教師，則需要做好陪伴者、支持者和引導者的重要角色。

教師要學會做學生學習的陪伴者。教師要與學生一起參與學習的整個過程。只有能夠自我培養、自我發展、自我完善的人，才能夠去發展和完善他人。學生需要學習，其實教師也需要學習。未來，教師也將是學生中心的學習者。他們將和學生一起學習，共同交流、探討。未來的教師，需要教導學生如何學會學習，這比獲得知識本身要重要的多。所以，只有教師參與了學習，自己知道如何去學，才能帶領學生更好地學。陪伴學生不是簡單地與學生共處同一空間，而是要讓學生感受到老師的陪伴。每一次的不敷衍、耐心的解釋、真誠的詢問，給予學生不分散的注意力，全神貫注地度過與學生相處的每一秒，關注學生的每一個微小的變化，就是最好的陪伴。

教師要學會做學生的引導者。資訊化飛速發展的未來，教師應該做的，不是灌輸，而是引導，學會將繁雜的資訊進行重新篩選、加工和整理，再推送給學生。與教師填鴨式的教學方法相比，學生更期待對話與探討。未來，學生的資訊管道和學習管道很多，他們的知識廣度會無限延伸。而延伸學生的知識深度，就離不開教師的引導和啟發。教師需要不斷

激發學生的求知興趣，培養學生的自主學習能力。在學生遇到困難或者有疑惑的時候，要引導學生自己去尋找「鑰匙」。另一方面，在人機協同的時代，人類教師的意義是能夠引導學生不在智慧時代中迷失自我，而是在機器的叢林中認識自我。教師需要引導學生樹立正確的世界觀、人生觀和價值觀，引導學生自由但是有邊界地與機器共處於同一時空，以「人的智慧和溫度」，創造更美好的未來。

教師要學會做學生的支持者。雖然智慧型機器人可以為學生提供多元的、高效率的教育服務，但是缺乏人類的情感關懷。人類教師，未來就需要在這方面填補機器在教育中留下的空缺。教師需要更多關注學生學習中的情感需求，與學生進行正向的交流和溝通，提供學生積極的心理支持。在學生遇到困難時，要給予鼓勵和支持，在學生取得進步時，要給予正向的回饋。包容學生在學習中的每一個小問題，鼓勵他們的每一次質疑和創新，瞭解學生的興趣、困難和優勢，幫助他們實現自己的潛能和價值。

8.6 ╱ 未來家庭

8.6.1 家庭教育的回歸

家庭教育的出現可以追溯到很久以前。在家庭的概念和私有制出現之後，家庭教育也隨之出現。那時，家庭是孩子的主要教育場所，也是最權威、最古老的場所。家庭成員通過各種形式的言傳身教，對孩子進行早期的教育。

家庭教育雖然具有巨大的意義，但是因為社會的發展其不能廣泛、有效率地培養社會所需要的各種人才。所以直到「學校」出現之後，教育的

地位開始逐步由家庭轉移到「學校」。家長也將教育孩子的權力逐漸轉移給學校這個專門的教育機構。

現代學校教育制度確立以後，學校成為了社會培養人才的主要場所。但是，家庭仍然承擔著孩子的教育任務。但是一段時間，家庭教育曾經被視為是一種非主流的教育方式。主要是因為家庭教育很大程度上是和特定的意識形態相關聯，這種意識形態可能並不是社會廣泛認同的主流意識形態。而且，家庭教育在很大程度上不受正式的教育機構和管理部門的監管，所以教育的品質難以保證。

但是隨著時代的發展，家庭教育的重要性逐漸成為家庭、學校和社會的共識。這種新的認知，也是對「家庭是孩子的第一所學校」以及「父母是孩子的第一任老師」的傳統說法的認可。特別是在新冠疫情大流行期間，學校線下教育全部轉為網路線上教育，為了保證孩子學習不被耽誤，很多家庭選擇了家庭教育作為替代方案，以規避學校中的健康風險和效率沒那麼高的線上教育方式。

2021 年中國頒佈了《中華人民共和國家庭教育促進法》，第一次以法律形式確立的家庭教育是地位。該法律明確了家庭、學校、社會在教育中的職責和邊界，促進了家校共育的實踐。目前，很多學校實行家校合作。父母和家庭也開始參與到學生的教育中來。學校通過設置家委會保證家長對於學校相關教育活動的教育知曉和參與，家長甚至還對學校的很多決策具有相應的發言權。一方面，家長通過參與學校的相關活動知曉學校的教育理念。另一方面，他們也會在家中採取相對應的教育方式或者教育活動來進行「配套教育」。像目前進行得如火如荼的勞動教育就是家校合作的最好範例。

　　眾多的教育研究已經證實，家庭教育在孩子的教育中起著舉足輕重的作用。家庭在教育中的缺失，將是造成孩子心理問題、人際交往、道德品行等一系列後天問題的罪魁禍首。這樣的教育在如今已經成為一種新的教育風貌，但其實早在 20 世紀 60 年代，外國的一些家庭就已經自發組織了家庭式學校，來協助教育那些翹課、吸煙和酗酒的「壞孩子」。

　　《華盛頓郵報》的一項調查顯示，家庭教育的增長在 2022-2023 學年基本上持續存在。這段時間，隨著學校關閉，家長需要指導孩子使用電子設備和網路資源。孩子在家的時間增多，家長還需要監督孩子的學習，培養孩子的自主學習能力，承擔更多的教育責任。為應對這一時期的心理壓力，家長還需要增加與孩子的互動和交流，關注孩子的心理問題。可以說，家庭教育和學校教育的配合成為了解決疫情特殊時期教育困境的最好辦法，這也讓我們看到了家庭教育在未來教育中的巨大潛力。

　　未來，我們的教育將會是線上、線下混融的，有些孩子大部分的學習可能都是在家裡完成或者是線上進行。並且，教育越來越強調個性化、自由化、生活化和終身化。未來新的學習方式和教育特點將會更加呼喚家庭教育的回歸。一些職業的父母也會因為線上工作或者居家辦公，具有了更多參與家庭教育的彈性時間。

　　或許，未來的家庭，也將成為一個個學習中心。這些學習中心的學生可能就是自己的孩子或者一些有共同學習興趣的孩子，父母或一些外聘的人員成為學習中心的「教師」。當然，父母也是這些學習中心的管理者、監督者、陪伴者和學習者。

8.6.2　學習如何當父母

　　如果為人父母是一項職業，那這項職業可能是世界上門檻最低卻是難度係數最高的職業。說它門檻低，是因為做父母之前不用學習、不用考證就可以直接「上崗」；說它最難，則是因為沒有哪一項教育會系統教父母如何成為父母。

　　孩子一聲啼哭，打破了原先二人世界的寧靜和浪漫。隨之而來的，可能就是一系列的家庭教育和親子矛盾。面對這樣的局面，再高的智商都不一定搞得定。如果之前根本沒學過如何做父母，情況或許會更糟。

　　父母是家庭教育的核心，父母的教育理念和教育方式將直接影響家庭教育的品質和效果，也直接影響到孩子未來的道德、品行、認知等多個方面。現如今，當父母對孩子進行教育的時候出現矛盾分歧時，就會搬出自己的「父母身份」，彷彿有了這一重身份的加持就有了震懾和征服孩子的理由。幸福的家庭千篇一律，不幸的家庭各有各的不幸。家庭教育的問題，歸根結底還是出在父母，出在他們的教養方式。即使現在很多家庭出現了嚴重的親子矛盾，也很少會有人說要將這些「問題家庭」的「問題父母」送去學習和培訓。未來，成為父母前要接受「培訓」可能就是一個普遍的現象。

　　以前的孩子，只要滿足他們基本的生活需求，吃飽、穿暖就夠了。現在，家長將更多的時間和精力放在孩子身上，甚至一個家庭五六口人圍著一個孩子轉。一家人大晚上圍在一起商量著選哪個學校、報哪個補習班、報哪個興趣班……自己起早貪黑、晝夜顛倒都要將最好的給孩子，好讓孩子不輸在起跑線上。但就是這樣，孩子還整日叛逆，一回家門一關一句話不說，父母也不敢多問一句，生怕多說一句捅了馬蜂窩。親子矛盾現在已

經成為很多家庭普遍的問題。隨著社會的發展,這種現象似乎還在嚴重化。這背後其實就是家庭教育出了問題。

學習如何做父母,其實這一代人已經有了這個意識。但是家家有本難念的經,成功的家庭教育似乎難以複製。很多父母有心想改變想學習,但是面對網路上的很多「毒雞湯」,卻始終找不到適合自己的那個版本。未來的學習中心,將會給家庭教育提供更多的家庭教育課程,讓更多的父母學會如何做父母。

其實,早在20世紀50年代之後,很多國家就已經為家長開設「家長課堂」。「家長課堂」一般由學校、社區和專業機構進行組織,目的是幫助家長更好地理解和支持孩子的學習和發展,提升家長的教育能力和教育意識。「家長課堂」一定程度上幫助了家長獲得了家庭教育的知識和技能,也促進了家庭、學校和社會之間的交流與合作。但是另一方面,每個孩子的個性不具有共性,家庭教育的問題又是千差萬別,很難找到一套適合於所有家庭教育的「良藥」。

未來,提供終身教育的學習中心將會為這些父母提供私人定制的家長課程,針對一個家庭的教育問題,將會給出個性化的教育和指導方案,家長可以和其他一些有著共同教育問題的家長一起學習探討。家長還可以帶著孩子一起參加課程。甚至還可以祖孫三代一起學習,在虛擬的場景中進行角色互換,讓孩子當一當父母,父母扮演一下孩子。久而久之,父母和孩子在處理家庭問題的時候或許就能學會換位思考,從而有利於家庭問題的成功解決。虛擬學習環境還可以為家長重現教育問題,家長可以選擇不同的教育方式、例如說話的語氣、採取的行動等等,進行不同的模擬和實驗,最終找到適合自己的教育方式。

8.6.3　家庭教育智慧助理

顯然，家庭教育問題不是簡單地學習一兩節課就能完全解決的。家長，也不可能在學習中心學完全世界所有優質的家長課程。隨著技術的發展，家庭教育智慧助理有望走進家庭，幫助各位年輕的父母更好地教育孩子，與孩子和諧相處。

未來的家庭教育問題，或許和現在有差別，但總的來說還是圍繞著各項「選擇」展開。從前是選擇學校、上興趣班和補習班。未來，可能就變成了選學習中心、選線上課程、選學習設備等等。

家庭教育智慧助理，或許是一款超級智慧的人形機器人，或許是一個智慧機器。但無論其形態如何，作用卻是一樣的，就是通過資料記錄和分析，為家長做出各項決策，做出最適合孩子的選擇。這些智慧家庭助理，不僅可以回答家長的一些教育難題，幫助父母排憂解難，還能幫助父母精準地推薦一些產品或者服務。你可以完全相信這些智慧助理的決策。他們學習了全球無數節優質的家長課程，掌握了幾乎所有育兒的知識和技能。

在家長和孩子進行交流的時候，他還能透過語音辨識和人像識別準確分析父母和孩子的性格。由無數次的資料分析，得出這個家庭採取的教育的主要形式和存在的主要問題。所以在給父母意見的時候，它們能夠做到精準和高效率。但是，機器畢竟還是機器。它們無法取代家長來進行完美無缺的家庭教育，在提供建議時，只是給家長一個最優的選項。最終如何落實，關鍵還是在於父母。

8.6.4　家庭教育成長導師

當然，如果不習慣和機器相處，家長還可以選擇「家庭教育成長導師」。這些成長導師不是智慧型機器，而是提供真人的服務。成長導師一般是學習中心的工作人員，他們不承擔相應的教學任務，卻是教學過程中的觀察者、輔助者和陪伴者，密切關注孩子的成長和發展。其職能，有些類似於我們現在沒有教學任務的班主任。這些成長導師，十分瞭解孩子的性格特點，對於孩子學習中的相關問題，也是相當熟悉。在孩子平時的學習以及和組員討論時，他們就會關注孩子的表現，和孩子進行溝通和交流。當然，他們也會時不時和家長進行溝通。

隨著科技發展，這些「家庭教育成長導師」可以使用的數位平台也是相當智慧。憑藉著這些平台，他們可以更高效率、精準地協助家長的家庭教育工作。每次與學生、家長進行溝通的資料都會被超算平台記錄，進而為日後做選擇提供最有選項。當然，家長也可以借用科技來助力家庭教育，但是在追求效率的同時，他們也希望家庭教育更人性化，更具溫度。

「家庭教育成長導師」加入未來的家庭教育，解決了很多家長「孩子只服老師管」的頭等難題。家庭教育成長導師的助力，體現的是未來學習中心對家庭教育的支持。如果說為家長提供家長課程是一種培訓模式，那麼「家庭教育成長導師」的出現，將會打造一種全新的「家校」合作模式，體現了未來協同育人的教育理念。

與家庭教育智慧助理一樣，家庭教育成長導師也不能幫助家長解決所有的家庭教育問題。他們始終是家庭外部的一個角色，家庭教育的主要實施者還是父母。但是與父母孤軍奮戰相比，多一個專業的助手，或許未來的家庭教育會比現在更科學一些。

Note

未來教育需要思考 的問題

9.1 / 資料隱私與安全

隨著科學技術的不斷發展，我們的社會正在加速進入數位化時代。未來的教育，也必將是依託數位技術發展起來的。數位化時代與 AI 教育時代，我們很多的教育教學活動可能都需要藉助網路進行。所以，我們的個人資訊，都會以數位的形式在網路上留存。這也就意謂著，未來的教育場景中，教師、學生以及其他教育人員會將更多的個人資訊保留到網路上。網際網路技術不斷發展，在學習或者教學活動中留下的大量的個人資料將會透過網際網路和其他數位管道被收集和處理。如果這些包含個人隱私的資料被不法盜取，那麼在網路空間中傳播的速度一定比現在快得多。無法想像，在網路空間中裸奔將會讓我們的生活變成什麼樣。

試想，一個孩子在利用 AI 學習軟體學習一門外語，他的學習進度、學習偏好以及學習中存在的問題都被網路記錄並保存。一旦這些教育資訊被某些語言學習機構不法獲取，那麼接下來的可能就是無止境的電話騷擾以及郵件資訊，詢問孩子目前的學習情況，是否需要額外的學習輔導等等。當你打開手機或者電腦，無數網頁就會突然跳出連結，讓你進行語言水準的測試。無數的關於語言學習的廣告就會向你轟炸，並且關也關不掉。

未來的教育一定都是個性化、定制化的。但是這一目標實現的前提一定是 AI 需要收集和分析個人更多的資料。這也就意謂著，那些可能包含我們個人隱私的資料被洩露或者盜取的風險會更大。

最可怕的還是腦機介面技術發展過程中帶來的資料隱私和安全問題。腦機介面可以獲取使用者的思想、意識和情感，並且可以接入網際網路進行訪問。如果不法分子藉助某種技術入侵了腦機介面系統，那麼使用者的

大腦資料將會全部被盜取。人類的思想、意識以及情感，是我們可以保存的最後一點隱私，如果這些隱私被盜取並濫用，我們作為人的最後一些尊嚴也將不復存在。

為了讓未來的教育更加安全，國家和政府必須根據科技發展水準，制定相應的政策和法律，保護用戶在藉助數位技術學習時個人的資訊不會被盜取並濫用，從而打造安全的數位學習平台。廣大的學習者和教育者也要增強自己資料保護意識，安全使用各種數位技術。讓不斷發展的熟悉技術更好地為我們的教育助力和服務。

9.2 / 教師素質

社會在不斷變化和發展，教育也要隨之進行相應的改革和創新，改革和發展的成效如何，以及新的教育模態如何更好地落地實踐，其實教師也是關鍵因素。在新的時代，教師只有相應具備了時代需要的職業素質，才能成為教育變革與實踐中的關鍵力量。教師素質是教師在職業實踐中展現出來的知識、技能、態度和價值觀的總和。只有教師的素質滿足了未來教育的要求，未來的教育才能真正培養出時代需要的人才。

未來教育中，雖然人工智慧和相關技術的發展可以代替很多教師的工作，但是教師在教育中的地位和作用仍然是不可撼動的。未來的教育場景中，教師的角色可能和現在相比發生了一些轉變，但是他們仍然是未來教育中的關鍵角色。目前的教師素質可能還不能完全適應未來教育發展的需要，所以教師必須通過不斷提升自身各方面的素質，以更好地迎接未來教育。

　　未來教育場景中將會湧入一大批創新的技術，人工智慧、元宇宙、量子技術、腦機介面、數位孿生等等。如果作為教育主體的教師尚且不熟悉這些技術的概念和原理，又如何能讓這些技術更好地助力我們的教育呢？這些技術能讓我們未來的教育成為什麼樣，關鍵在於如何使用。所以，未來教師首先必須具備一定的前沿科技知識，也要懂得相應的資訊技術操作方法。學會讓科技成為自己的助手，這樣才能提高工作效率，更好地使用技術來助力教學。與此同時，與學科相關的專業知識當然也不能少，這是決定教育品質的關鍵。未來，或許教師再也不需要教授「死知識」。他們需要掌握和教授給學生的，是理性思維、創造力思維，是可以舉一反三、透過現象看本質的能力。

　　其次，教師要轉變自己的教學方法和教育理念。以往陳舊的填鴨式的教育方法可能再也不適用了，照本宣科也終將會在未來教育中被淘汰。學生是獨立有思想的個體，所以他們不再需要統一的、標準的、看似完美的答案和公式。教師得學會給他們插上想像的翅膀，在技術的加持下，讓學生能夠自由飛翔。

　　最後，教師必須得具備終身學習的能力。科技飛速發展，知識的更新和迭代速度也會不斷加快。教師不能站上講臺之後就放棄學習，那樣的話可能只能淪為機器的助手或者完全被機器所代替。只有保持對學習的熱情，養成終身學習的習慣，才能在未來教育時代更好地做學生的陪伴著、指導者。

9.3 / 教育評估

　　當前科學技術不斷發展和迭代，社會面貌也發生了翻天覆地的變化。這些都會引發教育新一輪的改革和創新。未來的教育將會實現各種技術的深度融合，虛擬實境、增強現實和混合現實技術，疊加量子技術、5G/6G、數位孿生、腦機介面等，使得沉浸式學習、線上教育乃至全球教育成為教育的新模態。那時，學習的方式和內容，教師教學的理念和手段都會呈現全新的樣貌。這些全新的變化勢必要引發教育評估方式的變化。教育評估在教育的全過程中起著重要的作用，它是一個複雜的、系統的過程。教育評估的目的一方面在於瞭解學生學習的情況、另一方面在於檢驗教師的教學品質以及整個教育系統的效能。

　　未來的教育相比於現在的教育已經前進了一大步，如果我們還用現在的教育評價系統來檢測未來的教育，那勢必會出現很大的問題。現在的教育系統雖然是一個多元化、綜合性的評價系統，但是也面臨著很多挑戰和質疑。例如過度依賴考試成績、忽略了非智力因素、缺乏對學生個性化需求和特點的關注。當然，現在的教育評價系統有其存在的現實合理性，但如果想要配合未來教育的發展，必須也要適當地進行調整，以期實現更加科學、公正和全面。

　　與現在的教育相比，未來的教育將會更多突顯國際化、合作化、自由化、個性化、創造性等特點，所以教育給評估的系統也需要變得更加具有彈性。2023 年，OECD 發佈了《PISA2025 科學素養測評框架（草案）》。該草案明確了 PISA2025 科學評估的主要內容。這一框架首次將「科學素養」作為教育評估的核心要素。同時，該會議也介紹了 2030 年 PISA 預測的大致方向。會議明確提出，2030 的課程建設中，技能、態度和價值觀等

方面的目標將會更加側重於自主學習、合作學習、自我調節、問題發現和解決以及批判性思維等多個方面，所以，教育的評估也要從更好地檢驗這些方面的內容，應該從學業表現、同伴關係、適應能力、生活平衡、特質文化、開放性等 8 個方面同時入手。從這個預測性的教育評估內容我們可以看到，未來的教育評估更加全面，關乎學習者學習、心理、社交、文化的各個方面。所以，如何制定一個合適的教育評估系統，以更加全面、科學地對每一位學習者進行公平的評價，這是未來教育面臨的一大難題。

9.4 / 教育公平

　　教育公平是實現社會公正以及健康發展的重要基石，貫徹了教育機會、過程以及結果整個教育過程。實現教育公平，就是力爭做到每個受教育者都能得到公平公正的對待，不受種族、性別、年齡、社會經濟地位以及地理位置等非個人能力因素的影響。當前，教育公平問題是一個全球教育問題，也是最嚴重和最難在短時間內解決的問題。教育是一項基本的人權，尊重並推動教育，就可以實現其他人權。教育的公平，有利於實現創建更加公平、包容、和諧的社會和國家。

　　未來教育面臨的教育不公平主要非為兩個層面：一是從全球角度來看的教育不公平現象。我們知道，未來教育將會很大程度上依託於科技的發展，而科技發展的成果勢必先服務於科技發展水準先進的國家。所以在未來即使實現了元宇宙教育，量子教育，AI 教育⋯⋯各國的學習者在可以使用相關的技術服務學習上，還是會存在機會的不對等。對於全球的學習者來說，是不是每一個學生都有平等的機會獲得由某一國率先開發出來的教育技術？在教育過程中，如果某國學生想要藉助線上全球教育參與另一國的教育，年齡、性別和種族問題會不會成為被拒之門外的重要原因。道理

教育評估環節，對於全球的學習者來說，是不是評價的系統都是一樣的，即使一樣，又是否會有人為的因素導致評價的不公平……這些都是全球化教育背景下未來教育面臨的教育公平難題。

再放眼各國國內的教育公平問題。目前我們容易混淆的是「教育公平」和「教育平等」的問題。「教育平等」意謂著向每一位學習者提供相同的教育資源，而「教育公平」則是向有需要的學習者提供更多的教育資源。顯然，「教育公平」是更難實現的。隨著技術的不斷發展，各個地區的差距會更大。在逐漸拉大的社會鴻溝面前，教育資源能否首先做到平等地給予富裕地區和貧困地區呢？中產家庭的孩子和貧困家庭的孩子是否都能擁有 AI 數位教育設備來助力學習呢？其次，對於缺教學設備、缺教師資源的地區，能否將更多數量的教學設備和師資精準投放？這些不僅僅是當下我們要思考的問題，也是未來教育面臨的問題。

實現教育的公平是未來教育面臨的重要議題。《2023 年可持續發展議程》提出要保證更加包容和優質的教育，讓全民終身享有學習機會。可以說，實現教育的公平是支撐人類社會繼續前進的重要動力，也是實現全民終身學習的重要基礎。尤其是在面對充滿未知和挑戰的未來，教育公平帶來的教育的進一步發展將會對整個人類具有重要意義。

但是我們也要知道，實現教育公平是一個漫長且曲折的過程，各國政府要根據本國的教育實情，制定符合本國教育發展的存進教育公平的政策。同時，面對未來教育中各國更多的學術交流和資源分享，全球也要加緊在教育公平問題上深入交流和討論，達成一個關於教育公平問題的共識。藉助於各國都可接受的教育政策，促進全球優質教育資源分享和先進教育科技共用，讓教育更好地促進世界發展。

9.5 / 學生健康

　　未來社會，各種科技會以前所未有的方式與我們的教育深度融合，科技發展給我們的教育帶來的各個方面可喜的變化，但是隨之而來的一系列健康方面的問題也值得我們關注。

　　隨著教育場景中科技的不斷加入，學生上網時間會不斷增加。這帶來的第一個問題就是對學生視力問題的擔憂。隨著科技發展，全球的近視問題也日益嚴重。根據最新的報告估計，目前全球大約有 30% 的人口受到了近視的影響，到 2050 年，這一資料會上升為 50%，即將近 50 億人口將會是近視。全球範圍來看，學生的近視資料呈逐年上漲趨勢，並且具有年齡下降的趨勢，中國、韓國和日本更是學生近視的重災區。然而這些，與網際網路以及數位技術的發展具有很大的關聯性。未來，這一情況可能會更加嚴重。

　　未來學生的學習可能將會更多地依賴於科技產品：電腦、手機、平板以及各種智慧教育輔助設備。眼睛長時間地盯著螢幕，將會使愈發嚴重的近視問題更為普遍。除了近視問題，日益發達地各種智慧教育產品可能帶來地另一個問題就是久坐不運動帶來的肥胖問題。無疑，食品問題是造成目前肥胖的直接原因。然而科技所帶來的生活方式和運動方式地改變，也嚴重影響了我們地健康。未來，孩子將會花費更多的時間坐在電腦前與「AI 導師」學習和交流，也會付出更多的精力在 AI 打造的虛擬學習空間中學習。未來的學生，彷彿只要坐下來打開電腦就可以與全世界進行連結。所以，他們運動和行走的時間將會大大減少。畢竟，連體育課都可以在虛擬空間中進行，那又何必找一塊操場去奔跑和跳躍呢？久而久之，學生的肥胖問題和隨之而來的運動功能減退問題就會成為全球需要關注的問

題。除此之外，教育場景中過多使用智慧設備還會引發一系列的肌肉和骨骼問題，如背部和頸部酸痛、打字拇指等。

除了這些可以看的見的健康問題，未來學生的心理健康問題也將會引發新一輪的關注。線上學習、虛擬式沉浸學習等技術進入教育，使得學生之間的人際交往越來越少。未來，人機互動將成為孩子生活和學習中地常態。更多的時候，學生是化身「數位人」，在網路世界中生活。他們面對的，可能是「數位朋友」、「數位教師」、「數位同學」等等。現實生活中面對面地與人進行交流似乎變得越來越少，也越來越不必要。長此以往，學生的人際交往能力會逐漸退化，一系列心理問題也會接踵而來。同時，長期沉迷網路世界也將引發學生的心理問題。未來世界，一切資訊唾手可得，那些真真假假的資訊、圖片、影片全部如潮水般向孩子們湧來。如果未加分辨和篩選，這些洶湧的潮水很有可能將他們瞬間淹沒，使他們溺亡在資訊的巨潮中。在這污濁的資訊巨潮中長期浸泡，學生很可能會出現一系列嚴重的心理問題，如社交焦慮、資訊超載、抑鬱和孤獨感、價值觀扭曲、暴力等等。

我們期待的教育未來，使藉助科技更好地服務和助力人類教育，給教育帶來全新的變化。但是，我們不能以下一代的健康作為教育發展的代價。所以，在使用各項高新技術助力未來教育發展的時候，我們需要更多關注學生的身體和心理健康問題。作為教師和家長，要起到監督、指導和陪伴的作用，更要教會孩子如何在廣闊無垠的資訊海洋中擦亮雙眼。

Note

參考文獻

- 《AI 塑造的學習未來：教育現場的智慧觀點》[M]. 新北市政府教育局策劃版 -

- 初版 . 臺北市：華雲數位出版，2023.

- （美）韋恩‧霍姆斯，（美）瑪雅‧比利亞克，（美）查理斯‧菲德爾著，馮建超等譯 . 教育中的人工智慧：前景與啟示 [M]. 上海：華東師範大學出版社，2021

- （美）瓊‧霍華斯等著，梁志成譯 .STEAM 教育指南：青少年人工智慧時代成長攻略 [M]. 北京：機械工業出版社，2019.

- 陳根 . 這場遊戲不是夢，全面進化的量子文明時代 [M]. 新北市：博碩文化股份有限公司，2023

- 陳根 .ChatGPT: 讀懂人工智慧新紀元 [M]. 北京：電子工業出版社，2023.

- 朱永新 . 未來學校：重新定義學校 [M]. 北京：中信出版集團股份有限公司，2023.

- 朱永新 . 走向學習中心 [M]. 北京：中國人民大學出版社，2020

- 顧遠，周賢 . 教育 3.0[M]. 北京：中國紡織出版社有限公司，2022.

- 蜜雪兒‧齊默曼（Michelle Zimmerman）.AI 時代的教與學（Teaching AI: exploring new frontiers for learning）[M]. 臺北市：親子天下，2020.

- 葉波 . 人工智慧 +5G 與教育變革 [M]. 上海：華東師範大學出版社，2022.

- 簡志峰 . 解鎖未來教育 [M]. 臺北市：時報文化出版企業股份有限公司，2022

- 李駿翼，楊丹，徐遠重 . 元宇宙教育 [M]. 北京：中譯出版社，2022.

- 松村亞裡（著），劉珊珊（譯）.AI 時代長大的孩子，別用千篇一律的教養 [M]. 新北市：和平國際文化有限公司，2022.

- 程晨，吳俊傑 . 元宇宙教育：沉浸式終身學習社區 [M]. 北京：化學工業出版社，2023.

- 吳式穎，李明德 . 外國教育史教程 [M]. 北京：人民教育出版社，2015.

- 孫培青（主編）. 中國教育史 (第四版) [M]. 上海：華東師範大學出版社，2019

- [法] 朗格朗（著），周南照、陳樹清（譯）. 終身教育引論 [M]. 北京：中國對外翻譯出版公司，1985.

- [日] 持田榮一等修編，龔同等譯 . 終身教育大全 [M]. 北京：中國婦女出版社，1987

- 張瑞慶 . 量子大趨勢 [M]. 北京：中譯出版社，2023.

- 顧明遠 . 世界教育大事典 [M]. 南京：江蘇教育出版社，2000

- 李希貴 . 學校如何運轉 [M]. 北京：教育科學出版社，2019

- [美] 大衛 · 鉑金斯（著），楊彥捷（譯）. 為未知而教，為未知而學 [M]. 杭州：浙江人民出版社，2015

- [美] 卡羅爾 · 德威克（著）. 楚禕楠（譯）終身成長 [M]..南昌：江西人民出版社，2017

- [巴西] 米格爾 · 巴科萊利斯（著）. 黃鈺萍，鄭悠然（譯）. 腦機介面改變人類未來 [M]. 杭州：浙江人民出版社，2018.

- [英] 布萊恩‧克萊格（著）. 向夢龍，唐禾（譯）. 超感官 [M]. 重慶：重慶出版社，2015.

- 杜成憲，王保星. 中外教育簡史 [M]. 北京：北京師範大學出版社，2015.

- 顧明遠. 網際網路時代的未來教育 [J]. 清華大學教育研究，2017(6).

- 陳菁菁，王非. 教育領域中的腦 - 機介面運用：動向與挑戰 [J]. 科技導報：2022：40(12).

- 儲舒婷 (2023).ChatGPT 火熱「出圈」，我們如何應對新挑戰 [N]. 文匯報，2023(003).

- 王諾，畢學成，許鑫 (2022). 先利其器：元宇宙場景下的 AICC 及其 GLAM 應用機遇 [J]. 圖書館論壇，43(2).

- 王樹義，張慶薇 (2023).ChatGPT 給科研工作者帶來的機遇與挑戰 [J]. 圖書館論壇

- 楊歡，劉世清 (2022). 人工智慧背景下教育風險的規避策略研究 [J]. 電腦知識與技術，18 (8).

- 張新新，夏翠娟，肖鵬等 (2022). 共創元宇宙：理論與應用的學科場景 [J]. 資訊資源管理學報，12 (5).

- 周潔，蔡燃，宋偉等. 中小學人工智慧教育的開展困境與實施路徑探究 [J]. 電腦教育，2022,331(7).

- 劉獻君. 個性化教育的內涵和意義 [J]. 西北工業大學學報，2018(1).

- 張丹，李佳蔚. 探索思維的力量：腦機介面研究現狀與展望 [J]. 科技導報，2017, 35(9).

- 陳小剛，楊晨，陳菁菁.腦機介面技術發展新趨勢 - 基於 2019-2020 年研究進展 [J].科技導報，2021，39(19).

- 周洪宇，鮑成中.撲面而來的第三次教育革命 [J].遼寧教育，2021(08).

- 周洪宇，鮑成中.論第三次教育革命的基本特徵及其影響 [J].中國教育學刊，2017(03).

- 楊體榮，沈敬軒，黃胤.美國 STEM 教育改革的主要階段、實踐路徑與現實困境 [J].比較教育學報，2023(03)

- 王穎，範佳萍，李倩倩.美國科學教育戰略舉措的經驗與啟示 [J].智庫理論與實踐，2023(5).

- Belei, N., Noteborn, G., and de Ruyter, K. (2011). It's a brand new world: teaching brand management in virtual environments. J. Brand Manag. 18, 611–623.

- Kye, B., Han, N., Kim, E., Park, Y., and Jo, S. (2021). Educational applications of metaverse: possibilities and limitations. J. Educ. Eval. Health Prof. 18:32.

- Lee, H., and Jeong, H. (2022). A study on instructors' perception and educational application of metaverse-based Korean language education. Korean Soc. Cult. Converg. 44, 125–144.

- Park, J.-Y., and Jeong, D.-H. (2022). Exploring issues related to the metaverse from the educational perspective using text mining techniques – focusing on news big data. J. Ind. Converg. 20, 27–35.

- Park, S.-M., and Kim, Y.-G. (2022). A metaverse: taxonomy, components, applications, and open challenges. IEEE Access 10, 4209–4251.

- Parmaxi, A. (2020). Virtual reality in language learning: a systematic review and implications for research and practice. Interact. Learn. Environ. 3, 1–13.

- Prieto, J. F., Lacasa, P., and Martjnez-Borda, R. (2022). Approaching metaverses: mixed reality interfaces in youth media platforms. New Techno Humanit.

- Thomason, J. (2022). Metaverse, token economies, and chronic diseases. Global Health J.

- Zhao, Y., Jiang, J., Chen, Y., Liu, R., Yang, Y., Xue, X., et al. (2022). Metaverse: perspectives from graphics, interactions and visualization. Visual Informat. 6, 56–67.

- Qadir, J. (2022). Engineering Education in the Era of ChatGPT: Promise and Pitfalls of Generative AI for Education [EB/OL]. [2023-01-15].

- Rudolph, J., Tan, S., & Tan, S. (2023). ChatGPT: Bullshit Spewer or the End of Traditional Assessments in Higher Education[J]. Journal of Applied Learning and Teaching, 6(1): 1-22.

- Nandi A, Xhafa F, Subirats L., et al. (2023). Real-time emotion classification using EEG data stream in e-learning con-texts[J]. Sensors, 21(5).

- Akhter, H. M., Cooper, J. S., & Cooper, J. (2023). Acute Pulmonary Edema After Hyperbaric Oxygen Treatment: A Case Report Written with ChatGPT Assistance[J]. Cureus, 15(2)

- Aljanabi, M. (2023). ChatGPT: Future Directions and Open Possibilities[J]. Mesopotamian Journal of CyberSecurity,13(2).

- Wu S F, Lu Y L, Lien C J. (2021).Detecting students' flow states and their construct through electroencephalogram: Reflective flow experiences, balance of challenge and skill, and sense of control[J]. Journal of Educational Computing Research, 58(8).

- Chang, C. Y., Hwang, G. J., & Gau, M. L. (2022). Promoting Students' Learning Achievement and Self-Efficacy: A Mobile Chatbot Approach for Nursing Training[J]. British Journal of Educational Technology, 53(1).

- Euchner, J. (2023). Almost Human[J]. Research Technology Management, 66(2).

- Hirosawa, T., Harada, Y., & Yokose, M. et al. (2023).Diagnostic Accuracy of Differential-Diagnosis Lists Generated by Generative Pretrained Transformer 3 Chatbot for Clinical Vignettes with Common Chief Complaints: A Pilot Study[J]. International Journal of Environmental Research and Public Health, 20(4).

- Gao X, Wang Y, Chen X, et al. (2021). Interface, interaction, and intelligence in generalized brain-computer interfaces [JJ. Trends in Cognitive Sciences, 25(8).

- Jamil N, Belkacem A N, Ouhbi S, et al. (2021).Cognitive and affective brain-computer interfaces for improving learning strategies and enhancing student capabilities: A systematic literature review[J]. Ieee Access, (9).

- Hu B, Li X, Sun S, et al. (2018).Attention recognition in EEG-based affective learning research using CFS+KNN algorithm [J]. IE EE/ACM Transactions on Computational Biology and Bioinformatics,, 15(1). Chen C M, Wang J Y. (2018).Effects of online synchronous instruction with an attention monitoring and alarm mechanism on sustained attention and learning performance [J]. Interactive Learning Environments, 26(4).

Note

Note